本书获得

新疆大学"双一流"项目"新时代依法治疆重大理论与实践问题研究"
（项目编号：21VMZ010）

新疆大学科研启动项目"民法典习惯司法适用机制研究"
（项目编号：BS202205）

石佑启主持的2016年度国家社科基金重大项目
"民间规范与地方立法研究"(项目编号:16ZDA069)

资助

习惯法：从文本到实践

Customary law :from text to practice

李 可等◎著

人民出版社

国家法体系中的习惯法（代序）

我探讨习惯法一开始主要是从法人类学、法社会学的角度进行的，重点调查和分析非国家法范畴的习惯法。之后，我也逐渐拓展范围，开始关注国家法范畴的习惯法，全面梳理国家制定法对习惯法的明文认可，关注国家法院对习惯法的具体适用，以更全面和整体地认识习惯法，理解习惯法在当代中国法治建设中的意义。

在我看来，经过几十年的不断探索，基于社会立场的非国家法范畴习惯法的调查、研究无论从总体到具体、从历史到现实、从族别到地区、从实体到程序、从民事到处罚，都取得了较为丰富的成果，呈现了非国家法范畴习惯法的实际活力，探究了非国家法范畴习惯法的现实功能，反映了非国家法范畴习惯法的规范意义，也展示了非国家法范畴习惯法的文化价值。非国家法范畴习惯法的调查、研究为我们初步提供了固有中国社会和当今中国社会生活中形态丰富、内容具体、效力严格的生活中的法。

相比而言，学界对国家法范畴习惯法的探讨较为薄弱，法律界对国家法范畴习惯法的立法认可和司法适用更不普遍。究其原因，我想可能与以下几点因素有一定关系：

一是认识分歧。何为习惯法、何为国家法范畴的习惯法、当代中国存在国家法范畴的习惯法吗,学界对这些问题的回答至今都不一致,没有达成基本共识。不少学者认为当代中国的正式法源中并不包括习惯法,习惯仅为当代中国的非正式法源、间接法源。这种看法显然会影响习惯法、国家法范畴习惯法的关注和重视。

二是识别困难。国家法范畴的习惯法具体如何进行认定和识别,何为作为"法律"的习惯法、何为作为"事实"的习惯,国法意义上的习惯法与一般社会规范意义上的习惯的区别在哪,学界和法律实务界对这些问题进行了初步的探讨,然而仅以讨论为主,具体的识别标准和识别程序尚不明确,也不统一。

三是内容模糊。从法规范角度把握,国家法范畴习惯法存在具体权利义务模糊的特点。国家法范畴习惯法的具体规范需要通过详细举证、严格论证、深入阐述、全面衡量而得以确认。这需要深厚的社会阅历,对地方的历史传统、风俗习惯等有深刻的了解。同时,也需要有扎实的法学功底,系统地理解法与社会关系,准确地平衡立法与司法关系,思考民众创法与国家造法的关系。

缘是之故,我欣喜地读到李可等著的《习惯法:从文本到实践》书稿,为李可教授等著者专题探讨国家法范畴习惯法、努力拓展习惯法研究范围、不断提升习惯法研究水准的学术探索而赞许。

在我看来,《习惯法:从文本到实践》具有视角独特、内容全面、观点鲜明、实证方法这样几方面特点。

(1)视角独特。基于国家立场,《习惯法:从文本到实践》从国家立法、司法角度集中讨论习惯法。全书立基于国家法治建设,从国家法律制定、国家法律认可、国家法律适用等方面探索国家法体系中的习惯法文本条款、习惯法实践场景,思考从国家立法到国家司法的习惯法转换机制,较为全面地讨论法治国家建设中的习惯法。

(2)内容全面。《习惯法:从文本到实践》共六章,分别专题探讨"立法文本中的习惯法""法源体系中的习惯法""司法运用中的习惯法""习惯法司法适用的运行规则""习惯法司法适用的运行机制""习惯法司法适用的理论反思"等主题。这些内容分析了国家如何对待习惯法、国家法体系中的习惯法从何而来、国家法体系中的习惯法有何功能等论题,较为系统地展示了国家法体系中习惯法的具体样貌。

(3)观点鲜明。就《习惯法:从文本到实践》全书而言,著者提出了不少有启发性的观点,如"'习惯''惯例''公序良俗''社会公共利益''公共利益''社会公德''道德风尚''商业道德''当地民族和当地情况'等用语承载习惯规则""提高国家立法中的公民参与度"和"提高地方立法中的公民参与度""习惯本身蕴含的文化价值在未来发展的路径上最终将由司法来传承"等。这些是著者独立思考的结果,值得我们读者重视。

(4)实证方法。除了语义分析,《习惯法:从文本到实践》突出运用实证分析方法。如第一章以前民法典时代民法通则、民法总则、婚姻法、继承法、收养法、物权法、合同法、保险法、专利法、商标法、侵权责任法、公司法、合伙企业法、海商法、票据法和民事诉讼法等16部法律为例,对习惯在民商事法律中的法源列举情形等进行实证研究,试图总结习惯在民商法中的分布规律及其法律规范功能特征,并进而试图分析此种分布及功能状况形成的原因。又如第三章"司法运用中的习惯法",以民族自治地区的法院为观察对象,对"习惯"司法运用的现状进行了考察,展示了民事习惯在法院调解中运用的案例、民事习惯在法院判决中运用的案例、民事习惯在法院委托诉讼调解点调解中运用的案例。

　　不过,从更理想的角度,我以为《习惯法:从文本到实践》书稿还较为粗糙,期待在近一步研究时做更精细的思考。基本概念似需更为一致,如"习惯法"还是"习惯"有待细致区分并能统一使用;"习惯法的司法适用"还是"习惯法的司法运用"? 这需要更严格的界定和表述。又如逻辑结构尚可更为内在一致,如第四章、第五章"习惯法司法适用的运行规则""习惯法司法适用的运行机制"部分在讨论了"习惯"司法运行的一般规则、"习惯"司法适用的程序规则后讨论"习惯"在家事裁判中的规范化适用,前后两部分一为总体讨论、一为具体讨论,是否还有其他更恰当的安排。

　　确实,国家法体系中的习惯法论题非常复杂,涉及国家法源、国家法范畴习惯法的法理基础、国家法范畴习惯法与社会规范范畴习惯的联系与差异、国家法范畴习惯法的来源、国家认可习惯法的程序和效力、国家法范畴习惯法的行为规范功能和纠纷解决功能、国家法范畴习惯法司法适用的条件和程序等。这些可能不是《习惯法:从文本到实践》一本书所能够完全探讨清楚的,需要本书著者和其他同仁继续努力。我期待着李可教授及其合作者有更多这一领域的力作面世。

高其才

2021 年 10 月 29 日

于明理楼穆然斋

目　　录

第一章　立法文本中的习惯法

所谓习惯法是指"共同体成员在长期的生产生活实践中自发形成的、规定其成员之间的权利义务,并得到共同体普遍认可的行为规则"①。一般而言习惯分为作为行为之习惯和作为规则之习惯。所谓行为之习惯,是指"首先,它是一种在特定情况下自动做某事的倾向;其次,在内容上它可以包括个人习惯和社会习惯,在功能上节约了思考的成本;最后,它可以通过环境熏陶和个人训练养成"②。而规则之习惯与之有本质上的差异,其获得了区别于作为行为之习惯的诸如规范性等性质,是指一种关涉他人、具有法的潜在功能的行为模式或标准。③ 本书所讲的习惯在没有特别指明的情况下,均指规则意义上的习惯,在使用上与习惯法等同。同时,笔者还研究了习惯法的司法运用和司法适用问题。习惯法的司法运用,指向的是司法过程中,包括在委托调解、庭前调解、诉中调解、裁判案件中,将习惯法用于处理各种民事纠纷的活动。而习惯法的司法适用,则仅指向法官在审判案件中适用习惯法进行裁判以解决民事纠纷的活动。

---

① 李可:《习惯法——一个正在发生的制度性事实》,中南大学出版社 2005 年版,第 49 页。
② 李可:《习惯法理论与方法论》,法律出版社 2017 年版,第 3 页。
③ 参见李可:《习惯法理论与方法论》,法律出版社 2017 年版,第 5 页。

第一节　前民法典时代民商法中"习惯"的分布规律及功能特征

　　民商事法律,是平等主体之间即自然人、法人和非法人组织之间人身关系和财产关系的调整法,本质上是一种私人之间的自治法;当事人的意志选择及体现此种意志的习惯、惯例、公序良俗等,理应在其中得到充分体现,理应发挥重要作用。在现行民商法中,"习惯""惯例""公序良俗"等用语承载习惯规则的可能性较大,不确定性程度较小。① 对于"习惯""惯例"为承载习惯规则之大概率概念,学界几无争议,但是对于"公序良俗"属于此类概念抑或载体,除了习惯法学者外,可能一时难以获得其他学者的普遍认同,因此实有申说之必要。② 当然,除习惯法学者之外,亦有部分学者和实务家认同公序良俗之"良俗"为习惯之载体,并且指为"善良风俗"甚或"良习"。③ 但是其他学者则大多认为其中的"良俗"实为某一社会中占主流的道德观念和标准,并且从词源学、外国法、判例等角度举出了证据。④

　　姑且不论"良俗"承载习惯规则之否定论所举的证据是否确凿可靠,仅从运用公序良俗条款执法和司法的适法者立场上看,后者所关切的不是该概念在词源学抑或外国法上的真实含义,而是它对于形成裁判规范的内在功能抑或实际作用。例如,法官援引公序良俗条款作出裁判不外乎有以下三种动机

---

① 参见高其才:《当代中国法律对习惯的认可》,《政法论丛》2014 年第 1 期。

② 参见高其才:《民事习惯法的司法运用探析》,载高其才主编:《当代中国民事习惯法》,法律出版社 2011 年版,第 151 页;厉尽国:《习惯法制度化的历史经验与现实选择》,《甘肃政法学院学报》2009 年第 1 期。

③ 前者如王利明:《法律解释学》(第 2 版),中国人民大学出版社 2016 年版,第 391 页;黄泷一:《姓氏选择、公序良俗与法律解释——最高法院第 89 号指导案例与姓名权立法解释评述》,《法治研究》2018 年第 5 期;后者如曹建明:《和谐司法视野下民俗习惯的运用》,《人民法院报》2007 年 8 月 30 日,第 5 版。

④ 参见艾围利:《商事习惯研究》,武汉大学博士学位论文,2012 年;郑显文:《公序良俗原则在中国近代民法转型中的价值》,《法学》2017 年第 11 期。

或者目的:首先,得出合法合理、为当事双方、同行、上级法院、法律监督机关和社会公众等信服的裁判;其次,尽量降低错判、误判的几率,以最大程度地将可能产生错判、误判的责任从自己身上转移出去;最后,尽量降低诸如认定事实、查找和适用法律等裁判费用,以低成本高效率地作出裁判。

照理说,为了得出令人信服且精确的裁判,法官应当尽可能将公序良俗条款具体化为拥有比较明确规则结构的习惯而不是内涵模糊外延宽泛的道德,为什么在司法实践中至少从表面上看大多数法官似乎没有这样做呢?① 除了在某一特定领域尚未产生公认的、明确的习惯规则外,主要原因有如下三点:一是立法者和官方极少公开认可习惯规则的法律效力,将公序良俗条款公开具体化为习惯面临合法化的政治风险,而将之公开指认为道德则可以减少此种风险。二是公开适用越明确的规则作出裁判,被抽查及被发现错判误判的几率也就越高,反之亦然,因此法官大多宁愿强调公序良俗的道德面相,而较少公开私下里已经将公序良俗具体化为习惯之真相。三是将公序良俗指认为道德标准可以节省假若指认为习惯所带来的更严苛的查明、确认、适用以及与之相关的论证、说理等裁判成本。

当然在暗地里,法官也并不是将所有与案件对应的习惯规则以"公序良俗"之名具体化为裁判规则,而是通过树立"良俗""良习"或者更具体地讲,借助占主流地位的道德对拟采用的习惯规则予以筛选、过滤。只有在此种意义上我们才能说,公序良俗具有一定的道德性。之所以对公序良俗的性质或者功能予以此种限定,是因为在当下中国私法体系中还有另一类原则也发挥类似作用,但更恰当地讲是道德性更强的,或者说将道德引入法律中的功能,它的典型代表是诚实信用。也正因如此,人们才抱怨为什么立法者要在当代中国私法体系中同时安置这两个功能交叉、边界模糊的基本原则,并努力运用发

---

① 参见蔡唱:《公序良俗在我国的司法适用研究》,《中国法学》2016 年第 6 期。

生学、功能论和效果论等方法论工具在它们之间划出一条清晰的界线。① 但是实际上，在当代中国私法体系中，法官并不缺乏将道德引入裁判的条款，除了上述诚实信用条款，他还可以借助私法上普遍出现的社会公共利益、社会公德等条款，实在没有必要绕道借助公序良俗。② 更何况，在当下中国的司法解释中，最高法院早已明确将"公序良俗"中的"良俗"界定为"良习"。③

因此，与其说公序良俗之"良俗"在实践中似乎已经成为适法者将道德带入法律及裁判的捷径，不如说它更适合于适法者为了得出更令人信服和精确之裁判而不得不将习惯引入法律的孔道。在多数法律中已经分布诸如社会公共利益、社会公德等更便于适法者运送道德的条款时，还坚称公序良俗之"良俗"为道德进入法律及裁判之不二法门，未免是一个不小的解释学误会。

当然，在当下民商法中，除了上述三大概念，其他诸如社会公共利益、公共利益、社会公德、道德风尚、商业道德、当地民族和当地情况等七大概念也可能承载习惯规则。④ 但是两相比较，这七大概念要比前述三大概念承载习惯规则的几率更小，不确定性程度也更大。其中，"社会公共利益"和"公共利益"承载物质和符号利益的概率也要大于承载习惯规则的概率，"社会公德""道德风尚"和"商业道德"承载道德规则的概率要大于承载习惯规则的概率。同时，"当地民族""当地情况"承载民族地区独特的经济、政治、文化和教育事项

---

① 参见于飞：《公序良俗原则与诚实信用原则的区分》，《中国社会科学》2015 年第 11 期；王利明：《论公序良俗与诚实信用原则的界分》，《江汉论坛》2019 年第 3 期。

② 据检索，上述条款分别在笔者提及的 16 部民商法中出现 41 次，平均每部超过 2.5 次；其中社会公共利益高达 32 次，平均每部 2 次。当然也有人可能争辩说，此处的社会公共利益相当于公序良俗（例如钟瑞栋：《论我国民法上的公共利益——以合同法为中心》，《江苏行政学院学报》2010 年第 1 期）。但是此种争辩无法解释仅在 2017 年民法总则和 2017 年 11 月 4 日发布、2018 年 10 月 26 日修正的《中华人民共和国公共图书馆法》中，立法者为什么在同一部甚至同一条法律中同时使用上述两个概念。

③ 参见 2008 年 12 月 3 日最高人民法院印发的《关于为推进农村改革发展提供司法保障和法律服务的若干意见》（法发[2008]36 号）第 4 条第 1 款第 2 项。

④ 例如社会公共利益和公共利益可以承载不违反底线道德的习俗、风俗、民俗，商业道德可以承载行业惯例、团体规约。

的概率要大于承载习惯规则的概率。① 这一点已为其他学者的统计所证明。② 因此,笔者只能选择学界比较公认的、承载习惯规则几率最大的前述三大概念作为分析的对象。

为了行文需要,我们将通常承载习惯规则的上述三大载体(用语)统称为"习惯",但在提及作为三种载体之一的"习惯"时,则加引号以便与概称相区别。本书以前民法典时代的民法通则、民法总则、婚姻法、继承法、收养法、物权法、合同法、保险法、专利法、商标法、侵权责任法、公司法、合伙企业法、海商法、票据法和民事诉讼法等 16 部法律为例,对习惯在民商事法律中的法源列举情形等进行实证研究,试图总结习惯在现行民商法中的分布规律及其法律规范功能特征,并进而试图分析此种分布及功能状况形成的原因。这一分析,将有助于人们对习惯作为法源在民商事法律中的地位和作用及改进有更进一步的了解。

一、民商事法律列举"习惯"的各种情形

在上述民商法中,习惯以"国际惯例""航运惯例""公序良俗"的变体形式及直接以"习惯""交易习惯""当地习惯"之名的法源列举情况如表 1-1 所示。

表 1-1　"习惯"在民商法中的法源列举及角色

所处位置	条款	内容	角色
民法通则第 8 章涉外民事关系的法律适用	第 142 条第 3 款	中华人民共和国法律和中华人民共和国缔结或者参加的国际条约没有规定的,可以适用国际惯例。	民法适用依据
	第 150 条	依照本章规定适用外国法律或者国际惯例的,不得违背中华人民共和国的社会公共利益。	

---

① 据检索,在 16 部民商法中,上述两个概念仅出现 5 次,而且担当的角色均为民族自治地方制定变通规定的依据,不属于直接的裁判法源。

② 参见高其才:《当代中国法律对习惯的认可》,《政法论丛》2014 年第 1 期。

所处位置	条款		内容	角色
民法总则第1章基本规定	第8条		民事主体从事民事活动,不得违反法律,不得违背公序良俗。	民事行为依据
	第10条		处理民事纠纷,应当依照法律;法律没有规定的,可以适用习惯,但是不得违背公序良俗。	民事纠纷处理依据
民法总则第6章民事法律行为第2节意思表示	第140条第2款		沉默只有在有法律规定、当事人约定或者符合当事人之间的交易习惯时,才可以视为意思表示。	意思表示生效标准
	第142条	第1款	有相对人的意思表示的解释,应当按照所使用的词句,结合相关条款、行为的性质和目的、习惯以及诚信原则,确定意思表示的含义。	意思表示的解释标准
		第2款	无相对人的意思表示的解释,不能完全拘泥于所使用的词句,而应当结合相关条款、行为的性质和目的、习惯以及诚信原则,确定行为人的真实意思。	
民法总则同上章第3节民事法律行为的效力	第143条第3项		具备下列条件的民事法律行为有效:……(三)不违反法律、行政法规的强制性规定,不违背公序良俗。	民事法律行为的效力标准
	第153条第2款		违背公序良俗的民事法律行为无效。	
物权法第2编所有权第7章相邻关系	第85条		法律、法规对处理相邻关系有规定的,依照其规定;法律、法规没有规定的,可以按照当地习惯。	相邻关系处理依据
物权法同上编第9章所有权取得的特别规定	第116条第2款		法定孳息,当事人有约定的,按照约定取得;没有约定或者约定不明确的,按照交易习惯取得。	法定孳息取得依据
合同法总则第2章合同的订立	第22条		承诺应当以通知的方式作出,但根据交易习惯或者要约表明可以通过行为作出承诺的除外。	承诺生效标准
	第26条		承诺通知到达要约人时生效。承诺不需要通知的,根据交易习惯或者要约的要求作出承诺的行为时生效。	
合同法总则第4章合同的履行	第60条第2款		当事人应当遵循诚实信用原则,根据合同的性质、目的和交易习惯履行通知、协助、保密等义务。	附随义务履行标准
	第61条		合同生效后,当事人就质量、价款或者报酬、履行地点等内容没有约定或者约定不明确的,可以协议补充;不能达成补充协议的,按照合同有关条款或者交易习惯确定。	合同内容补充或认定标准

续表

所处位置	条款	内容	角色
合同法总则第 6 章合同的权利义务终止	第 92 条	合同的权利义务终止后,当事人应当遵循诚实信用原则,根据交易习惯履行通知、协助、保密等义务。	附随义务履行标准
合同法总则第 8 章其他规定	第 125 条第 1 款	当事人对合同条款的理解有争议的,应当按照合同所使用的词句、合同的有关条款、合同的目的、交易习惯以及诚实信用原则,确定该条款的真实意思。	合同条款确定标准
合同法分则第 9 章买卖合同	第 136 条	出卖人应当按照约定或者交易习惯向买受人交付提取标的物单证以外的有关单证和资料。	卖方义务履行标准
合同法分则第 17 章运输合同第 2 节客运合同	第 293 条	客运合同自承运人向旅客交付客票时成立,但当事人另有约定或者另有交易习惯的除外。	合同成立标准
合同法分则第 19 章保管合同	第 368 条	寄存人向保管人交付保管物的,保管人应当给付保管凭证,但另有交易习惯的除外。	保管人义务履行标准
海商法第 4 章海上货物运输合同第 2 节承运人的责任	第 49 条第 1 款	承运人应当按照约定的或者习惯的或者地理上的航线将货物运往卸货港。	承运人履行义务标准
	第 53 条第 1 款	承运人在舱面上装载货物,应当同托运人达成协议,或者符合航运惯例,或者符合有关法律、行政法规的规定。	
海商法第 14 章涉外关系的法律运用	第 268 条第 2 款	中华人民共和国法律和中华人民共和国缔结或者参加的国际条约没有规定的,可以适用国际惯例。	海商法适用依据
	第 276 条	依照本章规定适用外国法律或者国际惯例,不得违背中华人民共和国的社会公共利益。	
票据法第 5 章涉外票据的法律适用	第 95 条第 2 款	本法和中华人民共和国缔结或者参加的国际条约没有规定的,可以适用国际惯例。	票据法适用依据

二、习惯条款在民商法律中的分布规律

在总结习惯条款在民商法律中的分布规律之前，有两个问题需要先予解决，第一，民法、商法之分立何以可能及它们分别包含哪些与本书论题密切相关的法律？第二，何谓法源及合同、条约是不是法源？我们先来看第一个问题。

在当代中国是或应当实行民商合一还是民商分立、哪些法律是民法而哪些法律是商法的问题上，学界的争论就从来没有停止过。① 随着当代中国市民社会和市场经济的日益发展成熟，民法和商法之间有着越来越清晰的调整对象、调整规则、法益目标、概念范畴、体系结构等。② 换言之，民法越来越不能、也不适合调整商事行为和涵括商法。大约言之，民法是"市民法""生活法"，商法是"商人法""营利法"。法律对两者主体知悉商业技术规则的程度和承受交易风险的能力有不同的要求，这在物权法、合同法与海商法、票据法上有显著不同的体现。

同样真实的是，民法和商法在构成因素、功能和价值等方面却存在若干交叉、互补、变动之处。③ 甚至可以发现，民法呈现出一定程度的商法化，包含了一些浅表化的商法规则。④ 例如在缺乏商法典抑或商事通则的国情下，民法总则对商事关系予以了一定程度的调整，明确了"营利—非营利"的法人区分标准，进而确定了商法的核心范畴。⑤ 又如在同样的国情下，合同法也具有一定的商法属性，包含了一些商法规则。⑥

---

① 参见刘凯湘：《剪不断，理还乱：民法典制定中民法与商法关系的再思考》，《环球法律评论》2016 年第 6 期。

② 参见童列春：《论民法与商法的区别》，《武汉理工大学学报(社会科学版)》2016 年第 6 期。

③ 参见王保树：《关于民法、商法、经济法定位与功能的研究方法》，《现代法学》2008 年第 3 期。

④ 参见蒋大兴：《〈商法通则〉/〈商法典〉的可能空间？——再论商法与民法规范内容的差异性》，《比较法研究》2018 年第 5 期。

⑤ 参见蒋大兴：《〈民法总则〉的商法意义——以法人类型区分及规范构造为中心》，《比较法研究》2017 年第 4 期。

⑥ 参见黄积虹：《完善我国合同法之商法内容的思考》，《东南学术》2013 年第 5 期。

但是,民法总则、合同法客观上抑或形式上包含了一些商法规则,是以它们的主要构成因素仍属于以民法规则为前提而得出的结论。与此同时,传统合同由民法典调整是近代以来世界各国的立法通例,不能因为合同法中包含商事合同就认为它不是民法。因此,就占主导地位的构成因素、功能价值和调整规则而言,多数观点倾向于认为民法通则、民法总则、物权法和合同法属于民法,海商法和票据法属于商法。①

接下来我们来看第二个问题,即何谓法源及合同、条约是不是法源的问题。近代欧陆唯理论法学从立法中心主义角度认为,法源是法律的创制方式和外在表现形式,习惯尤其是合同在此视角中难有生存余地。② 但是,这是从静态角度对法源作出的观察,不可能揭示动态角度法源外延的真相。从动态角度看,法源是形成法、法律和法律制度的材料。③ 确切地讲,动态角度下的法源在两个层次上展现自己的形成能力,第一个层次是通过人们对法律的遵守及国家的执法形成动态的法秩序和法律制度,第二个层次是当法秩序被破坏或者人们对何为正确的法律制度发生争议时,适法者借由法源形成裁判规范,以确认、修改和形成法律规则。后一个层次即是下文要展开的适法者视角抑或"适法中心主义"意义上的法源。在适法中心主义的角度中,习惯和合同找到了自己生存的空间。

由于立法中心主义角度的上述缺陷,人们现在越来越倾向从适法中心主义的角度认为,法源是法官等适法者据以形成裁判规范的依据。④ 习惯自来

---

① 参见葛洪义主编:《法理学》(第 4 版),中国人民大学出版社 2015 年版,第 134、139 页;朱景文主编:《法理学》(第 3 版),中国人民大学出版社 2015 年版,第 267—268 页。

② 参见王顺芬:《从〈中华人民共和国立法法〉看我国现行法的渊源》,《北京大学学报》2001 年 S1 期。

③ 参见周旺生:《法的渊源的价值实现》,《法学家》2005 年第 4 期。

④ 参见周旺生:《法的渊源意识的觉醒》,《现代法学》2005 年第 4 期;彭中礼:《法律渊源词义考》,《法学研究》2012 年第 6 期;马驰:《法律认识论视野中的法律渊源概念》,《环球法律评论》2016 年第 4 期。

就是适法者形成裁判规范的重要法源。① 在当代世界主要国家,合同和条约也是公认的适法者形成裁判规范的法源。② 而且,习惯、合同和条约还被认为是适法者形成裁判规范的具有规范性的狭义法源抑或"操作性理由"。③ 在当代中国,条约是无可置疑的法源,当我们缔结或者参加该条约并通过特定程序使其对内国生效时,它就成为中国的条约法。同时,习惯和合同也被认为是适法中心主义意义上的法源,不过通常只被视为间接法源。④ 前述表1-1也显示,习惯、条约和合同是适法者形成裁判的重要法源。

当然,在现代世界各国,法律也为适法者寻找形成裁判规范的依据指明或者说划定了一个大致的范围,一方面便利适法者寻找形成裁判的依据,节约寻找形成裁判依据的成本,另一方面也借以控制适法者寻找形成裁判依据时的恣意,建立、巩固和强化适法者由此形成的裁判规范的合法性和正当性。在当下中国,情形也与之相似,法律为适法者在不同法律部门中寻找形成裁判规范的依据划定了宽窄不一、但是大致类似的范围,因而也就形成了前述表1-1显示的不同法律部门中的相对独立的法源结构。

回到表1-1,以上统计显示,习惯及其变体形式在当下中国民商法共有25处法源列举,其中民法通则、民法总则、物权法和合同法4部民法中有20处,每部平均5处;海商法和票据法2部商法中有5处,每部平均2.5处。

以上统计显示,习惯法源条款在民商法中的分布呈现如下五大特点:

第一,习惯在民法中的法源条款要远多于商法,前者20处,后者5处。同

① 参见[英]帕瑞·凯勒著,桂万先译:《中国法的渊源》,《南京大学法律评论》1998年秋季号。
② 参见周旺生:《重新研究法的渊源》,《比较法研究》2005年第4期;沈宗灵主编:《法理学》(第4版),北京大学出版社2014年版,第256—259页。
③ 参见周旺生:《法的渊源与法的形式界分》,《法制与社会发展》2005年第4期;马驰:《法律认识论视野中的法律渊源概念》,《环球法律评论》2016年第4期。
④ 参见彭中礼:《法治之法是什么——法源理论视野下的重新探索》,《北京航空航天大学学报(社会科学版)》2013年第1期;郑永流:《法律方法阶梯》(第3版),北京大学出版社2015年版,第38—43页。

时,以上统计也显示,民法中"习惯""惯例""公序良俗"的名称列举也远多于商法,前者 21 个,后者 5 个。

第二,在民商法中,习惯在合同法中的法源条款最多,有 9 处;其次是民法总则,有 7 处;再次是海商法,有 4 处;复次是民法通则和物权法,分别有 2 处;最后是票据法,只有 1 处。[①] 习惯法源条款出现频率高的立法文本也绝大多数集中在民法中,商法中只有海商法。

第三,"习惯"有与"公序良俗"出现在同一条款中的现象。其中一些是限制性解释,例如民法总则第 10 条中"公序良俗"是对前面"习惯"的限制,以防止恶的习惯规则成为民事纠纷处理的依据。与之近似的,还有民法通则第 150 条、海商法第 276 条等,[②]当然多数情形在一定程度上有强调性重复之性质。

第四,习惯多出现在法律的中部,特别是基本原则、基本规定和总则等内容的中前部。在民事法和商事法中分别有 17 处和 8 处法源条款。在本文选择的可能承载习惯规则的概念时,法源条款一般不会出现在尾部。对此可称之为习惯法源列举的"中部现象"。检索表 1-1,我们发现在首部出现习惯表达语的只有 9 个,且集中在民法总则和合同法中。这就是说习惯名称有 17 处分布在民商法的中部,占 26 个习惯名称的约 65.4%。

第五,在与法律、法规、合同、条约出现在同一条款时,习惯绝大多数位于它们之后。在前述 16 部法律中,习惯与法律、法规或合同、条约出现在同一条款的情形有 20 处。其中,位于"宪法""法律""行政法规""法规"之后的有 10 处,位于"国际条约""协议""合同"、合同"条款""约定"之后的有 14 处。在极个别情况下,习惯也位于"法律、行政法规"之前,例如海商法第 53 条第 1 款。

---

① 在认定了相似的习惯规则的情况下,其他学者通过对更大范本(例如中国全部现行法律)的统计也得到了相似的结论。参见高其才:《当代中国法律对习惯的认可》,《政法论丛》2014 年第 1 期。

② 有人将之称为有关习惯的禁止性规范,参见李杰:《论民事立法对民事习惯的复杂禁止》,《法学论坛》2017 年第 4 期。

同时由表 1-1 发现,在民商法中,习惯通常被立法者定位为法律、协议之后的第三位序法源。① 但如果将该发现绝对化为一种规律,则有失严谨。② 因为海商法第 53 条第 1 款明确规定:"承运人在舱面上装载货物,应当同托运人达成协议,或者符合航运惯例,或者符合有关法律、行政法规的规定。"在该条的法源结构中,习惯位于法律之前。③

三、习惯条款在民商法中的功能特征

在分析"习惯"条款在民商法中的功能特征前,有必要对此种分析得以展开的四个基础性概念予以界定和辨析。以为主体提供选择空间的大小为标准,法律规则可以被依次分为可为性规则、应为性规则、必为性规则和禁为性规则。其中可为性规则大致相当于传统法理学所讲的授权性规则或者任意性规则,它规定主体可以作出也可以不作出某种行为;应为性规则和必为性规则大致对应传统法理学所称的义务性规则或者强行性规则,只是立法者赋予后者比前者更强的、不容许有任何例外的作为义务;禁为性规则被传统法理学称为禁止性规则,它规定主体不得作出一定的行为。④ 当然,必为性规则要求主体必须作出某种行为,并不代表没有给主体提供任何选择空

---

① 但是,在立法及司法实践中,习惯并不能享受与法律同等的、被直接适用的尊荣,而仅拥有一种与外国法及事实类似的地位,而应为提出有该习惯之存在的当事人另提出证据予以证明。(例如 2009 年 2 月 9 日通过《最高人民法院关于适用〈中华人民共和国合同法〉若干问题的解释(二)》(法释[2009]5 号)第 7 条第 2 款)但是,这并不能改变习惯所具有的、与法律、协议同样的确认、分配当事双方权利义务及责任的功能之事实。

② 同时这也说明,规范实证方法在习惯法研究中是不可或缺的,但目前更需要的可能是那种"精细化的规范实证方法"。参见高其才:《当代中国法律对习惯的认可》,《政法论丛》2014 年第 1 期。

③ 有人认为,在合同法第 22 条、第 293 条、第 368 条中,习惯也拥有优先于成文法之效力。(参见罗筱琦、陈界融:《交易习惯研究》,《法学家》2003 年第 5 期;伦海波:《我国民事立法中的习惯法研究》,载高其才主编:《当代中国民事习惯法》,法律出版社 2011 年版,第 69 页)但是在上述三条中,习惯并未与法律一同出现,因而不符合本书此处的统计标准。

④ 参见朱景文主编:《法理学》(第 3 版),中国人民大学出版社 2015 年版,第 252—254 页;葛洪义主编:《法理学》(第 4 版),中国人民大学出版社 2015 年版,第 123—124 页。

间,而只是说主体在必须履行作为义务的前提下,在法律划定的空间内作出选择。

传统学理不重视对应为性规则与必为性规则作出区分而将它们统一称为义务性规则或者强行性规则的做法,是欠妥当的。① 虽然应为性规则是法律规定主体应当作出某种行为的规定,但是在例外的情况下,法律也允许主体可以不作出此种行为。例如"被申请回避的人员在人民法院作出是否回避的决定前,应当暂停参与本案的工作,但案件需要采取紧急措施的除外。""经过法定程序公证证明的法律事实和文书,人民法院应当作为认定事实的根据,但有相反证据足以推翻公证证明的除外。"②必为性规则是法律规定主体必须作出某种行为的规定,没有例外。例如"人民法院审理第二审民事案件,由审判员组成合议庭。合议庭的成员人数,必须是单数。"③至于是三人还是五人,那就是法律留给法院的选择空间。总之,在立法技术上,应为性规则可以附加"但书",但是必为性规则不能附加"但书"。

法律规则的上述四种类型最早出现在凯尔森对法律规范的划分理论中,它们大致可以从凯尔森有关授予权利的规范、许可一定行为的规范、要求一定行为的规范、命令制裁的规范中归纳总结出来。④ 哈特则强调了授予权利的规范与命令制裁的规范之间的重要区别。⑤ 不仅如此,他还通过次要规则将授权性规则引入规则体系中,并发展出了比较完善的规则类型学。⑥ 拉兹则发展了哈特的承认规则理论,提出适法者在承担适法义务的同时,也拥有在法

① 参见钱锦宇:《论法律的基本必为性规范》,山东大学博士学位论文,2008 年。
② 2017 年 6 月 27 日修正的《中华人民共和国民事诉讼法》第 45 条第 2 款、第 69 条的规定。
③ 2017 年 6 月 27 日修正的《中华人民共和国民事诉讼法》第 40 条第 1 款的规定。
④ 参见[奥]凯尔森:《法与国家的一般理论》,沈宗灵译,中国大百科全书出版社 1996 年版,第 126 页及以下。
⑤ 参见[英]哈特:《法律的概念》,张文显等译,中国大百科全书出版社 1996 年版,第 28 页及以下。
⑥ 参见[英]哈特:《法律的概念》,张文显等译,中国大百科全书出版社 1996 年版,第 101 页及以下。

律空白之处造法的权能。①

当然,法律规则的上述四种类型属于纯粹理念类型的划分,要具体判断某一法律条文属于哪种规则类型,必须结合具体的上下文予以确定,不能仅从字面上予以臆断。在实践中,立法者也可能偶尔不严谨地使用"可以""应当""必须""不得"等语词。② 同时,法律规则的上述四种类型划分也是为了分析的方便,实践中还存在诸如既授权权利也设定义务的复合性规则。

由于在法律关系中,当事双方的权利义务可能具有对应性,即一方的权利可能是对方的义务,反之亦然。因此,在分析特定的规则类型时,我们特别注意分辨其中的"可为""应为""必为"和"禁为"所针对的具体对象是公民个人抑或国家公权力机关。

检索表1-1可发现,在民商法中,习惯所在的条款被立法者赋予的角色或效力依次有:可为性规则、应为性规则、必为性规则和禁为性规则四种。当然很多条款中,同一个习惯可能被赋予两种及以上的法源角色或效力。③ 此四种习惯或单独,或与其他种类的习惯结合出现在民商法中,它们或作为民商事主体行为的依据、标准,或作为行政机关及司法机关对民商事主体实施管理、追责或裁判的依据、标准。④

由表1-1可发现,在民商法中,习惯所在的条款被赋予的最多的法源角色是应为性规则,有10处,占全部法源条款数25处的40%;其次是可为性规则,有8处,占全部法源条款数的32%;再次是禁为性规则,有6处,占全部法源条款数的24%;最少的是必为性规则,只有2处。当然,如前所述,一些习惯所在的条款

---

① 参见[英]约瑟夫·拉兹:《法律体系的概念》,吴玉章译,中国法制出版社2003年版,第235页及以下。

② 参见王敏:《法律规范中的"必须"与"应当"辨析》,《法学》1996年第8期。

③ 例如民法总则第10条的习惯,既充当可为性准则的角色,也充当禁为性规则的角色。

④ 从表面上看,民法总则第140条第2款似乎应认定为可为性规则,但根据语法解释,"只有……才可以"的结构属于一种必为性规则的常见表达,故笔者将之归为必为性规则。根据文义解释,物权法第116条第2款、合同法第61条既可认定为可为性规则、应为性规则,也可以视为必为性规则,但根据体系解释,归为应为性规则比较妥当。

充当数种类型的法源角色,这样的条款至少有 1 处,即民法总则第 10 条。对于这种习惯法源条款,很难将它非常准确地归入某种特定规则类型。

应为性规则和禁为性规则在民商习惯法源条款中占据大半的事实说明,习惯在民商法中的主要功能不是确认或拓展当事人权利,而是重申关于个人权利行使的伦理和公益限制,对当事人课以遵守法律明文以外的更多义务责任,以防止表面守法实质悖法的情形出现。当然,这一判断的正确性程度还得取决于这些应为性规则和禁为性规则中习惯针对的对象,即如果这些应为性规则和禁为性规则针对的多是民商事主体,那么其正确性程度也就高,反之,如果针对的多是行政机关及司法机关,那么其正确性程度就低。

从习惯的具体类型看,出现数量最多的应为性规则中习惯是 10 个。其中,最多的是"交易习惯",有 6 个;其次是"习惯",有 3 个;最后是"惯例",仅 1 个。从针对的对象看,主要针对的是民商事主体,有 7 条,次要的是司法机关和行政机关,有 3 条,分别是民法总则第 142 条第 1 款、第 2 款和合同法第 125 条第 1 款,且所包含的是"习惯""交易习惯"。①

出现数量第三多的禁为性规则中习惯有 7 个。② 其中,最多是"公序良俗",4 个;其次是"国际惯例",2 个;最后是"习惯",1 个。其中民法总则第 10 条中的"习惯",其后为"公序良俗"所限制。如前所述,这种限制,是为了防止恶的习惯规则进入民商法所设。③ 在习惯中,只有"公序良俗"发挥对当事人的习惯权利进行类型及结构限制功能,"习惯""惯例"则发挥确认和拓展当事人权利的功能。④ 不过,无论如何,对禁为性规则中习惯的类型分析表明,前

① 合同法第 125 条第 1 款既可视为针对民商事主体,也可视为针对司法机关和行政机关。

② 民法总则第 10 条包含"习惯""公序良俗",名称列举数比法源条款数多 1 个。

③ 这样看来,票据法第 95 条第 2 款规定可以适用"国际惯例",但其后没有像民法通则、海商法那样对之设定相应的限制条款,是一种立法缺陷。

④ 但也要区分,"习惯""惯例"确认和拓展的是哪一方当事人的权利,以及确认和拓展的权利是否与享受方的义务及责任相一致。具体案例可参见邱宝昌:《"国际惯例"站不住 监管机构应叫停》,《检察日报》2012 年 11 月 14 日,第 5 版;王鑫、高云君:《所谓"国际惯例"于法不合保险公司拒赔未获法院支持》,《四川日报》2005 年 11 月 2 日,第 5 版。

述判断的正确性程度较低。

但从表 1-1 可发现,上述 6 处禁为性规则主要针对的是民商事主体,有 3 条,次要的才是针对行政机关和司法机关,分别有 1 条和 2 条。当然,必须说明的是,有少量禁为性规则所针对的对象不是很明确,或者可能同时针对两种甚或三种对象。其中,对象比较模糊的有民法通则第 150 条;同时明显针对两种甚或三种对象的有民法总则第 10 条和海商法第 276 条。即便如此,这仍然验证了前文的预断,即习惯在民商法中的主要功能不是确认或拓展当事人权利,而是对当事人课以遵守法律明文以外的更多义务责任。

从表 1-1 还可发现,在民商事习惯法源条款中,必为性规则有 2 处,占全部民商事习惯法源条款 25 条的 8%。如果将可为性规则视为对行为主体授予权利的规范话,那么必为性规则是对行为主体课予义务及责任的规范。与禁为性规则和应为性规则相似,必为性规则留给行为主体选择的空间较小,那么这种规则在民商事习惯法源条款中的出现,是否是对前文之预断的验证呢?

首先,从习惯的具体类型看,结合表 1-1 可发现,必为性规则中的习惯概念有 2 个名称列举,都是"交易习惯",且主要是规定当事人特别法律行为之要件的习惯。如此看来,前文所提出的在民商事法律中习惯主要功能是对当事人课以遵守法律明文以外的更多义务责任之判断总体上是正确的。

其次,从所针对的对象上看,从表 1-1 可发现,上述 2 处必为性规则所针对的对象按概率多少依次是,针对民商事主体的有 2 条,针对司法机关的有 1 条,对象有两个及三个的有 1 条。很显然,上述两种规则所针对的对象主要是民商事主体,其次才是司法机关,最后可能是行政管理机关。此处所针对的对象分析也表明,民商事法律中的习惯所发挥的功能是对当事人课以遵守法律明文以外的更多义务责任。

最后来看数量次多的可为性习惯规则。如前所述,可为性规则是授予行为主体以自由裁量权力或行动选择权利的规范,其在民商事习惯法源条款中有 8 处,是否在某种程度上是对前述一再被验证了的"民商事法律中的习惯是对当事人课以遵守法律明文以外的更多义务责任"之判断的削弱或否证呢？对此，我们仍得从对它们所包含的习惯类型与所针对的对象这两个角度进行分析及检验。

首先，从习惯的具体类型看，由表1-1可发现，可为性规则中的习惯概念有9个名称列举。按数量由多至少的顺序是，"习惯"有5个，"国际惯例"有3个，"公序良俗"有1个。其中，"习惯"与"公序良俗"同时出现在民法总则第10条，且前者为后者所限制。但由此可发现，习惯在可为性规则中占据的法源条款有8处。习惯具体类型分析的结果显示，前述民商事法律中习惯是对当事人课以遵守法律明文以外的更多义务责任的判断并未被否证。

其次，从所针对的具体对象看，从表1-1可看出，前述8处可为性规则主要针对的是司法机关、行政管理机关和地方立法机关，有5处，次要的是针对民商事主体，有3处。所针对的具体对象按数量由多至少依次是，针对司法机关的有5处，针对行政管理机关的有5处，针对民商事主体有3处。其中，对象有两个及三个的有4处，分别是民法总则第10条、物权法第85条、海商法第268条第2款和票据法第95条第2款，均属授予有解纷权的法定机关以自由裁量权力的规范。此处所针对的对象分析也显示，可为性规则主要是授予公权力机关以自由裁量权力，次要的是授予民商事主体以行动选择权利。因此，前述提出的"民商事法律中的习惯是对当事人课以遵守法律明文以外的更多义务责任"之判断又被验证了。

以上从民商事习惯法源条款被立法者赋予的角色或效力的角度分析习惯在民商法中发挥的功能。在同类型的、更大范本的研究中，也有人发现，习惯可能更多的是化解国家制定法与外国人之间的差异。[①] 那么，在民商法中可能有这样的发现吗？如果有，又在多大程度上是正确的呢？检索表1-1，发现在民商法中，化解国家制定法与外国人之间差异的有5处法源条款，仅占全部

---

① 参见苏力：《当代中国法律中的习惯——一个制定法的透视》，《法学评论》2001年第3期。

25 处习惯法源条款的 20%。由此可知,至少在民商法中,很难说习惯可能更多的是化解国家制定法与外国人之间的差异。

至此,人们可能仍有疑问:习惯在立法上的功能表达似乎不是确认或拓展当事人的权利,而是重申关于个人权利行使的伦理和公益限制,对当事人课以遵守法律明文以外的更多义务责任,那么在司法实践中,法官是否实践了立法者的上述理念呢?据笔者检索,在当下中国司法实践中,承载习惯规则可能性较大的概念除了前述"习惯""惯例""公序良俗",还有"习俗""风俗"和"民俗"三个概念。截至 2019 年 7 月 14 日,在"中国裁判文书网"以这六个概念为裁判依据搜索,分别得到裁判文书 515 份、70 份、26 份、53 份、9 份、2 份,总共 675 份裁判文书。在上述六组裁判文书中,法院以习惯规则确认和拓展当事人之权利的分别有 118 份、50 份、3 份、41 份、5 份、0 份,计 217 份。与之相应,重申个人权利行使的伦理和公益限制的分别有 397 份、20 份、23 份、12 份、4 份、2 份,计 458 份。可见,在司法实践中,法院大体上实践了立法者的上述理念。

但是,值得注意的是,在第二组裁判文书中,法官根据惯例确认当事人之习惯权利的案件要大大多于否定当事人之习惯权利的案件。而确认当事人之习惯权利的惯例多为商业惯例,尤其是国际商事惯例。在个别案件中,法院也以法律规定否认了当事双方之间形成的交易惯例。①

在第三组裁判文书中,对于当事双方的行为并无涉公序良俗的,但是法院仍然要强调民事行为不得违背公序良俗。② 法院在此援引该原则,反而模糊和淡化了案件应当适用的法律规则,纯属多此一举。

在第四组裁判文书中,对于查明、认定男方给予了女方彩礼的,法院一般判决予以返还,但是也有少数案件判决不予返还。③ 在判决予以返还的案件

---

① 例如广东省佛山市中级人民法院〔2017〕粤 06 民终 3040 号民事判决书。

② 例如山东省济南市市中区人民法院〔2018〕鲁 0103 民初 233 号民事判决书、内蒙古自治区开鲁县人民法院〔2018〕内 0523 民初 3049 号民事判决书。

③ 例如河南省禹州市人民法院〔2014〕禹民一初字第 1398 号民事判决书、北京市朝阳区人民法院〔2018〕京 0105 民初 88799 号民事判决书。

中,法院往往还要结合男女双方同居时间的长短,并且通常明确表示依据同居较长一段时间给男女双方带来不同的社会负面评价,判决酌情减少返还的数额。① 由此亦可窥见法院对于男方行使彩礼返还请求权的伦理及风俗限制,以预防男方滥用此项权利给女方造成不利影响。

当然我们也注意到,支持法官在司法实践中"习惯是重申关于个人权利行使的伦理和公益限制"之理念的裁判文书样本绝大多数是基层及中级人民法院作出的。可能有人要问,基层及中级人民法院的司法理念并不能代表当下中国法院,尤其是最高人民法院的司法理念,可能最高人民法院认可地方各级法院引用习惯规则作出裁判,本意不是为了重申关于个人权利行使的伦理和公益限制,而是为了确认或拓展当事人的权利。为了反驳此种质疑,我们可以检索最高人民法院发布的、数量不多的相关司法解释。截至 2019 年 7 月 14 日,最高人民法院发布了 6 个有关民间借贷的司法解释,但从一开始,解释的出发点就不是确认或拓展当事人的权利,而是"限制高利率""维护和促进经济社会发展的大局"。② 更重要的是,即使最高人民法院承认民间借贷的合法性并将其纳入受案范围,也并不是着眼于确认或拓展借贷当事人之权利的方式解决纠纷,而是将自身定位为化解民间借贷纠纷之一环而参与到党委、政府及有关部门主导的解纷机制当中。③ 例如,对于"出借人将利息预先在本金中扣除"的习惯规则,最高人民法院对之予以公益限制。又如,对于"双方对前期借款本息结算后将利息计入后期借款本金"的习惯规则,最高人民法院

---

① 例如河南省商丘市中级人民法院〔2017〕豫 14 民终 2187 号民事判决书、湖北省恩施土家族苗族自治州中级人民法院〔2017〕鄂 28 民终 2279 号民事判决书。

② 1991 年 8 月 13 日最高人民法院印发的《关于人民法院审理借贷案件的若干意见》、2015 年 8 月 25 日发布的《最高人民法院关于认真学习贯彻适用〈最高人民法院关于审理民间借贷案件适用法律若干问题的规定〉的通知》。

③ 参见 2011 年 12 月 2 日发布的《最高人民法院关于依法妥善审理民间借贷纠纷案件促进经济发展维护社会稳定的通知》。

也予以了公益限制。①

四、民商法中"习惯"分布及功能形成的原因

习惯在民商法中的分布及功能状况已如上述,但它形成的原因又是什么呢? 具言之,其一,为什么"习惯"作为法源列举的情形中,民事法多于商事法? 合同法多于其他民事法? 照理说,民事法与商事法、合同法与其他民事法都是调整平等主体之间的人身和财产关系的自治法,为什么习惯在它们之间的分布如此悬殊呢? 其二,为什么习惯的效力通常位于法律、法规、合同和条约之后? 其三,立法者列举习惯的目的为什么不是确认或者拓展当事人的权利,而是重申和课以当事人更多的法外义务责任呢?

对于第一个问题,我们认为,法律文本中是否明确列举习惯这一法源及其数量之多少,仅是测度立法者是否以及在多大程度上重视习惯在特定法律中的调控功能的一个形式性而非实质性指标。因而相反的情形必定存在,即那些没有出现或者出现习惯之法源条款较少的法律可能比出现了或者出现习惯之法源条款较多的法律有可能蕴含了同等甚至更多的隐性习惯条款。原因有四:一是这些没有列举或者较少列举习惯这一法源的法律,可能在法律文本形成之前已吸收大量的习惯规则,只是它已将之转化为成文法而已,例如婚姻法。反之,那些列举了或者列举较多习惯之法源条款的法律,可能在法律文本形成之前未来得及吸收和转化习惯规则,因而只能采取明示列举的方式显示习惯的法源地位,例如合同法。二是那些没有列举或者较少列举习惯这一法源的法律,比那些列举了或较多列举了习惯之法源的法律有更健全、发达的查明、认定和适用习惯规则的纠纷解决机制甚或司法裁判机制,因而此种习惯条款分布悬殊之情形为立法者有意为之而非立法疏漏,例如商法有发达的仲裁

---

① 分别参见 2015 年 8 月 6 日发布的《最高人民法院关于审理民间借贷案件适用法律若干问题的规定》第 27 条、第 28 条。

机制可以吸纳商事习惯。三是在特定法律文本形成时,立法者认为尚不是明确列举习惯这一法源的最佳时机,故而有意不采取转化为成文法的形式,例如民法通则较少地列举了习惯之法源,而作为其升级版的民法总则则较多地列举了习惯之法源。四是立法者囿于知识和经验上的缺陷,没有认识到习惯在特定法律中的调控功能,故而在应当吸收和列举习惯规则中的法律中没有吸收和列举习惯规则。当然,立法者的此种缺陷可以为学者所指出并在后者的呼吁下被弥补,例如物权法,尤其是民法总则对习惯这一法源的较多列举,就受到了学者的学理及建议的较大影响。① 当然,特定法律中是否明确列举习惯这一法源及其数量之多少,还受到该法律是传统法律还是新兴法律这一类型属性的影响:通常前者比后者更有可能承载隐性习惯条款甚或明确列举习惯这一法源,民事法明确列举习惯这一法源之所以比商事法多,这也是一个不可忽视的原因。

因此,法律形成过程中的历史文化背景、司法裁判机制、立法技术选择和立法者的认知等无疑是影响"习惯"作为法源列举在法律中出现数量的因素。不过有一点是可以肯定的,即在相同的历史文化背景、司法裁判机制、立法技术选择之前提下,出现了或出现了较多的习惯之法源条款的法律比没有出现或者出现较少的习惯之法源条款的法律,立法者在前者中试图通过习惯对各主体的行为予以调控的意愿比后者更强。在此前提下可以推定,立法者在合同法中比在其他民事法中有更强的通过习惯调控各主体行为的意愿。

对于第二个问题,我们认为,习惯的法源位序在一定程度上受到立法者对于习惯的性质、特征和功能等考量的影响。无疑,与法律、法规、合同和条约等成文法源相比,习惯绝大多数是一种不成文法源,由此给它带来如下三个重大

---

① 参见胡绪雨:《让与担保制度的存在与发展——兼论我国物权法是否应当确认让与担保制度》,《法学杂志》2006 年第 4 期;李永军、刘家安、于飞等:《中华人民共和国民法总则(专家建议稿)》,《比较法研究》2016 年第 3 期;姚辉、梁展欣:《民法总则中的法源及其类型》,《法律适用》2016 年第 7 期。

弱点：一是在有着悠久成文法传统的国家，社会公众、当事人，尤其是司法者对不成文法源的认同度较低，而如果要将之成文化，则要付出额外的立法成本。在中国，人们一直认为不成文法只有在不与成文法相抵触的前提下才有效力，否则成文法就有被不成文法源架空、肢解的危险，成文法体系也就面临坍塌的险境。自民国至今，学者大多认为："习惯之具有效力，由于它不与法律相抵触而又经法律所承认，并不是习惯本身即是法律。"①既然习惯只有在不与法律相抵触的前提下才有效力，那么作为法源的它通常只能屈居法律之后。二是在有中国特色的社会主义法律体系初步建成的今天，过于强烈地凸显不成文法源的位序，不利于在人们心目中树立成文法源的权威。与此同时，立法者中的一些人也素持下述直觉性认知，即："我国的习惯坏的多，好的少。如果扩大了习惯的适用，国民法治精神更将提不起来。"②鉴此，当下实务界的人士提议："总体上，应当把民俗习惯作为制定法的缺位补充，以弥补法律规定的不足。在法律已有明文规定的情况下，法官应优先适用法律，而不能擅自适用习惯。"③对于大多数法律体系初步建成的国家，这也是一项基本的政治经验。④ 三是习惯的确定性较低、模糊性较高，因而在查明、认定和适用它以作出裁判时，当事人、法官将付出更多的诉讼成本或司法成本，同时适用它作出裁判的错案率也更高。不仅如此，对于相当多的习惯，即使当事人和法官愿意支付尽可能多的成本，也难以甚或无法在法庭上向对方当事人及社会公众展示该习惯之存在及具体的盖然程度。在一个需要经验实证和数字说话的空间中，相比于白纸黑字的法律、法规、合同和条约，绝大多数情形下以不成文形式

---

① 李达：《法理学大纲》，法律出版社 1983 年版，第 95 页。

② 转引自黄宗智：《法典、习俗与司法实践：清代与民国的比较》，上海书店出版社 2003 年版，第 62 页。

③ 徐清宇、周永军：《民俗习惯在司法中的运行条件及障碍消除》，《中国法学》2008 年第 2 期。

④ 参见伦海波：《我国民事立法中的习惯法研究》，载高其才主编：《当代中国民事习惯法》，法律出版社 2011 年版，第 65—66 页。

呈现的习惯自然显得底气不足,当然也就难堪为当事人和法官恃之以权利、义务及责任之大任。退一步讲,即使当事人和法官能够在经验层面证明特定习惯之存在及其与案件的密切关系,但是谁又能够断言不存在另一个与该案具有同等密切程度的习惯呢?

与法律、法规和条约相比,绝大多数习惯还具有强烈的地方性。也就是说,针对同一领域或者事项,每一个地方几乎都有自己特殊的习惯,这也给立法者、当事人和司法者带来无尽的烦恼。对于立法者而言,这逼使他只能以抽象概括的形式列举习惯这一法源,从而给当事人、司法者留下过大的悬念和操作空间;对于当事人而言,这给他课予了通常难以胜任的,将模糊的、不成文的地方性规则转换为欲与法律、法规和条约同样明确的成文规则之重任;对于司法者而言,他既需要将该习惯从地方性知识中剥离出来,以嵌入作为普适性知识的法律、法规和条约之成文法体系中,然后又要将之重新浸入处于地方性知识包围中的当事人,以说服他们接受以该习惯为依据的裁判结果。因此,列举习惯这一法源,如果不是在非列举则无法形成逻辑上自洽的规则体系的法律中,那么立法者通常选择在那些面向紧密关系型群体的法律中列举习惯这一法源。这就是为什么习惯这一法源通常列举在民法总则、民法通则、合同法和海商法中的原因了。习惯这一法源在民法总则和民法通则中的列举,无疑是为了维持民事法体系之自洽性的需要,而习惯作为法源出现在合同法和海商法,则是它通常面对的是商人这一紧密关系型群体。当然在上述法律中,习惯的效力通常只能位于法律、法规、合同和条约之后。

对于第三个问题,我们认为这是由如下两个因素决定的,其中最重要的是长期以来当代中国立法者确认权利和课以义务的模式,其次是习惯本身的性质、特征、类型及其相互之间的关系。首先,在当代中国,虽然人们普遍认同"法无明文禁止即自由"的信条,但是对于法无明文禁止之地带可能存在的权利,却既非能由逻辑上的推定获得,更非能因习惯上的既存被认可,而必须由法律本身予以确认。因为"法无明文禁止即自由"中的"自由"并非在其受阻之时可请求公权力机关予以襄助之"自由"，而当法无明文禁止之地带的"可能的权利"被确认为"实然的权利"时，那么就意味着在它受阻之时，权利人可请求公权力机关给予救济，此即"无救济即无权利"之谓。由此可见，立法者在法律文本中列举习惯这一法源，很难说是确认或拓展个体之权利，因为在成文法国家，权利由法律而非由习惯确认。① 在中国这样一个有着显著管控型立法色彩的国家，尤其如此。② 虽然当代中国法律早已以"权利本位"代替"义务本位"，其中的"权利"在学者看来亦有诸多指向，但是至少在立法者看来，仍然或者只能局限于"法律上的权利"，否则与之对应的国家物质资源即有不堪承受之虞。相反，与"权利"对应之"义务"则不局限于"法律上的义务"，而可从习惯、道德、伦理和宗教等社会规范中，借由法律解释和法官自由裁量权等工具推论得出。这也就可以解释，即使被学者认为可从习惯等社会规范中推论出的所谓"新兴权利"，在其未得国家司法裁判确认之前，仍不可谓之"法律上的权利"。③ 其次，在当代中国，作为法源列举之习惯从类型上看分别是"习惯"、惯例和公序良俗。它们在当代中国民商法中的均态分布及其相互关系恰恰再次表明，对于法无明文禁止之地带的"可能权利"，立法者不欲以习惯推定之，相反，在多数情况下，似乎试图以习惯限制之。尤其是当考虑到习惯的前述的不成文性、不确定性和地方性等重大弱点，立法者与其赋予通常作为兜底性法源的习惯以确认或拓展当事人权利的功能，不如赋予其课以当事人遵守法律明文以外的更多义务责任的功能，更能符合自身通过习惯调控特定法律之权利义务配置格局的初衷。退一步讲，即使在少数通过习惯

---

① 即便在不成文法国家，"实然的权利"也是由法院通过判例予以确认的。判例其实也是一种广义上的法律。

② 参见张洪涛：《习惯在行政中的制度命运——一种组织结构—功能分析的视角》，《东南大学学报（哲学社会科学版）》2010年第4期。

③ 参见王方玉：《权利的内在伦理解析——基于新兴权利引发权利泛化现象的反思》，《法商研究》2018年第4期。

确认和拓展权利的情况下,立法者首先也要解决一个试图进入法律中的"习惯权利"的伦理和公益含量问题。如果此种含量不足,哪怕该"习惯权利"如何古老悠久和为人们所反复实践,也不能获得进入法律的资格。相反,在当代中国,法官倒是运用"公序良俗"这一法源条款在数起案件中驳回当事人的权利诉求。①

五、"习惯"在民商法中的布局及功能之改进

"权利是习惯地生成的,正如人们的交往行为是习惯地生成的一样。"②"习惯确实构成了某些权利的基础。"③因此,作为平等主体之间人身和财产关系之自治法的民商法,理应凸显由个体之间出于自由意志之行动自发生成的习惯规则及其权利面向,但是很遗憾,对习惯法源条款的列举概况、特点、功能及原因的分析表明,习惯这一法源在民商法中的主要功能或者立法者的初衷竟然不是确认和拓展当事人的权利,而是重申个人权利行使的伦理和公益限制,对当事人课以遵守法律明文以外的更多义务。虽然造成习惯在民商法中的此种"出人意表"之局面的原因是复杂的,例如隐性习惯条款的存在、成文法对于习惯的转化式吸收、吸收习惯规则之解纷及裁判机制的存在、明示列举习惯法源条款的时机不成熟等,但是无论如何,这些都表明民商法在列举习惯法源条款的方式方法、立法技术以至价值理念上有着巨大的改进空间。例如立法者应当更自觉地运用"公序良俗"这一习惯规则,以预防和限制恶的习惯规则进入民商法;更多地吸收和列举承载公民权利的习惯规则,以彻底扭转管控型立法的价值取向;及时地将民商事司法解释及裁判中的习惯规则及习惯权利吸纳、列举到民商法中,以回应司法实践及社会公众对于立法回应能力的

---

① 参见四川省泸州市中级人民法院〔2001〕泸民一终字第 621 号民事判决书、山东省济南市历下区人民法院〔2010〕历行初字第 4 号行政判决书。

② 谢晖:《论新型权利生成的习惯基础》,《法商研究》2015 年第 1 期。

③ 王方玉:《新兴权利司法推定:表现、困境与限度——基于司法实践的考察》,《法律科学》2019 年第 2 期。

刚性需求。① 毕竟,司法者在裁判机制中吸纳习惯规则及习惯权利的行为在效力等级、影响范围和示范效果等方面与立法者在(狭义)法律文本中对习惯规则及习惯权利的法源列举行为不可同日而语。与此同时,学者应揭示一些民商法背后的隐性习惯规则、督促立法者将在执法尤其是司法中被反复实践及为社会公众认可的习惯规则和习惯权利吸收或者列举到民商法中,以便社会公众及当事人更好地理解这些习惯规则中蕴含的权利义务。正如学者所指出的:"《民法总则》虽规定习惯是可选择的补充性法源,但未来民法典及民事司法实践是否必然吸收习惯作为法源,习惯是否可以制度化地进入法律,仍有赖于法学家与立法者参照前述经验教训,努力推动法律与习惯的融合之道,实现法典的中西会通。"②

当然,立法者及学者也要清醒地认识到习惯规则的诸如不成文性、不确定性和地方性等重大弱点或缺陷,从而避免或建议在民商法中盲目列举、布局习惯之法源条款,以造成社会公众认识上的混乱,不利于嗣后的执法和司法。在一个成文法传统深厚的国家,在立法中过多布局习惯规则,确有冲淡成文法之主体地位的弊端。同时,过多的布局习惯规则,也在客观上增加了当事人、执法者、司法者查明或者认定、适用习惯的成本。更值得注意的是,在当下中国,过多地在民商法中列举不确定性和模糊性较强的习惯规则,也可能给执法者和司法者徇私枉法大开方便之门。不过,立法者应当谨慎列举习惯这一法源,并不代表拒绝吸纳、列举在执法及司法中发现的、为公众普遍认同的习惯权利。

以上这些,都要求立法者开展有关习惯规则及习惯权利的调查、汇编和转化,要求学者加强有关习惯规则及习惯权利的实证及理论研究,调查、分析各

---

① 成功的经验如《民法总则》第 127 条、第 185 条分别对之前作为习惯权利出现之虚拟财产权和英烈名誉权的规定。

② 邓建鹏:《"化内"与"化外":清代习惯法律效力的空间差异》,《法商研究》2019 年第 1 期。

种习惯的性质、特征和功能,总结、提炼拟进入立法文本之习惯的规范要素抑或构成要件,厘清习惯与法律之间错综复杂的关系,尤其习惯向法律单向转化的立法机制。

以上我们对"习惯"、惯例、公序良俗等形式承载的习惯法源条款在前民法典时代民商法中的列举概况及其特点、功能、原因和改进等问题进行了总结、归纳和分析。但问题远未终结,例如在民商法的法源结构中,习惯是否可前置到协议之后、法律之前呢?① 因为民商法除了极少数强制性规范外,绝大多数是任意性或引导性规范,习惯置于法律之前、协议之后并不违背民商法的自治法性质。

同时,以上仅从当下的维度对习惯在民商法中的法源列举概况、列举特点、功能特点和原因进行总结、归纳和分析,至于习惯在新中国民商事法律中的变化情况,因囿于主题未予涉及。② 但这并不是说该问题不重要,恰恰相反,它可能是比本书的论题更为重要的一个问题,因为它触及立法者对于习惯应在民商法上占据何种地位、发挥何种功能的法律理念史,也将间接影响习惯在民商事司法实践的功能及作用。基于上述同样的原因,我们也未对与本书论题同等甚或更重要的习惯在新中国民商事司法实践中的实际情况给予研究,例如司法机关通过司法解释和裁判吸纳或拒斥民商事习惯的历史、现状及成因。

最后不得不说明的是,在前述 16 部民商法中,可能存在一些概念比本书所选择的前述三大概念更有可能承载习惯规则而未为我们注意,③但是就到目前

---

① 主流的见解是必须有法律的明文规定或当事人的约定。分别参见罗筱琦:《"交易习惯"研究》,《现代法学》2002 年第 2 期;戴双喜、巴音诺尔:《论牧区以"羊"为"等价物"的交易习惯——兼论民事习惯与交易习惯之结构层次关系》,《法学杂志》2010 年第 11 期;王利明:《论习惯作为民法渊源》,《法学杂志》2016 年第 11 期。

② 有兴趣的读者完全可以结合学界先前的研究来发现此种变化。例如苏力:《当代中国法律中的习惯——一个制定法的透视》,《法学评论》2001 年第 3 期。

③ 例如有人提出,"行业标准""通常标准"是自发形成的行业习惯规范。参见李杰、赵树坤:《论民事立法对民事习惯的复杂认可》,《求是学刊》2017 年第 3 期。

为止学界在这方面达成的共识或习惯做法而言，本书的选择并无不妥。[①] 其中需要特别补充说明的是，本书没有选择"社会公德""道德风尚"和"商业道德"三个道德性概念作为承载习惯规则的概念，是因为认识到它们承载习惯规则的概率过低，且其内容的不确定性和模糊性程度过高，即使实务界普遍认为习惯与道德之间在人类自发规则形成链条上的紧密关系，以及道德承载了习惯规则之事实。[②]

第二节　民法典时代民商法中"习惯"
地位的变化及改进

习近平总书记强调，充分认识颁布实施民法典重大意义，依法更好保障人民合法权益。[③] 正是因为民法典当中的纠纷解决的途径与人民的利益息息相关，所以民法典的颁布和生效才与人民的利益紧密相连。2021 年 1 月 1 日生效的民法典第 10 条规定："处理民事纠纷，应当依照法律；法律没有规定的，可以适用习惯，但是不得违背公序良俗。"以法典的形式确定"习惯"与法律作为处理民事纠纷的法定选择的地位，无论是对社会还是对我国的法治进程都具有非常重大的意义。这条规定引发了学者们的广泛讨论，不少学者从这条规定的法律规范目的、对民法法律渊源的改变以及法律适用障碍等方面进行了探讨。[④] 大多

---

① 比较有代表性的选择可参见苏力：《当代中国法律中的习惯——一个制定法的透视》，《法学评论》2001 年第 3 期；厉尽国：《论民俗习惯之民商法法源地位》，《山东大学学报（哲学社会科学版）》2011 年第 6 期；高其才：《当代中国法律对习惯的认可》，《政法论丛》2014 年第 1 期。

② 在某著名案件中，法官明确提出社会公德涵盖了民商事习惯。参见王伯文：《民商事习惯的适用规则——重庆五中院判决重庆市信心农牧科技有限公司诉重庆两江包装有限公司买卖合同纠纷抗诉案》，《人民法院报》2009 年 2 月 6 日，第 5 版。

③ 参见《充分认识颁布实施民法典重大意义，依法更好保障人民合法权益》，《人民日报》2020 年 5 月 30 日，第 1 版。

④ 参见田钒平：《民法典视野下铸牢中华民族共同体意识的法理探讨》，《西南民族大学学报（人文社会科学版）》2021 年第 2 期；侯国跃、何鞠师：《我国民法典第 10 条中的"习惯"之识别》，《甘肃政法大学学报》2021 年第 3 期；陈洪磊：《民法典视野下我国商事习惯的司法适用》，《政治与法律》2021 年第 4 期；赵忠奎：《"可以适用习惯"的司法应对：以逾期加价条款为样本》，《社会科学》2021 年第 2 期。

数学者对于"习惯"的分析都是从法律文本入手,再赋予各地、各民族的地方知识进行解释。然而,从利益博弈论角度讨论"习惯"地位变化的研究几乎没有,即使有一些这方面的研究,但都是顺带而过,已有研究不充分。[①] 从多角度探讨"习惯"进入民法典正式条文,具有十分重要的意义。汤唯曾在他的学说当中,把中国的习惯法和民间法(这里习惯法可以看作是事实习惯)看作是法社会学研究当中的"半壁江山"。[②] 足以看出"习惯"的重要性。因此,从利益博弈论视角对"习惯"被正式以法典的形式确定为民法法律渊源进行探索和挖掘是十分必要的。

民法典背景下习惯法源地位的变化给我国法治发展不仅带来诸多好处,同时也带来一些法律理论和实践上的问题。本书通过利益博弈论分析"习惯"地位变化引发的法律问题,以求从利益博弈论视角为问题的解决和"习惯"地位的改进提供有益方案。

一、民法典背景下习惯法源地位的变化

(一)民法典颁布前习惯的法源地位

在民法典第 10 条"习惯"规定之前,关于"习惯"是什么,处于什么地位,我们需要从多方面来分析。在这之前,我们需要界定一下"习惯"的含义。《中华法学大辞典》当中关于"习惯"的定义是:"人们的同一行为经多次重复而在实践中逐渐成为习性的行为方式。一个习惯的内容如果具有社会性,并为人们广泛接受,就会成为普遍公认的社会行为规则。这类习惯在历史上往往是法的重要来源之一。"[③] 从本词典对于"习惯"的定义中,可以了解到,习

---

① 以"习惯""利益博弈论"为关键词在中国知网进行搜索,搜索得到 4 篇文献,2 篇相关研究,但都是 2008 年发表的,搜索日期:2021 年 8 月 16 日。

② 参见汤唯:《社会学在中国——西方文化与本土资源》,北京科学出版社 2001 年版,第 154 页。

③ 孙国华主编:《中华法学大辞典:法理学卷》,中国检察出版社 1997 年版,第 452 页。

惯在长期的社会发展过程中通常是作为一种社会规则出现的。并且这种规则是经过无数次的重复实践、被这个社会群体所广泛接受的。"习惯是逐渐在个体之间传播的,直到它渐渐变成集体性的东西。"①可以看出,"习惯"的特性是:总是通过个人向个人之间传播,逐渐为群体所效仿的形式形成的。

在民法典正式颁布以前,也有一些民事法律规范涉及"习惯",比如说:合同法中有多处提及"交易习惯",说明了"交易习惯"对于合同纠纷处理的重要作用;最高人民法院对于一些问题的批复和解答也明文规定了适用"习惯"。②但是,民法典颁布前关于"习惯"的规定分散于各个单独的法律当中,不具有系统性,其法源地位难以被认定为整个民法体系的法律渊源。习惯在被规定进入民法典之前,并非效力渊源上的法源。当然,这不是说它不具有法律上的重要性,而只是说它不再是有效的法。③ 所以,通俗地说,之前的"习惯"在社会实践过程中充当规则使用,通常是作为单个法律规范的法律效力来源,而作为整个系统的民法效力渊源是无论如何也谈不上的。"习惯"在民法体系当中,所处的地位是边缘性的、辅助性的,即使有一些民事规则规定了在某些情形下,"习惯"可以作为裁判依据,但是其效力与民法典这种专门的法典来比,效力是不高且不完整的。这些关于"习惯"零散的规定不正式也不系统的特征,容易造成同案不同判的司法不公情形。以下是关于婚姻彩礼纠纷在不同地区,法院根据交易"习惯"的判决差异巨大的例子(为保护当事人隐私,用甲乙代替人名):④

---

① [法]爱弥尔·涂尔干:《职业伦理与公民道德》,渠东等译,上海人民出版社2001年版,第569页。

② 2009年2月9日最高人民法院审判委员会第1462次会议通过:《最高人民法院关于适用〈中华人民共和国合同法〉若干问题的解释(二)》第7条。2015年6月23日最高人民法院审判委员会第1655次会议通过:《最高人民法院关于审理民间借贷案件适用法律若干问题的规定》第16条。

③ 参见陈景辉:《"习惯法"是法律吗?》,《法学》2018年第1期。

④ 参见江苏省江阴市人民法院(2013)澄青民初字第0826号民事判决书、宁夏回族自治区银川市兴庆区人民法院(2014)兴民初字第1247号民事判决书、辽宁省本溪满族自治县(2014)本县民初字第00622号民事判决书。

案例一:2011 年 12 月初,甲与乙经人介绍认识。2012 年 2 月 14 日,甲交付给乙 ipad 平板电脑一台、翡翠玉镯一只。2012 年 4 月 17 日,甲根据当地习俗交付乙彩礼 128000 元。2012 年 11 月 26 日,双方按照农村习俗举行了结婚仪式,但至今未办理结婚登记手续。原被告双方于举行婚礼当天开始同居生活,于 2013 年 9 月 21 日分居,乙回娘家后没有再回到甲家。2013 年 10 月 16 日,乙诉至本院,要求解除与甲的同居关系、返还嫁妆并赔偿其精神损害,2013 年 12 月 2 日,乙申请撤回起诉,法院依法作出(2013)澄青民初字第 0776 号民事裁定书予以准许。2013 年 11 月 7 日,甲诉至本院,要求乙返还彩礼 128000 元。2013 年 12 月 2 日庭审过程中,甲增加诉讼请求,要求乙返还 ipad 平板电脑一台、翡翠玉镯一只。江苏法院判决如下:一、乙应于本判决发生法律效力之日起 10 日内返还甲礼金 64000 元。二、驳回甲的其他诉讼请求。

案例二:2013 年 11 月,甲与乙相识后恋爱。2013 年 12 月 10 日,双方举行订婚仪式。在订婚仪式上,甲给付乙彩礼 30000 元。2013 年 12 月 11 日至 14 日期间甲又购买了家具、家电并给乙购买了价款为 3709.44 元的黄金首饰。甲、乙于 2013 年 12 月 30 日举办婚礼后开始共同生活。2014 年 1 月 20 日乙离家后,双方不再继续共同生活。现因甲与乙未办理结婚登记,故甲诉至本院。庭审中,甲自认给付乙的 30000 元彩礼中有 20000 元用于购买家具及家电,且所购买的家具、家电现在甲处,剩余 10000 元,乙父亲退还给甲父亲 2000 元,甲父亲又将该 2000 元支付给乙。但乙不认可收到该 2000 元。宁夏法院判决内容是:一、乙应当返还给甲彩礼 8000 元。二、同时判决驳回甲的其他诉讼请求。

案例三:甲、乙于 2013 年 7 月相识并确定恋爱关系,同年 10 月 2 日举行订婚仪式,甲一次性支付彩礼现金 12 万元。10 月 24 日,甲、乙双方按照农村习俗举行结婚典礼(未依法登记)。婚后甲、乙双方因生活琐事偶尔发生口角,2014 年 2 月 13 日,双方再次发生口角后,乙回到娘家居住至今。甲打电话请求乙回家居住,乙明确表示拒绝回家。现甲以乙与自己结婚并非真心实意,双方更无感情可言,且乙拒不回家,双方尚未登记为由,诉至法院要求乙返还彩礼,并承担相应诉讼费。另查明:原被告双方订婚后共同花销有:黄金饰品(金项链一条、金手链一条、男、女款金戒指各一枚、三对金耳钉)共计花费25340元,上述黄金饰品均在乙处保管;婚纱照1800元;金马鞋城购鞋2010元;家具8800元;家电9570元;灯具(包括电料)1350元;手机一部1500元;床上用品3350元;惠特鞋820元;毛毯1477元;BOY男装815元;阿雪牌衣服289元;以上花销合计57121元。关于双方的其他花销,鉴于原、被告双方结婚后共同生活的时间比较短,且考虑到现实情况,本院酌情考虑5000元。以上原、被告双方共同花销62121元。另查,原、被告结婚当天,乙父亲给付甲6000元,该钱亦属双方共同花销,综上,原被告双方共同花销为68121元。辽宁法院判决如下:一、原、被告双方购买的黄金首饰归乙所有,乙将黄金首饰折价给付甲现金一万二千六百七十元。二、乙于本判决发生法律效力后立即返还甲彩礼款五万一千八百七十九元。

以上三个例子的案情都是原、被告之间以结婚为目的,原告给付被告一定数额彩礼,举行了婚礼但是没有办理结婚登记手续,并生活了一段时间,后双方发生矛盾,提起婚姻彩礼纠纷诉讼。三个案例案情基本相似,法院判决却是大相径庭:宁夏法院判决女方全额返还彩礼,辽宁法院判决女方返还除去双方共同生活花销后的剩余彩礼,江苏法院判决女方返还一半彩礼。

虽然"习惯"不是一种效力渊源,但是作为一种认知渊源,"习惯"对于我国司法裁判也发挥着巨大的作用。例如,在民法典未正式规定习惯的法源地位之前,法官在进行司法裁判时,之所以选择某种"习惯"作为裁判的依据,并非是个人好恶,而是他所处的社会共同认同的实践。作为社会实践产生的"习惯",具有一种说服社会其他成员的权威属性,他采用这类为社会成员所认同的"习惯",能够使他的判决更加具有说服力。习近平总书记在党的十九大报告中强调:"把社会主义核心价值观融入社会发展各方面,转化为人们的情感认同和行为习惯。"足以见得习惯对于人们认知的力量,这种认知渊源赋予了习惯在社会规则体系当中的特殊地位。

(二)民法典颁布后习惯的法源地位

苏力认为,除了国家法外还广泛存在着民间法,"习惯"与国家法之间的关系是非常微妙的。① 我们应当对"习惯"与国家法进行区分,认识到"习惯"对于国家法的补充作用和它独特的社会学意义。要分析民法典颁布后对于"习惯"地位的改变,必须弄清楚民法典第 10 条当中"习惯"一词的含义究竟是指习惯法还是通常实践意义上的习惯。学界目前对于此处习惯的含义还存在一定的争议,有些人认为这里指的是习惯法,②而有些人认为此处的"习惯"是指实体民事习惯。③ 本书认为第 10 条的"习惯"应当指的是实体法律关系中的民事习惯。理由有三:第一,从《民法典》法律体系的自洽来说。作为总则内容的第 10 条中的"习惯"的规定,应当在总则内部之间、总则与分则之间几个关于"习惯"的规定之间形成自洽的逻辑关系。后文的"习惯"推定为民事习惯,所以第 10 条当中的"习惯"也应当推定为事实上的民事习惯,才不至于前后矛盾。第二,从第 10 条的用词上来说。习惯法属于已经被国家认可的法律的一种,具有法律确信力,在法律适用上是直接适用。正如魏德士强调的:"通说认为,习惯法以法律共同体中的长期实践('习惯')为前提。此外,这种习惯必须以法律共同体的普遍的法律确信(即'法律效力意志'/Retchts-geltungswillen)为基础。"④第 10 条用的是可以适用"习惯",赋予法官选择适用的权利,且要符合公序良俗,"习惯法"必定符合公序良俗,也不必再强调可

① 参见苏力:《法治及其本土资源》,北京大学出版社 2015 年版,第 8—10 页。
② 参见王泽鉴:《民法总则》,北京大学出版社 2009 年版,第 35 页;史尚宽:《民法总论》,中国政法大学出版社 2000 年版,第 29 页;王利明主编:《中华人民共和国民法总则详解》(上册),中国法制出版社 2007 年版,第 53 页;龙卫球、刘保玉主编:《中华人民共和国民法总则释义与适用指导》,中国法制出版社 2017 年版,第 39 页。
③ 参见刘作翔:《司法中弥补法律漏洞的途径及其方法》,《法学》2017 年第 4 期。
④ 伯恩·魏德士:《法理学》,丁小春等译,法律出版社 2003 年版,第 106 页。

以适用。所以，此处的"习惯"应当认定为事实上的民事习惯更为合理。第三，将第 10 条中的"习惯"认定为事实上的民事习惯更有利于习惯法的发展。例如李可在他的著作中提到："为人们反复实践和适用是习惯法成立的最根本的标志。只要某一项习惯在一些纠纷的处理中为裁判者所引用，它就成为习惯法。因此，从最低限度上讲，习惯法只要可能被法官在断案时经常援用，它就是实际上的法源。一般来讲，只要一项社会行为规范可以成为处理社会成员在交往实践中的准则，它就是'法'（a law）。"①随着"习惯"作为民法法律渊源地位的确立，在司法实践过程中，"习惯"作为法院的裁判依据的指导案例增多，"习惯"通过反复适用而逐渐有了法的"确信力"，最终可能上升形成习惯法，从而推动习惯法的发展。

如此看来，民法典第 10 条的"习惯"指的是实体民事"习惯"。了解了"习惯"的具体含义之后，我们再来继续讨论民法典颁布对于"习惯"地位的改变。我国在民法典编纂的过程中，明确确立习惯法源是《中华人民共和国民法总则》中第 10 条关于"习惯"效力的规定。该总则的第 10 条修订了原来的民法通则的原第 6 条规定，正式首次以总则的形式承认了习惯法源的地位。②《民法总则》的第 10 条以规定"习惯"具有"处理民事纠纷"的功效，替代了原来的"民事活动"的规定，更加清晰明了地限定了"习惯"作为法源的适用范围。从陈甦主编的书中可以了解到，"习惯"对"国家政策"的更定，明确了我国民法当下"法律—习惯"的二位阶法源体系，突出了法源条款的裁判规范属性。③这表明了《民法总则》对于习惯法源地位条款的设定使其地位更具规范性了。

---

① 李可：《习惯法——一个正在发生的制度性事实》，中南大学出版社 2005 年版，第 207 页。

② 《中华人民共和国民法总则》（以下简称《民法总则》）第 10 条规定："处理民事纠纷，应当依照法律；法律没有规定的，可以适用习惯，但是不得违背公序良俗。"《中华人民共和国民法通则》（以下简称《民法通则》）第 6 条："民事活动必须遵守法律，法律没有规定的，应当遵守国家政策。"

③ 参见陈甦主编：《民法总则评注》，法律出版社 2017 年版，第 70—77 页。

接着民法典第 10 条对习惯法源地位正式规定:"处理民事纠纷,应当依照法律;法律没有规定的,可以适用习惯,但是不得违背公序良俗。"除了第 10 条的规定,还有民法典的第 142 条关于意思表示解释的规定、民法典第 289 条关于相邻关系的规定等。"习惯"正式出现在民法典中,首次以法典的形式确定了其作为正式民事法律渊源的地位。

民法典第 10 条是关于民法的法律渊源的限定法条,将"习惯"规定在总则当中,是直接给"习惯"在民法中的地位提升了一个档次。"习惯"不再仅仅只是作为司法裁判的认知渊源了,而是突破了不正式不系统的规定,摇身一变成为解决民事纠纷的正统效力渊源。

（三）习惯法源地位变化背后存在的问题

任何事物的发展都有其两面性,习惯法源地位的变化一方面带来法律的新发展,另外一方面也存在使用率不高、法官思维保守、民众了解程度不高等问题。

第一,"习惯"作为民法法律渊源使用率低,缺乏关于民事"习惯"适用的制度保障。除了民法典第 10 条中规定了解决社会纠纷可以适用"习惯",以及一些商事条文规定可以采用"习惯"之外,几乎没有专门对如何适用"习惯"、怎样加强"习惯"在司法实践中的适用进行规定的相关法律制度。① 因为民法典明确规定了要优先适用法律,在法律没有规定的情形下才可以适用"习惯",所以很多法官在司法实践中为了规避错案责任,明明适用"习惯"可以更合理地解决纠纷,却选择了适用更生硬的法律。本书以"民事案件"和"民事习惯"为关键词,在中国裁判文书网官网进行数据检索,查询不同年份法官适用民事"习惯"进行裁判的案件数据,得到的结果如表 1-2 所示(检索数据截止日期为 2021 年 8 月 16 日):

---

① 参见 1995 年《合同法(试拟稿)》第 70 条、1996 年《合同法(试拟稿)》第 82 条、1997 年《合同法(试拟稿)》第 78 条。

表 1-2 民事习惯司法适用情况（2014—2021 年） （单位：件）

年份	民事案件	适用民事习惯进行裁判
2021	4634558	102
2020	13826982	52
2019	14420366	69
2018	12372507	26
2017	10677595	22
2016	7599851	26
2015	6166183	25
2014	4559225	17

根据表 1-2 数据，我们可以看到，虽然自 2021 年民法典生效以后关于使用"习惯"解决民事纠纷的裁判数有所增长，但是总体来说增长幅度不是特别大，并且相对于民事裁判总体比重来看还是非常低的。长此以往，可能会导致民法典第 10 条的规定沦为摆设。

第二，法官思维保守。一些法官通常有一种固有思维，那就是法律规定我怎么做我就怎么做，我不超出法律的规定行使职权我就不会出错。最高法关于完善司法责任制的规定是：法官应当对自己履行审判职责的行为负责，且对自己的办案质量要终身负责。在审判过程中违反法律造成裁判错误和严重后果的，要承担相应责任。[①] 目前对于法官责任规定得越来越严格，进一步加深了法官怕出错、怕负责的思想顾虑。这种顾虑对于司法裁判的实现效益最大化是有害的，对于中国法治发展是有阻碍的。不排除有一些优秀的法官思想比较进步，可以在民事司法裁判中勇敢大胆选择适用"习惯"，但这是少部分的。[②]

---

① 参见 2015 年 9 月 21 日最高人民法院通过的《关于完善人民法院司法责任制的若干意见》。

② 例如河北深沽源县法官在审理范某与被告王某 1、王某 2、王某 3、王某 4 继承纠纷一案中，针对案件情况，依据我国传统和民俗习惯认定案件事实并进行裁判。参见 (2019) 冀 0724 民初 1738 号民事判决书。

　　第三,民众缺乏对习惯法源地位的了解。说到"习惯",我们对它的第一反应便是"我已经对此做熟练了""顺应某事物了""长期以来的做法"等。社会民众知道法律,认为法律通常是严肃的、权威的。民众也知道"习惯",在其固有印象中"习惯"的特性便是随意的、不正式的。习惯是人们在社会生活中逐步形成一贯的、稳定的行为方式。其特点是:在人们的行为中经常地、反复地出现;不假思索、自动地体现于行为中,即通常所说的"习惯成自然"①。但是,有关"习惯"与法律的联系,普通社会大众知之甚少。

二、民法典背景下习惯法源地位变化的利益博弈论分析

(一)利益博弈论的基本主张

　　关于博弈,有着极其矛盾的两面。一方面,博弈离我们的生活非常近,每个人都能够触手可及。例如,非常著名的一场比赛——田忌赛马,就是博弈的绝佳体现。我们日常中和商户进行讨价还价,也是博弈的一种表现。另一方面,博弈论这个抽象概念和我们日常生活中看到的博弈中的赛局又是不同的。通常,一场比赛是具体的,而真正的博弈理论却是极其抽象的。博弈论是一个具有组合性质的概念,通常是指能够描写博弈这个抽象概念的规则全体,是博弈从开始到结束,按照特定的方式进行的整个过程。在博弈中,参与者依照一定的规则,试图使自身利益达到最大化。② 由于博弈的参与者在进行博弈时,为了让自己的利益保持最大化,往往会通过分析对手的策略来调整自己的应对措施,所以博弈论也被称作是对策论或者赛局理论。

　　范合君认为:"博弈论讨论的内容是有关于局中人在各方利益相互作用中如何选择自己利益最大化的策略和聪明又理智的决策者在合作和冲突下如

---

　　①　朱贻庭主编:《伦理学大辞典》,上海辞书出版社 2002 年版,第 47 页。
　　②　参见[美]约翰·冯·诺依曼:《博弈论》,刘霞译,沈阳出版社 2020 年版,第 20 页。

何进行策略选择。"①利益博弈论所强调的就是要通过各种途径,权衡各种因素,最终在冲突和对弈过程中选择一种利益最大化的策略。除了利益博弈论以外,还存在其他类型的博弈论类型,在本节中选择利益博弈论主要有两个方面的考虑:其一,利益博弈论是符合经济学价值最大化的一种博弈论类型,相对于其他类型的博弈理论更加贴近生活;其二,基于笔者的兴趣。笔者对于利益博弈论比较感兴趣,想要研究利益博弈论与法学结合将产生什么样的化合反应,通过一个新视角来探究"习惯"地位变化的法律问题。

利益博弈论的基本主张可以概括为如下三个方面:第一,充分掌握各方利益诉求。有古语说"知己知彼,百战不殆",充分了解参与博弈各方的利益诉求是制定策略的前提和基础。只有了解对手或者是各方合作者,才能根据自己所掌握的情况和信息,在自己所处的大环境中,作出最优选择。第二,寻找平衡各方利益的策略。博弈理论当中有一些基本的假定理论,例如博弈论中的人一定是理性的,理性的人通常在博弈过程中将自己的利益排在第一位。但是为了使整个过程能够进行下去,通常参与博弈的人都会达到一个平衡,这个平衡就是博弈论当中的"均衡"。张维迎给出了"均衡"一词的概念解释:"在博弈理论当中,均衡可以解释为博弈的一种相对稳定的状态,在这种稳定的状态下,所有的局中人都不会轻易改变自己的策略。也就是说,只要给了他们对手的策略,他们就会选择自己的最优的策略。而所有参与者的最优的策略组合而成便形成了这种稳定的状态。因此,均衡也就是最优策略的组合。"②博弈论便主张要寻找这个平衡各方利益的最优策略,从而给出一个"均衡"的解。第三,利益最大化是终极目标。参加博弈的人都想要自己能够得到一个最大化的利益结果,但是在同一个博弈当中,总是会有输有赢,既然都不想输,那就需要找到一个使各方都满意的能够实现各方利益最大化的平衡。

---

① 范合君:《产业组织理论》,经济管理出版社2010年版,第6页。
② 张维迎:《博弈与社会》,北京大学出版社2013年版,第35页。

在这个过程中,所有的努力都应该是指向实现利益最大化的目标。

(二)习惯法源地位变化的利益博弈论分析

习惯法源地位变化的背后乃是各种利益的调和,并且各方主体如何实现"习惯"作为法源的地位也与自身利益密切相关。研究分析各方主体利益关系是研究习惯法源地位变化的利益博弈需要解决的基本问题之一。习惯法源地位变化涉及多方利益及其相互关系,例如个人利益、社会利益、国家利益及其关系。在这个过程中,各方利益主体将为实现自身利益最大化而与其他主体展开竞争或者合作,最后各方利益达到一个最优的平衡点,导致了习惯法源地位变化的上述结果。"习惯"作为一种社会冲突行为规范,可以说其出现就是各地的政治、经济和文化相互作用的结果,是当地生存方式和意识价值的选择。"习惯"作为民事纠纷解决的法律渊源,以民法典的形式正式明确地规定下来,更是对个人、社会和国家之间利益博弈结果的确认。要从根本上理解"习惯"被规定进民法典背后的意义,我们需要先理解"习惯"地位变化背后蕴含着诸多的利益博弈问题。

1.国家与社会之间的利益博弈

从民法法律体系上来讲,民法典对于中国的法治建设具有重要意义的表现就在于,民法典首次以法典的形式将我国民事相关法律体系化地规定下来。习近平总书记在中央全面依法治国工作会议上提出,要总结编纂民法典的经验,适时推动条件成熟的立法领域法典编纂工作。[①] 从这里,我们可以看出民法典对于我国法治建设具有划时代的意义。而一部优秀的法典必不可少地要求其涵盖内容和范围全面,并且形成体系。"习惯"作为民事纠纷的重要解决方式和法律补充法源,在民事法律关系当中具有举足轻重的地位。作为民事法律法典化的民法典必定需要将"习惯"纳入其中。目前,民法典对于习惯的

---

① 参见中国法学会:《总结民法典编纂经验,推动民法典贯彻实施——中国法学会"积极推动民法典实施座谈会"发言摘编》,《人民日报》2021年4月16日,第15版。

法源地位规定是先法律、后"习惯"。这是基于中国整个法律发展的大环境考量的。民法典是新中国成立以来第一部以"法典"命名的法律，它与之前的民法通则和民法总则相比，具有固根本、稳预期、利长远的特性，所以其中的法律条文内容设定需要更审慎。将"习惯"规定在"法律"之后也是综合各方因素考量最终决定的。但仔细分析，我们会发现这样的规定更多的是偏向国家这方主体之稳定性需求的秩序利益诉求，那么这种偏向一方或几方的策略选择必然是牺牲了另一方（也就是社会和个体）的利益诉求。"习惯"产生的开端主要表现为一种社会行为，而通常社会行为与行为所在的社会环境以及当地的社会关系、社会利益有着千丝万缕的联系。埃利希认为："在习惯法当中，习俗由民族法当中的有意识的东西转化而来，这样有利于这个民族更好地感受他们的法，并依据他们的法来生活。正是这样的依据法律办事的行为不仅仅是习惯法的一种表现，也是一种识别的手段。总的来说，习惯法一方面是行为规范，另一方面通过行为规范才最终演变为裁判手段。"①从埃利希的描述中，可以了解到，习惯法虽然是一种裁判规范，但它的主要功能还是调整社会关系的行为准则。在法律无法全面地涵盖现实生活中的民事问题的情况下，"习惯"的具体内涵具有模糊性，"习惯"与法律的适用关系又缺乏具体界定方法，从而导致民法典当中"习惯"适用困难，无法满足司法实践需要。这就需要法官在司法裁判中运用自由裁量权选择是否适用"习惯"以及适用什么样的"习惯"。

对于这个现象的理解，我们可以作出如下分析：一方面，缺乏法律规定和适用关系规定正是一种社会关系的体现。另一方面，法官在选择时应当充分考虑社会各因素，选择一种社会价值最大化的方式，尽力满足社会利益诉求。所以研究"习惯"也必须要充分分析"习惯"产生的社会关系，否则对于"习惯"的研究只能是纸上谈兵、认识浅显。而社会关系所涵盖的内容是非常广

---

① ［奥地利］欧根·埃利希：《法社会学原理》，舒国滢译，中国大百科全书出版社2009年版，第497页。

泛的,我们不仅需要考虑政治关系、经济关系、文化关系,还需要考虑军事、宗教、民族关系。政治通过各种政策和治理手段塑造整个大环境的走向,从而影响"习惯"形成的方向。习近平总书记说,"我们完善顶层设计,统筹推进法律规范、法治实施、法治监督、法治保障和党内法规体系建设,全面依法治国总体格局基本形成"①。足以见得顶层设计的重要性和政治对其他要素的方向指引作用。经济关系是一个社会结构形成的决定性因素,是影响"习惯"形成的根本因素。例如,中国改革开放以来,经济经历了数次腾飞,对于社会发展方式和人民生活方式都产生了颠覆性的影响,原来的传统习惯逐渐瓦解,新的社会习惯逐渐形成。文化关系会对社会习性产生持久深刻的影响,而社会习性与"习惯"之间是直接联系关系,所以文化关系是导致"习惯"生成的直接原因。

足以见得,一个社会的社会关系会直接影响"习惯"的产生、发展和消亡,甚至有些时候可以说是起着决定性作用。"习惯"归根结底是一种纠纷解决机制,这种纠纷解决机制是能够完美适应社会发展变化的。法律(作为国家法定的纠纷解决方式)具有滞后性的特征,当下,法律的发展越发跟不上社会的更新换代。这种法律的滞后和社会的发展的矛盾导致了国家治理体系遭受到一定的挑战。将"习惯"这种能够根据社会的发展不断演进的纠纷解决方式纳入民事纠纷的法律渊源,赋予了民法典灵活性,充分巩固了民法作为"活的法律"的地位,也为国家治理提供了具有发展性的治理工具。"习惯"作为一种社会现象,其产生、发展和成熟都依赖于它所在的社会影响。而其所在地域的社会结构是其中非常关键的一个因素。据相关资料结果显示,目前我国的人口社会结构主要成"土字"型,②底层社会基数大,社会结构分层包括城乡

---

① 习近平:《坚定不移走中国特色社会主义法治道路,为全面建设社会主义现代化国家提供有力法治保障》,《求是》2021 年第 5 期。

② 参见李强:《我国正在形成"土字型社会结构"》,《北京日报》2015 年 5 月 25 日,第 18 版。

之间、大城市与中小城市之间。"土字"结构的一个突出特征就是虽然中产阶层有所扩大，但总体特征依然是各个阶层之间缺乏过渡，各阶层之间的差异巨大、实现阶层流动困难。人口结构影响社会结构的形成和布局，从以前的单一社会结构到目前的多元化社会结构分层，中国的社会结构始终影响着社会中各类"习惯"的形成与演变。在单一的社会结构当中，同一个社会阶层的人们生活方式基本统一，所以"习惯"通常是在长久的社会发展过程中缓慢形成的，这种"习惯"稳定且普遍适用。在多元化社会结构中，一个时代的人们的生活方式存在着巨大的差异，各种小圈子蔚然成风，所以这种环境下所形成的"习惯"也是差异巨大。由此可以推断出，"习惯"地位的变化很大一部分是考虑社会的利益。

民法典第 10 条在赋予"习惯"民事纠纷解决之法源地位的同时，对其适用的条件也加以限制：一是在法律没有规定的情形下，二是要符合公序良俗。但在民法典合同编、物权编和一些商事法律的司法适用当中，对于"习惯"适用的条件显得更为宽松，只要行为之间具有反复性且为双方当事人认可，就可以成为双方当事人之间的交易"习惯"并作为裁判依据适用。① 深思背后的原因，可以发现其实社会最初的民事关系以及商事关系都是由社会"习惯"来解决的，所以目前的私法秩序是对早期"习惯"的积极反映。李可认为："如果反观社会生活，我们亦可发现，规制现代社会新兴领域之规则开始亦大都由习惯构成，诸如证券交易之规则、中国上海、深圳等地股票柜台交易之规则、农民股份合作企业之'合股'规则、网络游戏道具交易之规则，等等。"② 另外一种更加严谨的说法是：习性也是国家秩序的一种再造方式。从根本上来说，习性的抽象意义就是一种结构，能够使社会秩序的发展结构化。通俗地说，就是习性

---

① 参见山东省泰安市中级人民法院（2019）鲁 09 民终 1161 号民事判决书、最高人民法院（1012）民二终字第 87 号民事判决书、重庆市高级人民法院（2012）民终字第 00115 号民事判决书等。

② 李可：《习惯法：理论与方法论》，法律出版社 2017 年版，第 151 页。

可以通过人们习性的结构化作用,应对社会世界的精神的或认知的结构,社会个体就会被"赋予一系列内化的图式,以便感知、关注、理解、欣赏、评价和应对社会世界"①。人们在这种方式当中进行自我实践的感知和评价的生产活动,并将社会的各个要素组织起来,通过社会结构要素的相互作用,以达到国家秩序再造的功效。因此国家秩序是对于社会中"习惯"的一种反映,"习惯"通过这种途径达到影响社会、影响国家治理体系的目的。以上论述都反映了"习惯"地位的变化与国家的利益不可分离,国家利益是影响"习惯"地位变化的重要因素。

随着社会的快速发展,大量的新的社会问题会伴随而生。法律存在一定的滞后性,可能一些成文法不能解决新出现的社会问题。"习惯"伴随着社会的发展会同步更新,"习惯"作为纠纷解决的方式之一,能够更快捷地满足纠纷解决的需要。因此优先适用"习惯"的做法更加符合私法存在的理由。那为什么在民法中要限制对于"习惯"的适用呢?这与我国目前多元的社会结构存在关系。我国多元的社会结构导致了一个地区或阶层的"习惯"可能不能适用于另外一个地区或阶层,这反映了"习惯"其实更多的是考虑社会的利益,而法律更多的是考虑国家的利益。将"习惯"地位规定在法律之后,便是国家与社会在利益博弈中,社会利益作出让步的结果。民法典首次以法典的形式确立"习惯"作为民法的法律渊源地位,摒弃了只规定成文法之法律渊源的传统,充分保持了民法典法律渊源的开放性。允许"习惯"进入民事关系的领域从而发挥其功能,最大限度地保持了法的社会演进性,让民法典充分彰显社会意义,真正成为与时俱进的、具有社会性的"活的法律"。这是社会与国家利益博弈的结果,这个结果相对实现了社会最优,但是国家也作出了相对的让步。

2. 国家与个人之间的利益博弈

从"习惯"的生成发展来讲,"习惯"的形成过程就是国家与个人之间利益

① 于海:《西方社会思想史》(第3版),复旦大学出版社2010年版,第156页。

43

博弈的一个过程。主流的观点是"习惯"是由更为正式且具有坚实现实基础的禁忌发展而来的，而惯例在内容和形式上和"习惯"大同小异，人们大都将它们等而视之，统称为"习惯惯例"。① 从禁忌到"习惯"，从"习惯"到习惯法，再由习惯法上升为成文法律，整个过程都是在国家和个人相互之间不断地利益博弈中完成的。例如：原始的禁忌通常带有浓厚的宗教色彩，功能以维护族权统治为主，对于个人的利益关注较少、压迫较多。当"应该如何为"的"习惯"开始形成、"忌讳做什么"的禁忌逐渐解体，个人利益在这个过程中浮出水面。

我们讨论国家利益和个人利益之间的博弈，首先得弄清楚国家利益究竟是什么？与社会公共利益之间的区别在哪里？现阶段，不同社会民众对于国家利益的含义还存在相当大的争议：一些人认为，国家利益无非就是统治阶级的利益；一些人认为，国家利益应该是整个国家国民的共同的利益；还有人认为，国家利益应该是社会民众与统治阶级利益的结合。② 马克思和恩格斯也曾在《德意志意识形态》中谈论过一些关于国家、社会和个人关系的内容，例如："全部人类历史的第一个前提无疑是有生命的个人的存在。"③"社会结构和国家总是从一定的个人的生活过程中产生的。"④"国家是整个社会的正式代表，是社会在一个有形的组织中的集中表现"⑤。从这些论述中，我们了解到个人利益是国家利益和社会利益的基石，但是国家利益与个人利益又是不同的，它是源于个人又脱离个人的存在形式。我国是具有浓厚历史传统和道德风尚的国家，从秦始皇以来大多数时间都处于一个统一的状态。我国是经

---

① 参见李可：《习惯法——一个正在发生的制度性事实》，中南大学出版社 2005 年版，第172 页。

② 参见郭树勇、郑桂芬：《马克思主义国际关系思想》，军事谊文出版社 2004 年版，第 51—52 页；阎学通：《国际政治与中国》，北京大学出版社 2005 年版，第 12—13 页。

③ 《马克思恩格斯选集》（第 1 卷），人民出版社 2012 年版，第 146 页。

④ 《马克思恩格斯选集》（第 1 卷），人民出版社 2012 年版，第 151 页。

⑤ 《马克思恩格斯选集》（第 3 卷），人民出版社 2012 年版，第 668 页。

历了 2000 多年的传统文化熏陶的高度组织化的社会。这种社会所倡导的理念就是天下为公，国家利益是重于个人利益的。这种组织化程度高的社会模型对于天灾人祸的解决都显得更加高效。习近平总书记说："当今世界正经历百年未有之大变局，世界多极化、经济全球化处于深刻变化之中，各国相互联系、相互依存、相互影响更加密切。"①说明整个国家的布局结构，对于包括"习惯"在内的各种关系的影响是非常紧密的。布迪厄认为："习性并不是与生俱有的，而是通过对外在社会结构内化（身体化）而习得的。"②民法典以法典的形式将"习惯"确立为民事法律的法律渊源，从总体上来看是基于实现更好统治的需要；从民法典通过表决程序来看，是全民共同利益的体现。所以结合国家利益的定义，可以得出"习惯"法律地位的改变是满足国家利益发展需要的结论。

我国的这种高度组织化的国家结构对于"习惯"的产生和发展提供了更加优渥的环境，"习惯"在这种社会结构中，运行也得以畅通。但是随着社会的发展，个人逐渐从历史里解放出来，个人利益诉求不断增多。人们总是愿意按照自己的愿望、根据自己的特定处境来理解和使用权利话语，将对自己有益的事实、利益和行为赋予权利名义，具体表现为三种情况：一是将与道德和法律无涉的事实、利益或行为赋予权利名义，二是将无法律依据而符合道德的事实、利益或行为赋予权利名义，三是将道德、法律禁止的事实、利益或行为赋予权利名义。③ 个人更加看重新产生的"习惯"能够解决自身的利益诉求，所以他们支持民法典的通过也是满足个人利益的表现。

在国家利益的诉求持续增加，个人利益也不断发展的情况下，个人利益与国家利益通常会发生冲突。在马克思看来，"正是由于特殊利益和共同利益

---

① 习近平：《加强政党合作，共谋人民幸福——在中国共产党与世界政党领导人峰会上的主旨讲话》，新华网，最后访问日期：2021 年 8 月 17 日。

② Pierre Bourdieu, Entwurf einer Tbeorie der Praxis auf der erthnologischen Grundlage der kabylischen Gesellschaft Frankfurt an Main.Suhrkanp, 1979, p. 164.

③ 参见汪太贤：《权利泛化与现代人的权利生存》，《法学研究》2014 年第 1 期。

之间的这种矛盾，共同利益才采取国家这种与实际的单个利益和全体利益相脱离的独立形式"①。说明个人利益的独特性与国家利益的普遍性存在着矛盾。将"习惯"以法典的形式正式上升为民事法律纠纷解决的法律渊源，就是个人与国家之间进行利益博弈和立法者利用利益博弈理论获得的一个"均衡"。在我国社会结构中，本身就存在着底层社会群体占比过大的问题，如果城乡之间的利益分配问题还得不到有效解决，则会影响社会的稳定。底层的个人利益诉求得不到满足，就会影响上层国家的利益。个人利益想要得到实现，与外界的交流合作必不可少，在这种情况下，必然会产生基于双方或多方的共同利益，而每个个体必然需要维护他们之间共同利益来维持发展。② 然而，在现有社会结构中产生的"习惯"，在解决民事纠纷时，能够充分把握国家政治现状，平衡社会各阶层个人的利益。所以，将"习惯"纳入民法典体系当中，是维护国家稳定发展和保障个人利益实现的博弈结果。

3. 社会与个人之间的利益博弈

在博弈论当中社会中的个人通常是理性的，人们追求的是自身利益的最大化。而"习惯"的产生、发展与个人利益息息相关。大多数"习惯"的最初产生都是由于个人认为某种行为规则是有利于他的，对他的利益可以起到保护作用，个人也确信社会中的其他个人也会遵守这种行为规则，他们才会继续遵守和信仰该行为规则。当行为规则得到了大多数人的遵守和认同之时便会形成"习惯"规则。

现在，"习惯"通过民法典的规定，正式成为民事法律规范，作为民事法律纠纷解决的法律渊源。人们遵守这种法律规范是许多时候基于自身利益的考虑。梁治平在《清代习惯法：社会与国家》一书中提出："这样一种知识传统，它生于民间，出于习惯乃由乡民长期生活、劳作、交往和利益冲突中显现，因而

---

① 《马克思恩格斯选集》(第1卷)，人民出版社2012年版，第164页。
② 参见李爱华:《论马克思恩格斯的国家利益观》，《马克思主义研究》2006年第11期。

具有自发性和丰富的地方色彩。"①个人通常在某个特定的地域长期地生活、学习和工作,在进行相关的社会活动过程中形成了带有明显地域色彩的"习惯"。他们自发地遵守这些"习惯",遇到社会问题时,也更加倾向于通过"习惯"来解决纠纷。每个个人对于"习惯"的产生都发挥了各自的作用,在社会交往中,通过一次次地选择采用这些"习惯",更进一步加深社会对于这些"习惯"的认同感。正是有了这些社会个体的传播,"习惯"才具有了更浓厚的地方色彩。但是不同的文明之中包含的传统和习俗,或古板或先进,风格各异。

个人是"习惯"产生的缔造者,也是"习惯"成果的享受者、遵守者和维护者。个人在很多方面对于"习惯"都发挥着它独特的影响力。如果一个社会,个人在一个区域中对经济交易关系中自己所处的地位感到不公,通常会向社会表达他的不满。这个时候,可能会产生蝴蝶效应,一个人说话会引发整个社会对于这个经济关系的变革,从而改变整个社会关于这种经济关系的原有处理"习惯"。一个地域个人习性通常是这个地域的政治、经济以及文化相互作用的结果,每个地域的个人的生活、生产方式不尽相同。原始时期,个人对于资源的掠夺是必然的,导致一些"习惯"也是原始的、粗放的;现代社会,个人受教育程度提高,当代个人处于新旧交替、现代与落后的冲突之间,所产生的"习惯"也略带些矛盾因素。

习性是每个社会个体的外在表现,每个自然人的社会的习性在一定的区域会逐渐趋同,从而达到地域的一致性,逐渐形成我们所称的习惯。在社会结构中每一个社会个体所占有的资本总量和结构是不相同的,包括了文化资本、社会资本和经济资本等,这种资本总量和结构的相异性也对社会个体的习性产生了影响。虽然这种结构的差异决定了个人习性的差异存在的客观性,但是总体是"多样性中的均一"。② 这可以说明,在同一地域下生活的相同的个

---

① 梁治平:《清代习惯法:社会与国家》,中国政法大学出版社 1996 年版,第 431 页。

② 参见孙进:《布迪厄习性理论的五个核心性结构特征:德国的分析视角》,《哲学研究》2007 年第 6 期。

人"习惯",往往受相同社会"习惯"的影响。这个时候,个人与社会之间就不可避免地产生矛盾,个人的利益受到了社会利益的限制甚或压迫。

但是,个人往往希望社会规则都是对自己产生有利的影响。个人在日常生活中所形成的民事"习惯"是他们熟悉的,所以他们往往会更希望社会其他群体也能够按照他们所熟悉的规则办事。在民法典起草前,征求了大量的社会意见,社会个人对于"习惯"正式以法典的形式被上升为习惯法源多数是持支持态度的,进一步促进了习惯法源地位的变化。社会关系当中代表不同利益的各方,在发生利益冲突的时候会寻求最佳解决方法,使各方利益相对达到平衡状态,而完成这个平衡状态的工具就表现为法律。而这种由法律带来的相对和谐的社会关系会使整个社会的利益最大化,从而影响"习惯"也朝着这个平衡状态发展。不仅个人会影响"习惯"的产生,同时在社会影响之下的"习惯"也会对个人产生影响。"社会结构和国家总是从一定的个人的生活过程中产生的。"[1]由此可见,社会的产生离不开个人的存在,社会利益的产生也离不开个人利益的存在。在社会中,个人往往是理性的,而社会利益的实现不能避免需要牺牲一定的个人利益,如何在个人理性的基础上实现社会最优是我们法律规范制定时需要考虑的问题。民法典第 10 条规定"习惯"的前提是"处理民事纠纷",这里是对民法的社会功能进行了限定。"习惯"能够在个人和社会之间存在的利益博弈中找到一个平衡点,从而实现效益最大化。"习惯"通过民法典正式成为民法法律渊源,是个人理性和实现社会最优之间的利益博弈。

三、利益博弈论视角下民事习惯法源地位的改进

当年哈耶克深刻地批判了大陆法系国家将顶层设计插入私人秩序导致立法低水平的现象。这种现象是由于单纯注重政治而忽视社会因素的原因造成的,如果考虑社会因素则可以避免这种情况。政治是上层建筑,影响着社会经

---

[1] 《马克思恩格斯选集》(第 1 卷),人民出版社 2012 年版,第 151 页。

济、文化的发展,民法典的编纂背后也承担着政治任务。谢晖认为:"习惯作为自发生成的秩序规范和秩序体系,勾连国家的理性秩序体系,习惯能够救济作为理性秩序体系的法律之漏洞。"①这里的国家的理性秩序体系是指国家制定法,"习惯"与国家制定法之间存在着密切相关性。"习惯"的功能能够弥补国家制定法的漏洞,同样,"习惯"的生成也受着理性秩序体系的影响。一个国家的社会结构的变化速度随着社会的发展逐渐加快,各种矛盾会随之产生。这些矛盾的解决依赖于社会秩序的演变,社会秩序的总体变化方向会影响"习惯"的产生和发展。法典的编纂需要整合社会各阶层的利益,平衡各阶层的资源配置,保持阶层之间的社会流动性,从而达到实现社会秩序的平稳状态。

从各方利益博弈寻求一个"均衡"的角度考虑,"法的创制过程中,其起点便是要认识不同类型的社会利益,其中的关键点就是要在不同的利益之间作出判断和取舍"②。从这段话中,我们可以知道,要想在国家、社会和个人等各种利益中寻求一个"均衡",是创建法律的关键所在。与"习惯"进入民法典有关的利益群体主要分为如下三个:支持"习惯"规则进民法典的群体、反对"习惯"规则进民法典的群体和不关心"习惯"规则的群体。其中不关心"习惯"进入民法典的群体通常占社会总体的小部分,而占绝大部分的是支持和反对"习惯"规则进民法典的人,这两部分群体之间必然要进行利益博弈。③ 民法典第 10 条规定,处理民事纠纷,应当适用法律,法律没有规定的,可以适用习惯。这条规定把习惯法源地位排在法律之后,只有在法律没有规定的情况下才可以适用"习惯"。站在支持者和反对者的中间,找到了一个"均衡点"。

① 谢晖:《论司法对法律漏洞的习惯救济——以"可以适用习惯"为基础》,《中南大学学报(社会科学版)》2020 年第 1 期。

② 孙国华、朱景文:《法理学》,北京大学出版社 1995 年版,第 67 页。

③ 民法典编纂过程中,先后 10 次通过中国人大网公开征求意见,累计收到 42.5 万人提出的 102 万条意见和建议。参见 http://www.moj.gov.cn/subject/node_1496.html,最后访问日期:2021 年 9 月 10 日。

但是，在事物发展壮大的过程中总会有各种问题的存在，目前习惯法源的地位规定还存在着诸多问题。所以，为了更大的公平性，我们需要在其他的方面对于选择被牺牲利益的一方进行补偿，通过加强各方主体的合作，对习惯法源地位进行改进。正如张维迎所说的："社会的进步只能来自各个主体之间的相互合作，只有合作才能带来共赢，而博弈论真正关注的也是如何促进人类的合作。"①

对于"习惯"地位变化背后产生的问题，我们可以从以下几个方面来解决：

第一，加强各方主体合作，强调合作博弈。民法典颁布后"习惯"作为民事法律渊源在司法适用中的适用频率不高的原因在于国家利益、社会利益和个人利益之间还存在一定的矛盾，且国家利益在某些方面压制了社会利益和个人利益。1968 年制度经济学家哈丁提出"公共物悲剧"理论之后，我国的张维迎、张永林和夏邵刚等学者曾对"公共物悲剧"等问题进行了深入研究。综合他们的研究，可以知道他们都通过研究个人与集体之间的互相弥补对方的不足之处，来解决集体公共品和个人之间的利益均衡问题。所以要建立一个有效的利益冲突解决机制的前提和保障，就需要加强各方主体的合作。因为博弈的目的便是要形成一种稳定性，所以每个人不能只追求自己的利益最大化。只有每个参与人都齐心协力地为达成一致协议而努力，保证每个人都在这种稳定性之下获得最大利益。这样所有参与人才会同意。② 在"习惯"被规定为民法法律渊源的过程中，国家、社会和个人最开始都在追求自己利益的最大化，但是如果每个主体都毫不退让，是无法达成最终协议的。最终达成民法典第 10 条当中关于民法法律渊源的规定的协议，是由于国家、社会和个人等各方主体相互合作的结果。为了进一步稳固这份"协议"，我们需要继续保持

---

① 张维迎：《博弈与社会》，北京大学出版社 2013 年版，第 1 页。
② 参见[美]哈罗德·W.库恩：《博弈论经典》，韩松等译，中国人民大学出版社 2004 年版，第 150—151 页。

民法典的开放性,加强各方主体更深入的交流和合作,在合作中博弈,在博弈中寻求发展。

第二,加强司法解释工作,保持民法体系的开放性。将"习惯"作为民法法律渊源的一个重要意义就是为民法的开放性作出了巨大贡献。民法属于私法的范畴,而私法通常是更具变化性的,随着社会生活的变化发展,私法内容也会随之颠覆重铸。因此,保持私法的开放性是十分必要的。"习惯"作为一个开放因子被规定为民法法律渊源,保持了民法的开放性。为了更好地适应社会的发展,我们需要更进一步合理地推进民法体系的开放。为了进一步加强民法体系的开放性,其中关于"习惯"适用的司法解释是非常关键的一步。在司法实践中,我们应当注重加强司法解释工作,发挥"习惯"作为民法法律渊源的作用,持续推进民法体系的开放性。

第三,针对加强"习惯"的适用建立制度保障。虽然民法典已经颁布实施了,但是民事法治的建设还存在很多问题需要去细化、去补充。相关机关要顺应改革要求,适应社会主义现代化建设,在发展中寻求经验,修改完善相关法律法规,始终保持民法典的适应性及稳定性的统一。我们应该为民法典第10条关于习惯法源地位的规定穿上制度的战袍,加快制定针对"习惯"适用的相关法律解释和规则。例如规定法官在处理民事纠纷时,如果适用"习惯"更加有利于处理双方纠纷,能够最大程度实现民事主体双方利益最大化的时候,可以优先适用"习惯"。通过制定相关规则和法律制度,保证充分实现法律制定者对于提高习惯法源地位的初衷。

第四,加强司法工作者法治素养培训,转变法官对于"习惯"作为裁判依据的思维。而我们需要的是,改变整个司法裁判的大环境,让每一位法官都有这样的思想觉悟,充分在实践中保障和巩固"习惯"作为民法渊源的地位。所以要加强对司法工作者的法治素养培训工作,转变各地法官对于使用"习惯"的固有保守、机械思维,提高合理适用"习惯"的频率。

第五,加强法制宣传,提高社会对"习惯"作为民法法源的接受度。民法典调整的是社会和经济生活中最基础的关系，与人民生活、经济发展和社会和谐息息相关。当我们提到法官可以采用社会"习惯"作为案件判决依据时，社会公众往往会出现各种争议，这种现象出现的一个重要原因便是法制宣传不到位。所以加强普法工作、加大法制宣传力度、加强民法典的宣传对于人民和社会具有重要意义。因此，我们应该加强法制宣传，对民法典专业术语进行解读分析；把握好民法典的核心要义和重点问题，并做好阐释民法典一系列新规定新概念新精神的工作；给社会普通大众科普"习惯"与法律的联系与区别，提高社会对于"习惯"作为法源的接受程度，从而从社会民众思想上提高习惯的法源地位。

基于利益博弈理论，结合个人、集体、国家和社会各方的利益诉求及博弈，对民法典背景下习惯法源地位的变化原因进行分析，得出民法典背景下习惯法源地位变化是个人、国家和社会各方利益博弈之结果的结论，并从利益博弈论的角度提出了完善习惯法源地位的具体措施。从利益博弈论视角来研究民法典背景下习惯之法源地位的变化是一项全新的研究工作，它拓展了法社会学的研究领域，也为发挥法律的社会作用提供了独特的视角。通过习惯法源地位变化的利益博弈论分析，为民事社会问题的解决提供了更加科学新颖的视角，又对今后更加深入的研究提供一些思考方向，有助于法律和社会的发展，实现国家及社会的有效治理。

第三节　习惯条款中"可以适用"的含义

2017 年 3 月 15 日通过的《中华人民共和国民法总则》颁布后，其中的习惯条款，尤其是第 10 条的"可以适用"备受学者的关注，但望文生义、不求甚解者也不少。为此，实有必要对其表面及深层含义予以分析。但在切入该问题之前，先让我们来看看分析该问题的三个工具：字义解释、体系解释和目的论解释。

一、字义解释、体系解释及目的论解释

（一）字义解释及其功能

字义解释又可以称为"文义解释""文理解释""文法解释""语义解释""语法解释"，等等。字义解释应是法律解释方法中最早、也是最常用的类型。"'法律解释须从文字开始'，这个命题乃当然之理。"①"对法律最好的解释是法律本身。"②也正因为如此，法律解释方法及其种类发展受到比之诞生更早的文法学及神学的影响。

从由浅及深的维度看，字义解释可以细分为字面解释和字内解释。前者是仅限于文字表面意思对法律文本进行的解释，后者则是在此基础上还深入文字背后的真实意思对法律文本进行的解释。不过，此种细分与当下我们熟悉的法律文本客观含义解释（又称客观解释）与法律制定者的主观目的论解释（又称主观解释）这两种法律解释类型的划分有着密切的联系。事实上，对于一个不熟悉立法史的解释者来说，他从法律文本中能够解读出的只能是其表面意思，除非立法者在文本中公开表达了其主观目的。也就是说，普通的法律解释者所能够便利运用的仅是字面解释抑或客观解释。"解释应以对文本的理解为限，除非发生疑问或争议，否则先不必考虑作者的动机或其他因素。"③但是在有权解释的场合，由于解释者特殊的身份及知识背景，其被认为对于字内解释抑或主观解释也熟稔于心。同时，出于对拥有类似特殊身份者的尊重，有权解释情境中的解释者也通常倾向于对法律文本进行字内解释抑或主观解释，并且赋予其相对于字面解释抑或客观解释更优的效力。

从大众与专业的维度看，字义解释可以细分为常义解释与专义解释。前

---

① 吴庚：《政法理论与法学方法》，中国人民大学出版社 2007 年版，第 318 页。

② 孙笑侠编译：《西方法谚精选》，法律出版社 2005 年版，第 80 页。

③ 吴庚：《政法理论与法学方法》，中国人民大学出版社 2007 年版，第 332 页。

者是指从法律外行人或普罗大众的角度看,立法文本应该具有的含义;后者是指从法律专业人士的角度看,立法文本在前述基础上可能具有的深层含义,甚或有别于大众理解的专业含义。在选择法律解释结论时,后者优先于前者。这大致相当于欧美法律上的平义规则(plain meaning rule)、字义规则(literal meaning)、语法规则(grammatical meaning)、普通含义论点(arguments from ordinary meaning)与专业技术规则(technical words)、特殊文义方法(special semantic method)、专门含义论点(arguments from technical meaning)之划分。①

法律是由文字予以表达的,人们对法律的理解也是从立法文本着手的。虽然法律的全部并非立法文本,但失去立法文本这一文字载体,其他诸如法庭、裁判书、监狱等法律的物质载体也就失去了依托的规范基础。而且,如前所述,字义解释也是保障法律外行人对于法律字面含义之信赖利益或心理预期的基本手段。例如,解释要尊重人们对于立法文本的习惯理解、尊重立法文本的语法规则、逻辑及意义结构,都是对于此种信赖利益之保障的体现。不仅如此,立法文本既是立法者意图的载体,也是人们据以了解立法者意图的窗口。"立法者希望达到的、具有决定意义的调整目的,必须首先在法律规范文义中寻找。"②立法者、执法者和司法者不能苛求人们去发掘立法文本背后的微言大义,不能花费大量的时间、精力去对立法者之意图进行历史学的考据。"这种解释的目的是探求法律用语最明显、最自然和最常用的含义,而不是法律规范的立法意图,也不考虑按照这种含义适用法律是否能够产生公平合理的结果。"③

字义解释也是保障立法、行政和司法三种权力之间的平衡与稳定,并在它们之间就权力义务之分配发生争议时的最佳解释工具。立法者创造法律不仅是对人们权利的一种承诺和义务的课予,而且也是对执法者及司法者据以采

① 参见陈金钊等:《法律方法论研究》,山东人民出版社2010年版,第332—333页。
② 陈金钊等:《法律方法论研究》,山东人民出版社2010年版,第331页。
③ 孔祥俊:《法律方法论》(第2卷),人民法院出版社2006年版,第789页。

取行动的一种允诺与设限。上述权力义务之分配的物质依凭就是立法文本，或者具体地讲，就是一连串的、可以为人们识别的、具有特殊含义的文字符号。立法者可以要求执法者和司法者服从它在立法文本中表达的意志与决定，但是前提是它自身也必须受到此种意志与决定的约束，而字义解释正是确保此种意志与决定不被歪曲的最重要的解释工具。"现代立法者不是具体的个体，而是议会或人民代表大会这样的抽象集合体，人们探讨所谓立法目的或价值，也只能在立法者所通过的法律规范、法律语词中寻找。"[1]

从理论上讲，某种解释方法能为尽可能多的人所理解和运用，其客观性和确定性也就尽可能得强。在所有的解释方法类型中，字义解释恰恰是此种类型的解释方法。由于字义解释的规则、标准和技巧能够为具有高中及以上文化程度的人所理解和运用，故解释者极难利用它高下其手，自由裁量的空间自然也极为狭窄。很显然，字义解释是诸种法律解释方法中最常用、最经济、最保险的解释工具。

与欧美法律比较，对中国的立法文本进行字义解释的最大弱点在于，汉字的模糊性及多义性，而且其程度要大大高于欧美国家。"准确权衡词语，对于发达的法学来说仍然是典型的特征。"[2]这在后文将要分析的原《民法总则》第 10 条的"可以适用"中体现得非常明显。

由以上分析隐约可以发现，在使用字义解释时，最忌讳的是望文生义，即拘泥于从文字表面意思对法律文本进行解释，将字义解释等同于"字面解释"，从而在无形中遮蔽了法律文本的深层含义，阉割了法律文本的思想之根，从而极有可能歪曲其真实意思。其次忌讳的是仅从文字日常含义对法律文本进行解释，将字义解释等同于"常义解释"，对之进行常人理解和"白话化理解"，而忽视了在长期职业化过程中法律人赋予法律文本的"专业含义"，违反"专义解释"优于"常义解释"的原则。再次忌讳的是不看解释对象滥用字

---

[1]　陈金钊等：《法律方法论研究》，山东人民出版社 2010 年版，第 334 页。

[2]　陈金钊等：《法律方法论研究》，山东人民出版社 2010 年版，第 336 页。

义解释,甚至有意忽视立法者在法律文本中设置的宗旨、目的、理想、理念和原则等主导整个文本意义的"内部体系"。① 最后忌讳的是脱离法治理想对法律文本进行解释,即忘记了解释者始终应当秉持的"规定国家权力之处应予限缩解释,而赋予公民权利之处应予扩张解释"的诫条,对规定国家权力的条款也予以扩张解释,而对赋予公民权利的条款却进行限缩解释。

(二)体系解释及其功能

体系解释是指根据被解释对象与其关系密切的目、项、款、条、节、章、编、卷,甚或整个法律体系之间的内在与外在关系、地位等,来发现和确定其含义的解释方法。体系解释是将部分置入整体,并以整体来解释部分的解释方法,故又被称为"整体解释";同时又是以被解释对象在整体中所处的地位、结构来确定其含义的解释方法,故又被称为"结构解释"。②

关于体系解释之"体系"有两种理解,一种是将之视为逻辑或外在体系,另一种是把它看成目的或内在体系。③ 前一种理解为法律实证主义所操持,并被其绝对化为体系解释之唯一理据;后一种理解为价值法学所遵循,也为其绝对化为体系解释之唯一标准。上述两种关于"体系"的理解,在当下中国法学界也体现,尤其是前一种理解。例如有学者认为:"体系解释是狭义法律解释中的重要方法,是以法律的外在体系为依据进行的解释。所谓体系,就是指具有一定逻辑的系统构成。""体系解释中的'体系'是指外在体系,不包括内在体系。"④

客观地看,这两种理解均为一种极端化的偏颇之论,妥当的理解似应是上述两者之间的有机结合。"唯事实上,这两个概念上有区别的体系,在法秩序

---

① 参见[德]卡尔·拉伦茨:《法学方法论》,陈爱娥译,商务印书馆 2003 年版,第 348—362 页。

② 参见陈金钊主编:《法律方法论》,中国政法大学出版社 2007 年版,第 155 页。

③ 参见陈金钊等:《法律方法论研究》,山东人民出版社 2010 年版,第 358—360 页。

④ 王利明:《法律解释学》,中国人民大学出版社 2011 年版,第 92 页。

已交织成一个体系。换言之,价值标准或目的,透过体系化已被纳进体系中,具有一定之逻辑构造。其结果,使得看来纯逻辑的法律思维,带上或深或浅的价值色彩。"①在立法实践中,没有无价值(目的)的逻辑(体系),也没有无逻辑(体系)的价值(目的)。从立法抑或学理过程上看,体系化本身就是立法者或法学家的一种目的。只有借助体系化,价值也才能具有一定的逻辑构造,从而得以被客观地呈现和检验;也只有借助价值化,体系也才能拥有一定的导向性,从而避免成为空洞的形式。

对体系解释之"体系"的如上理解,才能理解体系解释在功能上不仅具有排除法律文本中的"规范矛盾"之功能,而且还拥有避免"价值判断矛盾"之功能。"在这里,由于体系化后之内在(价值)体系,当然要比那些片段的价值主张更能发挥对裁判之正确性的控制功能。"②由此可见,体系解释的功能至少有如下三个。

首要的功能当然是确定立法条款的确切含义,为法律适用提供大前提。"只要脱离上下文,通常这些条款都是模糊的。"③而借助上下文,则不仅可以澄清立法条款之含义,而且如前所述,还可以排除它与其他条款之间的规范矛盾。

其次是揭示立法文本中蕴含的外在及内在体系,从而在立法文本的逻辑与价值结构中更加清楚全面地显示立法条款的含义,并进而排除它与其他条款之间的价值判断矛盾。

最后是赋予没有体系的立法文本以体系,或者使体系不全的立法文本更加体系化,从而在法律解释的环节完善立法及为司法裁判提供现成的体系。"如果没有统一,就只能由法律适用者通过和谐化的、解决规范矛盾的解释来

---

① 黄茂荣:《法学方法与现代民法》(第5版),法律出版社2007年版,第343页。
② 黄茂荣:《法学方法与现代民法》(第5版),法律出版社2007年版,第348页。
③ 陈金钊等:《法律方法论研究》,山东人民出版社2010年版,第353页。

创造统一。"①

在运用体系解释时要注意,体系解释发生的前提条件是被解释对象具有一定的体系性,而不是一堆自相矛盾、漏洞百出的法律文字。解释者启动体系解释的前提是,"确信法律是一个合理的、符合逻辑的完整体系"。"体系解释要求解释者在解释时首先确信法律具有体系性,然后,根据一定的体系来解释作为裁判规则的法律条文的含义。"②"体系解释要假定法律存在外在体系,立法者构建了合理的外在体系。"③"解释者在进行法律解释时,首先应当推定法律制度是已经经过体系化过程,形成了一个完整的、具有内在一致性的体系。""只有首先推定法律制度的体系化,才有可能运用体系解释的方法。"④当然,在实践中,被解释对象的体系性并不像解释者所假定或"想象"的那样强,其内部可能存在若干矛盾、冲突和缺漏,此时,就要求解释者按照"完美的体系性"要求或标准对之予以消解和完善。因此,很显然,一次良好的体系解释作业,将在很大程度上提高被解释文本的体系性。"法官在个案中通过对体系解释得出的结论的运用,不仅能够准确阐释文本的含义,妥当寻求法律解释的结论,而且有助于强化法律的体系结构。"⑤

运用体系解释最忌讳的是为了体系解释而进行体系解释,即将与被解释对象关系甚远,甚至毫无关系的法律文本也被纳入体系解释的范畴中,从而违反了体系解释应当遵循的"关系距离原则":为确定被解释对象的含义,应优先适用与其关系距离近的法律文本,而只有以此无法确定其含义时,才能适用与其关系距离远的法律文本。其次忌讳的是忽视法律文本的内在体系或目的体系,或者割裂外在体系(逻辑体系)与内在体系(目的体系)之间的联系,仅

① [德]魏德士:《法理学》,丁小春、吴越译,法律出版社 2003 年版,第 339 页。
② 王利明:《法律解释学》,中国人民大学出版社 2011 年版,第 92 页。
③ 王利明:《法律解释学》,中国人民大学出版社 2011 年版,第 93 页。
④ 王利明:《法律解释学》,中国人民大学出版社 2011 年版,第 100 页。
⑤ 王利明:《法律解释学》,中国人民大学出版社 2011 年版,第 92—93 页。

依据字义、逻辑等工具确定被解释对象的含义。

（三）目的论解释及其功能

目的论解释又可以称为"立法理由解释""实质解释"，在当下中国大陆，它又简称为"目的解释"。① "目的论解释是适用法律的利器，……'法律解释在应用时总是目的论的。'"②

从目的之主体的角度看，目的论解释似可析解为主观目的论解释与客观目的论解释，抑或立法者目的论解释与法律目的论解释两种。前者是指站在作者的角度，以立法者在立法时的目的及意旨来对手头法律文本的含义进行选择、确定的解释方法；后者是指站在读者的角度，以法律文本客观呈现给社会公众和解释者的目的及意旨来确定手头法律文本的含义的解释方法。从被解释文本创制之时间上看，颁行不久的法律文本适合采取主观（立法者）目的论解释，而颁行久远的法律文本则适合于采取客观（法律）目的论解释。"在新法，人们原则上固得'假设'，规范的法律意旨与（想象之）立法者的意思相符。但要解释的法律越老，便越不得去假设它们是一致的。"③

从目的之类型的角度看，目的论解释还可析解为法律目的论解释与社会目的论解释。此种类型划分中的法律目的论解释涵括了上述主观目的论解释与客观目的论解释，因而该类型划分实际上扩大了目的论解释的外延。之所以如此，乃是目的论解释之"目的"的多义性特征所导致的，其"既包括法律目的，又可能包括社会目的"，"即使是法律目的，其又可包括法律规定的立法目的、从法律中推断出的目的、立法者立法时的立法目的或立法者在当下可能具有的目的，等等"。④ "目的解释中的目的是范围比较宽泛的概念，它包括了立

---

① 当然，是否妥当，在此暂时存而不论。
② 吴庚：《政法理论与法学方法》，中国人民大学出版社 2007 年版，第 330 页。
③ Tipke-Kruse, aaO. (FN. 5), §1 StAmp G.A. 15.转引黄茂荣：《法学方法与现代民法》（第 5 版），法律出版社 2007 年版，第 342 页。
④ 葛洪义主编：《法理学》（第 4 版），中国人民大学出版社 2015 年版，第 287 页。

法目的和立法意旨。"①就目的论解释可以包括社会目的论解释而言,其与社会学解释之间显然存在交叉或重叠之处。

从功能上看,目的论解释实为补充字义解释、逻辑解释乃至体系解释等解释方法之不足,纠正依前述解释方法可能得出之不公平合理的结论。因此,从具体功能的角度看,目的论解释又可以分为目的论限缩解释与目的论扩张解释两种。前者是指基于规范目的,将某一事物类型从法律的可能文义中排除出去,以使之不予适用的法律解释方法;后者是指基于规范目的,将某一事物类型添加到法律的文义之中,以使之得到适用的法律解释方法。②

目的论解释之运用,首先得查明立法者或法律文本的"目的"为何,然后才谈得上运用该目的来确定被解释文本或法条的含义。发现该目的得借助其他法律解释方法,例如借助语法解释或体系解释,从被解释对象所在的法律文本的序言、总则、任务、原则等位置去寻找,或者由被解释对象出发,按照项、款、条、目、节、章、编的顺序由小到大地逆向寻找。"现代立法无论是国内的还是国际的(比如欧盟立法),都公开了立法的目的并将其放在规范条文之前。"③又如,借助历史解释或社会学解释,从立法提案、立法草案、修改意见、立法指导思想和主流的价值观中去寻找。还如,借助合宪性解释,以探究被解释文本的立法目的。因为,"我国法律都是依据宪法制定的,所以,部门法都要贯彻宪法的目的"④。在获取了明确的法律目的之后,解释者即可借助其来澄清、选择和确定被解释文本的或法条的具体含义。因此,那种以为借助其他方法来探究立法目的,该解释方法就可能转化为其他解释方法的观点,⑤显然难以成立。

---

① 王利明:《法律解释学》,中国人民大学出版社 2011 年版,第 121 页。
② 参见杨仁寿:《法学方法论》(第 2 版),中国政法大学出版社 2012 年版,第 200—204 页。
③ 陈金钊等:《法律方法论研究》,山东人民出版社 2010 年版,第 356 页。
④ 王利明:《法律解释学》,中国人民大学出版社 2011 年版,第 171 页。
⑤ 参见王利明:《法律解释学》,中国人民大学出版社 2011 年版,第 122 页。

此外,目的论解释是一把法律适用的利器。那么,很自然,如果运用得当,这把"利器"可以比较便利、高效、妥当地解决法律难题,但是运用不当,也可能非但无助于法律难题之解决,反而可能引发新的法律难题,甚至伤及法律的基本价值,折损适用者的权威与威信。因为,相较于语法、逻辑、历史和体系等传统的、狭义的解释方法而言,目的论解释方法在内涵及外延上难以把握,尤其是对于不具有法律专业知识及熟悉立法目的史的社会公众而言,更是难以捉摸,故也难以在法律适用过程中对司法者运用该种解释方法的行为及结果予以有效监督。即便有时法律文本在其序言、总则或基本原则等地方公开表达了其目的,但是如何将这些目的与被解释的法律条文联系起来,以及它们之间是否真的存在内在的联系及此种联系的紧密程度,对于社会公众仍然是一个非常困难或困惑的问题。基于上述种种考虑,解释者在运用此种解释方法时,得非常慎重,为此也应遵循一些最为基本的要求或程序。从目的论解释本身的方法论性质及其在诸解释方法中的地位而言,解释者在运用此种解释方法时,最重要的是,不得违反基本的语法及逻辑要求。"目的论解释因为不是从文义得出的当然解释,故逻辑推理尤应正确无误,否则难于获得信服而有规范效力。"①但在查有实据的、显在的立法目的的支持下,可以不顾字义和体系解释的结论而自行其是。其次,为维护社会公众对于法律文本的信赖利益和便利司法者解决手头复杂疑难及重特大案件,应尽可能地对法律文本作法律目的论而非立法目的论解释。

在运用目的论解释时,最忌讳的是以解释者自己的目的来暗中取代法律文本抑或立法者的目的,从而在解释过程中发生"目的替代现象"。很显然,此种"目的替代"将增加法律解释结论的不确定性,损害社会公众及法律共同体对于法律解释的可预期利益。其次忌讳的是在误用具体的目的论解释方法,即在解释"规定国家权力的条款"时错用"目的论扩张解释",而在解释"规

---

①　吴庚:《政法理论与法学方法》,中国人民大学出版社 2007 年版,第 331 页。

定公民权利的条款"时错用"目的论限缩解释",从而违背了现代法治的基本诫条。

二、习惯条款中的"可以适用"及其字义解释

在当下我国的习惯立法中,大量的习惯条款中出现了"可以适用"的语词表述。例如在现行有效的法律中,1992 年 11 月 7 日通过的《中华人民共和国海商法》(以下简称 1992 年《海商法》)第 268 条第 2 款规定:"中华人民共和国法律和中华人民共和国缔结或者参加的国际条约没有规定的,可以适用国际惯例。"1997 年 5 月 9 日作出的《中国人民银行关于出口保理业务范围的认定和法律适用问题的答复》第 1 条规定:"鉴于我国法律、行政法规和规章没有对保理作出明确规定,在保理业务中可以适用国际惯例。"1998 年 7 月 20 日通过的《最高人民法院关于全国部分法院知识产权审判工作座谈会纪要》第 3 条第 1 款规定:"我国法律、法规和我国缔结或者参加的国际条约没有规定的,可以适用国际惯例。"2004 年 8 月 28 日修正的《中华人民共和国票据法》第 95 条第 2 款规定:"本法和中华人民共和国缔结或者参加的国际条约没有规定的,可以适用国际惯例。"2014 年 11 月 4 日修订的《中国国际经济贸易仲裁委员会金融争议仲裁规则》第 21 条规定:"除非法律另有强制性规定,涉外案件的当事人可以约定适用于案件实体问题的法律。当事人未作约定的,仲裁庭可以适用其认为适当的法律。无论在何种情形下,仲裁庭均应考虑合同条款、相关行业惯例和行业标准实务,并遵循公平合理原则。"前述《民法总则》第 10 条(现民法典第 10 条)规定:"处理民事纠纷,应当依照法律;法律没有规定的,可以适用习惯,但是不得违背公序良俗。"2017 年 11 月 4 日修正的《中华人民共和国民用航空法》(以下简称 2017 年《航空法》)第 184 条第 2 款规定:"中华人民共和国法律和中华人民共和国缔结或者参加的国际条约没有规定的,可以适用国际惯例。"

翻看国外立法,也发现有大量类似的规定。例如 1912 年 3 月 1 日颁布的

《美国统一商法典》规定:"本款第 a 项中的原则也可以适用于政府或政府机构发行人,但发行人必须已实质上遵守了法律对证券发行的规定,或已就所发行的全部证券或特定证券取得基本充分的对价,并且,所说明的发行理由必须是发行人有权借款或发行证券的理由。"《美国 1934 年证券交易法》第 78 条之 1511 第 3 分条 2(10)规定:"本条第三款的要求,在其可以适用的范围内,已得到满足。"1942 年颁布、2004 年修订的《意大利民法典》第 12 条第 2 款规定:"如果一条明确的规定不足以解决争讼,可以适用解决同类案件相似案件的规定;如果仍然不够清楚,则根据国家法律秩序的一般原则进行判决。"①1966 年 11 月 25 日制定的《葡萄牙民法典》第 22 条第 2 项规定:"在这种情况下,可适用该外国法中其他最为合适的法律规范,也可以适用葡萄牙的国内立法。"1976 年 10 月 21 日颁布的《美国外国主权豁免法》第 1330 条规定:"1.对本编第 1603 条第 1 款所指的外国进行非陪审的民事诉讼,不论争议的数额大小,只要按照本编第 1605 条至第 1607 条或者任何可以适用的国际协定的规定,在对人诉讼中的求偿问题上该外国不能享受豁免的,地区法院对它既具有初审管辖权。"第 1608 条 1.(2)规定:"如果没有特别协议,则按照可以适用的关于司法文件送达的国际公约,投送传票和原告起诉书副本。"同条 2.(2)规定:"如果没有专门协议,则或把传票和原告起诉书的副本寄给主管职员、代理人或者总代理人,或者寄给其他被指定的或依法律授权在美国接受诉讼文件送达的任何其他代理人;或者按照可以适用的关于司法文件送达的国际公约办理。"1979 年通过的《匈牙利国际私法》第 17 条第 2 款规定:"第 1 款的规定只有在互惠的条件下才可以适用于外国人。"1982 年 5 月 20 日颁布的《土耳其国际私法和国际诉讼程序法》第 6 条规定:"法律行为的方式适用行为完

---

① 柴发邦主编:《体制改革与完善诉讼制度》,中国人民公安大学出版社 1991 年版,第 118 页。对比《意大利民法典》(费安玲译,中国政法大学出版社 2004 年版,第 5 页)第 12 条第 2 款:无法根据一项明确的规则解决歧义的,应当根据调整类似情况或者类似领域的规则进行确定;如果仍然存在疑问,则应当根据国家法制的一般原则加以确定。

成地的法律,也可以适用调整行为效力的法律。"第 10 条第 2 款规定:"如果被宣告失踪和死亡的当事人在土耳其拥有财产,其配偶或其中一位继承人具有土耳其国籍的,可以适用土耳其法律。"1986 年 7 月 25 日公布的《联邦德国关于改革国际私法的立法》第 29 条第 4 项第 2 款规定:"但是如果合同规定,对于提供运输和仓储的服务,一次给付清总费用的,可以适用上述规定。"第 30 条第 2 项(2)规定:"雇佣雇员的机构所在的国家的法律,即使雇员在该国尚未完成其工作。如果根据一般情况雇佣合同与另一国家存在着更为密切的联系时,可以适用该另一国家的法律。"第 32 条第 3 项规定:"支配合同的法律,在合同之债方面,还可以适用于法律推定和指派举证之责的行为。当事人可以依联邦德国诉讼法所规定的一切方式,或依第 11 条和第 29 条第 3 款规定的方式,来证明有关的法律行为。"1987 年 12 月 18 日通过的《瑞士联邦国际私法》第 61 条第 3 款规定:"所应适用的外国法律不允许离婚,或对离婚作出非常严格规定的,如果配偶一方具有瑞士国籍或在瑞士有两年以上居住期时,可以适用瑞士法律处理离婚问题。"第 68 条第 2 款规定:"如果案件与子女或双亲的国籍显然存在更为密切的联系的,则也可以适用该国的法律。"第 124 条第 3 款规定:"为保护当事人一方的利益,合同的形式可以适用合同的准据法。"第 142 条第 1 款规定:"调整侵权行为的法律可以适用于侵权行为能力、责任的范围和承担责任的条件以及责任人等问题。"第 154 条规定:"公司如果符合公告或符合登记的规定的,可以适用依其成立的国家的法律。"第 155 条规定:"除本法第 156 条至第 161 条的规定,调整公司问题的法律,可以适用于下述事项。"第 162 条规定:"没有在瑞士商务登记处登记注册的公司,只要它明确声明自愿受瑞士法律约束,并与瑞士有充分联系的,在它表示接受瑞士法律后,可以适用瑞士法律。"第 163 条规定:"一家受瑞士法律支配的公司,在不经过重新设立的情况下,只能提供下述证据,同样可以适用外国法律。"《英国 1991 年出口和投资保证法》第一部分第 8 款(3)规定:"本节的转让方案可以适用于——。"1993 年 6 月 18 日通过的《俄罗斯联邦海关法》第

69 条规定:"在俄罗斯联邦国家海关委员会规定的情况下,在确定暂时进出口货物的返还和保证支付海关关税后,可以适用本海关制度。"1993 年 7 月 7 日颁布的《俄罗斯联邦国际商事仲裁法》第 28 条第 2 项规定:"如果当事人没有选定适用法律则仲裁庭应适用它认为可以适用的冲突规则所确定的法律。"《1995 年瑞典新仲裁法草案》第 26 条第 2 款规定:"民事诉讼法典中有关在主要听证会以外取证的相关规定可以适用于上述程序。"1995 年 5 月 31 日颁布的《意大利国际私法制度改革法》第 61 条第 3 款规定:"所应适用的外国法律不允许离婚,或对离婚作出非常严格规定的,如果配偶一方具有瑞士国籍或在瑞士有两年以上居住期时,可以适用瑞士法律处理离婚问题。"第 13 条第 4 项规定:"在本法规定可以适用国际公约的任何情况下,公约中采用的关于反致问题的解决方式应予适用。"1995 年 12 月 8 日通过、1998 年 6 月 27 日修订的《俄罗斯联邦家庭法典》第 163 条规定:"在父母和子女无共同居住地时,他们之间的权利和义务由儿童所属国的法律规定。根据原告的请求,抚养之债和父母与子女之间的其他关系,可以适用儿童经常居住地所在国的法律。"①

　　从字义解释的角度看可以推论,《民法总则》第 10 条(现《民法典》第 10 条)中"可以适用"前省略的主语在当下中国的语境下是私下和解场合中的当事双方、居中调解场合中的民间解纷机构、仲裁场合中的仲裁机构、行政调解场合中的行政管理机关、司法调解场合中的司法机关,当然,最经常也是最切合"适用"的学理及法定语义的主语是司法裁判场合中的司法机关。因此,就部门法学者及法律实务工作者的通常理解而言,习惯条款中的"可以适用"赋予

---

　　① 从以上检索可以发现,国外立法中的"可以适用"大都出现在民商法、国际私法和商事仲裁法中,这也在一个侧面验证了后文提出的习惯条款中的"可以适用"是对当事人规则适用选择权之尊重的结论。之所以不将其作为后文分析的对象或论据,是考虑到中文译本中的"可以适用"未必符合外国立法原意(具体例证如上引)。对于外国立法文本中的"可以适用",笔者将另文分析。

的是司法机关，①至多包含行政机关等国家公权力主体以"可以适用、也可以不适用"的自由裁量权。这与法理学者对该词的语义学分析路径及结果是一致的："在成文法或法律文本这个特定的语境中，'可以'一词的最主要的意义就是授权。"②"法官在法律没有规定的情形下，既'可以'适用习惯，也'可以'不适用习惯。这两个方面的统一，构成了'可以'的完整规范意义。"③这跟当下我国法理学教科书的主流理解没有什么区别，谈不上是什么惊人之论。"授权性规则在立法上通常采用'可以'、'有权'、'有……的自由'这类句式表述。"④"相对确定性规则是对主体的权利、义务或法律责任作出概括规定的同时，又允许执法人员和司法人员在规则规定的范围以内根据具体事实状态进行选择，作出一定自由裁量的规则。这类规则在法律条文中有时表述为'可以……'或者'可以……也可以……'。"⑤但是要注意，在上述教科书对法条中"可以"一词的释义中，既包括了对国家机关之权力的授予，更包括了对公民之权利的赋予。而且还要特别注意，对国家机关权力之授予，从另外一个角度看就是对其义务的课予。权力授予规则无一例外地都是复合性规则，即它兼具授予权力和科以义务的双重属性。⑥ 如果忽视了这一点，将在对习惯条款中"可以适用"含义的解读中触犯诸如"错用目的论限缩""无意识的目的替代""脱离法治理想进行解释"及"割裂外在体系与内在体系之联系"等法律解释禁忌。

同时，从字义解释的角度推论，《民法总则》第 10 条（现《民法典》第 10 条）中"可以适用"后的"习惯"应当是与前述法律具有家族相似性的作为规则之

---

① 参见单文华：《中国有关国际惯例的立法评析——兼论国际惯例的适用》，《中国法学》1997 年第 3 期；陈安：《论适用国际惯例与有法必依的统一》，《中国社会科学》1994 年第 4 期。
② 喻中：《论授权规则——以"可以"一词为视角》，山东人民出版社 2008 年版，第 18 页。
③ 谢晖：《"可以适用习惯"的法教义学解释》，《现代法学》2018 年第 2 期。
④ 葛洪义主编：《法理学》（第 4 版），中国人民大学出版社 2015 年版，第 123 页。
⑤ 朱景文主编：《法理学》（第 3 版），中国人民大学出版社 2015 年版，第 253 页。
⑥ 参见葛洪义主编：《法理学》（第 4 版），中国人民大学出版社 2015 年版，第 123 页。

习惯,而不是作为事实之习惯,否则该条前后两个分句之间就无法实现对称或者呼应。但是,具体是何种类型的习惯规则,例如是强行习惯规则还是任意习惯规则,是法定习惯规则还是约定习惯规则,是一般习惯还是特别习惯,抑或它们都有可能落入该条"习惯"的可能文义或者外延之中?更进一步追问,当所适用的习惯规则类型确定后,反过来又将对"可以适用"之含义发生何种影响?很显然,此类问题,仅运用字义解释无法确定,不得不借助于其他诸如体系解释、目的论解释等解释方法予以解决。

三、习惯条款中"可以适用"的体系解释和目的论解释

从体系解释及目的论解释的角度看,学界的上述理解仅停留于习惯立法之表面或形式,而远远没有深入到习惯立法的内在架构及实质精神层面。从表面上看,习惯条款中的"可以适用"似乎是对国家公权力机关的授权,①但是从实质上看,至少在上述列举的民商事习惯条款中,它们无一不是对在涉及习惯规则时,对当事双方约定及意思自治、契约自由的尊重,是对前述 1992 年《海商法》第 269 条和 2017 年《航空法》第 188 条"合同当事人可以选择合同适用的法律"等"规则适用选择权"的具体化。当然,当事人所选择适用的习惯不得违背国家强行法及公序良俗之规定,同时也是当事人选择适用其他规则及法官适用法律时不言自明的底线要求,并不因为有此底线规定就否定了当事人的"规则适用选择权",恰如在有数种适格法律时,并不能因为上述底线要求就断言法官没有法律适用选择权一样。很显然,透过体系解释和目的论解释,上述诸规定实质也是一个典型的、赋予当事人以权利的条款。

在不违背国家强行法及公序良俗的前提下,民商事主体可以约定订立、执行、解释合同条款及解决合同纠纷所适用的法律。习惯是位于国家强行法之后的、可以用于上述目的的补充法源,与对待民商事任意法一样,民商事主体

---

① 对于该问题,现今我国法学界都是从这个意义上作出理解。参见贾翱:《〈民法总则〉中二元法源结构分析及改进对策》,《辽宁师范大学学报(社会科学版)》2018 年第 2 期。

可以选择适用习惯,也可以选择不适用习惯。对于此种选择,作为国家公权力机关的行政机关,尤其是司法机关,应当予以尊重。因此,习惯条款中的"可以适用",是国家公权力机关在充分尊重、采纳和考量当事双方的意见的基础上,所采取的规则适用选择姿态。如果当事双方事前约定或事后协定适用习惯,那么国家公权力机关就应当甚至必须适用习惯,而不是"可以适用"习惯;如果当事双方事前约定或事后协定排除适用习惯,那么国家公权力机关就不应当或不能适用习惯。仅是出于立法简约的考虑,立法者才采取上述笼统的、抽象的、概括的规定,当然也就引发了习惯条款中"可以适用"理解上的一桩公案。

由于不恰当地运用字义解释对习惯条款中的"可以适用"进行理解,才导致当下我国学界对于其内在架构及实质精神的忽视,以至于得出它与"应当适用"和"不得适用"相抵触的结论,从而间接地否认国家公权力机关在上述条款中的强制义务:"对'可以适用习惯'这一规定,法律适用者绝不能移义为'应当'适用习惯。""尽管'可以适用习惯'具有适用(作为)和不适用(不作为)的选择性,但其后者不能被转义为'不得适用',而是'可以适用'这一规范指向中所内含的选择方向之一。"①诸如此类的观点,均是对习惯条款中"可以适用"之含义误解的表现。

四、习惯条款中"可以适用"之字义解释的方法论误区

如上所述,不去追问某一特定法律词组或者条款背后的内在架构及实质精神,是当代我国学界在运用前述字义解释时出现的方法论"硬伤"。与此同时,忽视对特定法律词组或者条款所设定之权利(权力)义务主体的体系性发掘及目的性追问,也是当代我国学者在运用前述字义解释时暴露的方法论"软肋"。例如,不对某一特定法律词组或者条款所在的立法文本及范围更大

---

① 谢晖:《"可以适用习惯"的法教义学解释》,《现代法学》2018 年第 2 期。

的一国法律的体系安排及目的指向进行"整体解释",而满足于对该法律词组或者条款进行所谓的语法解释、逻辑解释等"局部解释作业",必然发生权利(权力)义务主体之倒置或错位。仍以习惯条款中的"可以适用"的解释为例,当下我国学者无不将其解释为对国家公权力主体之授权,而至今未有人提出它在实质上是对私权利主体之授权的同时,更是对国家公权力对法律主体义务之课予。

也正是失却了对某一特定法律词组或者条款的体系性发掘及目的性追问,人们才无力架构起从"可以适用"到"应当适用"及"不得适用"之间的制度性桥梁,当然也就忘却了"所有现代法律都蕴含了国家公权力主体的强制义务"这一法治训诫。也正是失却对现代法律中习惯条款对于私权利主体之授权及公权力主体之限权的关注,才导致人们对"可以适用"之主体的狭义理解抑或独断解释:"对这里的'可以适用习惯'之适用主体和适用场域的理解,也只能定位于在司法裁判中,由法院和法官来'适用'习惯。"①诸如此类,皆是上述体系性发掘及目的性追问欠缺之表现。

也正是失却了对某一特定法律词组或者条款的体系性发掘及目的性追问,才导致人们忘却对习惯条款中"可以适用"之客体(即习惯)的规范类型分析。正如法律中包含任意性规则与强行性规则一样,②习惯中也同样包含任意性习惯与强行性习惯,对于前者,解纷组织或机关当然也可以适用,也可以不适用;但是对于后者,就不是一个可以或不可以适用的问题,而是一个必须适用的问题。如前所述,对于约定习惯,除非违反法律强行性规则和公序良俗,否则解纷组织或机关也不能裁量适用或不适用。同时,对于为官方法律文件所正式查明、认定和适用过的习惯,解纷组织或机关也应当适用,除非有更强或特别理由否则不能拒绝适用。而正是忽视了此处习惯的复杂类型,人们才独断地得出:"习惯的司法识别和查明,既然总是针对个案进行的,那么,其

---

① 谢晖:《"可以适用习惯"的法教义学解释》,《现代法学》2018 年第 2 期。
② 参见王泽鉴:《民法总则》(修订本),北京大学出版社 2009 年版,第 39 页。

适用就只能是'可以'的。"①

很遗憾，在前述原《民法总则》第 10 条中"可以适用"的主语缺省、宾语模糊的情况下，也就是说，在"可以适用"的主体是私下和解场合中的当事双方、居中调解场合中的民间解纷机构、仲裁场合中的仲裁机构、行政调解场合中的行政管理机关，还是司法调解和裁判场合中的司法机关，抑或仅是司法裁判场合中的法院，以及"可以适用"的具体是强行习惯规则还是任意习惯规则，是法定习惯规则还是约定习惯规则，是一般习惯还是特别习惯等事项尚处于模糊状况的情况下，学者仍拘泥于运用字义解释，而不是果断地诉诸体系解释甚或目的论解释走出字义解释的上述困境。②

五、习惯条款中"可以适用"之转化类型

总结以上分析，可以发现，习惯条款中的"可以适用"在以下四种情形中可能发生转化：第一，当事双方选择适用习惯时，解纷组织或机关必须适用该习惯，除非此种选择有可能损害国家、集体和第三人的合法权益，或者此种习惯违反法律强行性规则或者公序良俗；第二，在当事双方选择不适用习惯时，解纷组织或机关不得适用该习惯，除非此种选择有可能损害国家、集体和第三人的合法权益，或者所排除适用的是符合法律强行性规则和公序良俗的强行性习惯规则；第三，当"可以适用"的是强行性习惯规则时，解纷组织或机关必须适用该习惯，除非该习惯违反法律强行性规则和公序良俗；第四，当"可以适用"的是为官方法律文件正式查明、认定和适用过的习惯，解纷组织或机关也应当适用，除非解纷组织或机关有更强理由不适用该习惯而适用诸如法律原则、法律精神、法理、学说和政策等其他法源。以上诸种习惯条款中的"可

---

① 谢晖：《"可以适用习惯"的法教义学解释》，《现代法学》2018 年第 2 期。
② 当然笔者注意到，面对此种困境，学者使用了比较法的方法，但其比较法上的罗列谈不全面，而且也并不一定适合当下我国的解纷语境。参见谢晖：《"可以适用习惯"的法教义学解释》，《现代法学》2018 年第 2 期。

以适用"转化为"应当适用""必须适用""不得适用"的情形,如表 1-3 所示。

表 1-3　习惯条款中"可以适用"之转化类型

序号	转化原因	转化后果	例外原因
1	当事人双方选择适用	解纷组织或机关必须适用	选择有可能损害国家、集体和第三人的合法权益,或者该习惯违反强行法或公序良俗。
2	当事双方选择不适用	解纷组织或机关不得适用	选择有可能损害国家、集体和第三人的合法权益,或所排除适用的是符合强行法和公序良俗的强行性习惯。
3	适用的是强行性习惯规则	解纷组织或机关必须适用	除非该习惯违反强行法和公序良俗。
4	为官方法律文件正式查明、认定和适用过的习惯	解纷组织或机关应当适用	有更强理由不适用该习惯而适用诸如法律原则、法律精神、法理、学说和政策等其他法源。

第二章　法源体系中的习惯法

习惯的法源地位问题直接决定了习惯在司法适用过程中的广度与深度。一方面,"习惯法原本就是人民生活方式的一部分,它不但和各个地方的自然状态有关,而且常常孕育这种状态。"[①]另一方面,从习惯到习惯法的进化,直接体现了社会大众认同。[②]　就目前而言,虽然宪法中有所规定,但对于习惯的法源地位问题仍然在学界存在各种看法。在此背景下,以习惯的法源地位为切入点,结合现有研究,对习惯的法源地位及其相关问题予以梳理,对于我国法律确定习惯的法源地位的模式选择和在民法典背景下厘清习惯的法源地位具有重要意义。

第一节　习惯法源地位的发生条件、
应然顺序及模式选择

一、一个前提性问题

习惯的法源地位问题,是当下学界争论不休的话题,尤其是在民法典编纂

---

① 杜宇:《重拾一种被放逐的知识传统:刑法视域中"习惯法"的初步考察》,北京大学出版社 2005 年版,第 12 页。

② 参见杜宇:《重拾一种被放逐的知识传统:刑法视域中"习惯法"的初步考察》,北京大学出版社 2005 年版,第 13 页。

的特殊时代背景下。通说认为:"习惯是指人们在长期的生产、生活中俗成或约定所形成的一种行为规范。"①而法源是指"与法的创制方式相关的法律规范的外部表现形式"②。在讨论"习惯的法源地位"问题时,有一个前提性或观念性问题必须先予以澄清、明确,即习惯的法源问题一定是在与其他诸如法律、判例、条约、政策、学说、法理等法源的关系中产生的,否则所发生的可能就不是习惯的法源,而是习惯是否作为一种法律规范要件存在于国家制定法规范中的问题。例如,如果立法规定针对同一事项,同时有制定法与习惯可以适用,应优先适用何者时,那么此处规定的是两者的法源地位;如果立法规定针对同一事项,没有制定法应当直接适用习惯时,那么此处就直接规定了习惯的次位法源地位。而在针对某一事项,如果立法直接规定应当或者可以适用习惯认定事实、作出裁判,那么此处就没有规定习惯的法源地位。也就是说,在最后一种情形中,习惯仅构成了其所在的制定法条款的"后果"或"处理"之要件。③

按照上述标准,当下被我国学者看作是对习惯法源地位之规定的条款,④绝大部分仅是对习惯作为所在制定法条款之构成要件的规定,⑤而只有极少数是对习惯之法源地位的规定。例如 1869 年《阿根廷共和国民法典》第 17 条、1907 年《瑞士民法典》第 1 条第 2 款、1942 年《意大利民法典》第 8

---

① 高其才:《法理学》(第 2 版),清华大学出版社 2011 年版,第 90 页。

② 孙国华、朱景文主编:《法理学》(第 3 版),中国人民大学出版社 2010 年版,第 228 页。

③ 参见王泽鉴:《民法总则》(修订版),北京大学出版社 2009 年版,第 48 页;朱景文主编:《法理学》(第 4 版),中国人民大学出版社 2021 年版,第 256—257 页。

④ 参见高其才:《尊重生活、承续传统:民法典编纂与民事习惯》,《法学杂志》2016 年第 4 期。

⑤ 例如 1804 年《法国民法典》第 1648 条的规定:"有关可据以解除买卖的瑕疵产生的诉讼,应由买受人依据此种瑕疵的性质以及买卖进行地的习惯,在短期内提起。"1896 年《德国民法典》第 151 条第 1 款的规定:"依交易上的习惯,承诺无须向要约人表示,或要约人预先声明承诺无须表示者,虽未向要约人表示承诺,于可认为有承诺的事实时,契约也认为成立。"2017 年《中华人民共和国民法总则》第 140 条第 2 款:"沉默只有在有法律规定、当事人约定或者符合当事人之间的交易习惯时,才可以视为意思表示。"

条、1962 年《韩国国际私法》第 28 条、1976 年《约旦民法典》第 2 条第 3 项、1995 年《越南社会主义共和国民法典》第 14 条及 827 条、《阿拉伯联合酋长国有关国际私法的规定》第 1 条、1992 年 11 月 7 日通过的《中华人民共和国海商法》(以下简称 1992 年《海商法》)第 268 条第 2 款、2004 年 8 月 28 日修正的《中华人民共和国票据法》(以下简称 2004 年《票据法》)第 95 条第 2 款、2007 年 3 月 16 日通过的《中华人民共和国物权法》(以下简称 2007 年《物权法》,已废止)第 85 条、2009 年 8 月 27 日修正的《中华人民共和国民法通则》(以下简称 2009 年《民法通则》,已废止)第 142 条第 3 款、2017 年 3 月 15 日通过的《中华人民共和国民法总则》(以下简称 2017 年《民法总则》,已废止)第 10 条,才是有关习惯法源地位之条款。①

当然,也有部分立法条款既是对习惯作为所在条款之构成要件的规定,也是对习惯之法源地位的规定。例如 1898 年 6 月 21 日颁布、1989 年最后修订的《日本法例》第 2 条规定:"不违反公共秩序及善良风俗的习惯,限于依法令规定被认许者或有关法令中无规定的事项者,与法律

---

① 详见 1869 年《阿根廷共和国民法典》第 17 条规定:"习俗和惯例,仅在被法律参照时,或在没有法律进行规范的情况下,始可造法。"1907 年《瑞士民法典》第 1 条第 2 款规定:"凡依本法文字或释义有相应规定的任何法律问题,一律适用本法。无法从本法得出相应规定时,法官应依据习惯法裁判。"1942 年《意大利民法典》第 8 条规定:"在法律和条例调整的范围内,惯例只有被法律和条例确认才发生效力。即使被法律和条例援引,行业规则的效力亦优于惯例,行业规则另有规定的除外。"1962 年《韩国国际私法》第 28 条规定:"对于商事的各项具体问题,如果本章无其他规定,则适用商业惯例。"1976 年《约旦民法典》第 2 条第 3 项规定:"若无此种原则,则依习惯。"1995 年《越南社会主义共和国民法典》第 14 条规定:"在法律没有明文规定,当事人之间又无协议约定时,得适用惯例和有类似规定的法律规范。"第 827 条第 4 项规定:"当本法典、越南社会主义共和国的其他法律、越南社会主义共和国缔结或参加的国际条约、当事人协议对涉外民事关系无相关规定时,可适用国际惯例。"《阿拉伯联合酋长国有关国际私法的规定》第 1 条提出:"如果(这些学派的学说中)还无办法,法官可依习惯判决。"中国 1992 年《海商法》第 268 条第 2 款、2004 年《票据法》第 95 条第 2 款和 2009 年《民法通则》第 142 条第 3 款均规定:"中华人民共和国法律和中华人民共和国缔结或者参加的国际条约没有规定的,可以适用国际惯例。"2007 年《物权法》第 85 条规定:"法律、法规对处理相邻关系有规定的,依照其规定;法律、法规没有规定的,可以按照当地习惯。"2017 年《民法总则》第 10 条规定:"处理民事纠纷,应当依照法律;法律没有规定的,可以适用习惯,但是不得违背公序良俗。"

有同一效力。"由该条可见,在法令规定被认许的场合,习惯是作为所在条款的构成要件,而在法令无规定的场合,习惯则拥有与法律相同的法源地位。

对于上述问题,当下我国学者大都未意识。只有少数学者对此有意识,例如刘作翔发现,作为规范依据的习惯与作为保护对象的习惯是不同的。① 但是,应当如何区分上述两类法条中的习惯,以及前者在确定习惯之法源地位上的重大意义? 对于这两个问题,则未予以涉及。②

二、三个争议性问题

关于习惯的法源地位,目前的争议主要集中在以下三个问题上:一是,是否需要有法律的明确规定,习惯才在现行立法、执法及司法体系中拥有其法源地位,也就是说,才发生习惯的法源地位问题? 二是,如果习惯拥有其法源地位,那么它应当在现行立法、执法及司法体系中居于何种位序的法源? 三是,在当事人及法官对习惯的法源地位产生争议时,应当依据何种标准或程序予以解决?

对于第一个问题,不同的学派有不同的回答。通常而言,实证法学、规范法学等对此持肯定态度,即认为只有在法律有明文规定的情况下,某一特定习惯才享有立法、执法及司法上的法源地位。"我国坚持成文法传统,商事习惯只能作为事实或者证据而存在。"③与之相反,历史法学、社会法学等则提出,即使没有法律的明文规定,某一特定习惯依其内在的"正当法的品格"也享有立法、执法及司法上的法源地位。"从根本上讲,民俗习惯作为法源的效力来

① 参见刘作翔:《特殊条件下的法律渊源——关于习惯、政策、司法解释、国际条约(惯例)在法律中的地位以及对"非正式法律渊源"命题的反思》,《金陵法律评论》2009年春季卷。

② 其实还有两个与笔者论述并非不相关的问题,其一,是否像刘教授所说的那样,2007年《物权法》第85条是对作为规范依据之习惯的首次规定? 其二,是否只有出现"习惯"字眼的法条才是有关的习惯条款,或言之,当下中国法律中的惯例、习俗、风俗、民俗、良俗,甚至是惯常等概念是否也应当包括在习惯的外延之中呢?

③ 吴敏:《商事审判中对商事习惯的确认》,《重庆师范大学学报(哲学社会科学版)》2012年第6期。

源于民商事法之法律原则的要求,那种认为民俗习惯作为法源的效力必须得到立法承认或司法承认的观点值得商榷。"①

从国家法律及其实践看,在不成文法国家,习惯当然无须法律的明确规定,即可在现行法律上享有法源地位;而在成文法国家,至少从立法上看,需要法律的明确规定,习惯才能在法律上成为法源,进而在实践中为执法者及司法者合法地援引。但是在实践中,执法者及司法者是否将此条有关习惯的成文法戒律放在心上,则不得而知。因为即使是在成文法国家,从法律漏洞补充的角度看,执法者及司法者也是可以而且应当优先于法律基本原则援引习惯填补法律漏洞的。② 因此,对于上述问题的回答,必须以区分不同的法律传统为前提或条件,不能纯粹从学者不同的法律世界观或价值立场上对之作出回答。

在当下,立法文本是否规定了习惯的法源地位,在学界是有争议的。例如高其才发现,1982 年通过的《中华人民共和国宪法》第 4 条第 4 款确认了习惯的正式法源地位。③ 伦海波则发现,且不说该条确认了习惯的法源地位,就是连习惯之存在,该条也未予承认。④ 金秀丽也认为,该条仅是对风俗习惯自由权的保护,没有包含任何司法意义。⑤ 而厉尽国则发现,当下中国法律没有规定习惯的正式法源地位。⑥ 姜大伟也发现,当时至少在民事立法上,法律没有明确习惯的补充法源地位。⑦ 当下我国的立法文本作为一种客观实在,其内

---

① 厉尽国:《论民俗习惯之民商法法源地位》,《山东大学学报(哲学社会科学版)》2011 年第 6 期。

② 参见王利明:《法律解释学》(第 2 版),中国人民大学出版社 2016 年版,第 398—399 页。

③ 参见高其才:《尊重生活、承续传统:民法典编纂与民事习惯》,《法学杂志》2016 年第 4 期。人们发现,该作者在三年前仅认为该规定只是为习惯成为正式法源提供了可能。参见高其才:《作为当代中国正式法律渊源的习惯法》,《华东政法大学学报》2013 年第 2 期。

④ 参见伦海波:《我国民事立法中的习惯法研究》,载高其才主编:《当代中国民事习惯法》,法律出版社 2011 年版,第 67—68 页。

⑤ 参见金秀丽:《论习惯的司法适用问题》,《学术交流》2017 年第 11 期。

⑥ 参见厉尽国:《习惯法制度化的历史经验与现实选择》,《甘肃政法学院学报》2009 年第 1 期。

⑦ 参见姜大伟:《论民事习惯在民事立法中的合理定位》,《学术交流》2013 年第 1 期。

容是不以人的意志为转移的,人们之所以得出上述不同的"发现",是因为他们对相同的立法文本抱持了不同的解释立场及技术。客观地看,无论是从文义解释、体系解释,还是目的解释及历史解释的角度看,上述宪法条款不是对习惯法源地位的规定。

当然,这也并不意味着当下我国立法文本没有规定习惯的正式法源地位。至少就前述 1992 年《海商法》第 268 条第 2 款、2004 年《票据法》第 95 条第 2 款、2007 年《物权法》第 85 条(已废止)、2009 年《民法通则》第 142 条第 3 款(已废止)、2017 年《民法总则》第 10 条(已废止)的"无法律则依习惯"的规定而言,即便从严格字面解释的角度看,也明显系对习惯之正式法源地位的规定。至于其他立法文本有关习惯之正式法源地位的规定,则为数不少。①

关于第二个问题,通常情况下,在习惯法或不成文法国家,习惯本身就是一种主要及首要法源。"在英国,'习惯'是直接的法源,地方或商业习惯决定着某种事项是否有违普通法的特别规定。"②与之相对,在制定法或法典法国家,习惯原则上只能在立法、执法及司法体系中位于国家制定法及协议之后处于补充法源的地位。③ 但是在立法有规定的情况下,习惯也可能例外地位于国家制定法或协议之前而处于首位法源的地位。④ 当然,也有学者争论说,即

---

① 有学者在初步检索当代中国法律文件后,认为"没有任何法律明确提出'依习惯'"。(苏力:《当代中国法律中的习惯——一个制定法的透视》,《法学评论》2001 年第 3 期)原因可能有二:一是他死扣字眼,认为只有出现了"习惯"一词的条款才算习惯条款,从而将上述 1992 年《海商法》第 268 条第 2 款排除在外(因为该条用的是"惯例"一词);二是他狭义地界定法律,认为只有全国人大及其常委会制定的法律文件才算法律,但是如此一来,又何来 2500 件法律文件?殊值怀疑。

② 罗筱琦、陈界融:《交易习惯研究》,《法学家》2003 年第 5 期。

③ 例如 2007 年《物权法》第 116 条第 2 款规定:"法定孳息,当事人有约定的,按照约定取得;没有约定或者约定不明确的,按照交易习惯取得。"

④ 例如 1962 年 1 月 15 日颁布的《韩国国际私法》第 28 条规定:"对于商事的各项具体问题,如果本章无其他规定,则适用商业惯例。如果也无此类商业惯例,应适用民法。"中国 1992 年《海商法》第 53 条第 1 款:"承运人在舱面上装载货物,应当同托运人达成协议,或者符合航运惯例,或者符合有关法律、行政法规的规定。"

便没有立法规定,习惯也可能处于首位法源的地位。① "私法自治是现代民法的基本原则,而且信守合同是其根本,任意性规范仅是为了补充当事人意思表达不清时,能够作出最小的修正补充,厘清当事人的目的,从而尽可能不要猜测当事人的意思,确定他们真正表达的意思。当事人不但可以明确排除任意性规范适用,同样可以明确排除习惯法的适用,相反,当事人同样可以明确合意选择习惯法的适用,而排除任意性规范的适用。正如前文论述的理由,习惯法优先于任意性规范。"② "'按照约定'的规定给相关民事习惯进入物权法领域留下一定程度的空间。"③不过,在此种情况中,习惯成为首位法源,仍然是有条件的,即得有当事人的约定,而且约定排除的只能是任意法。对于处于此种情势中的习惯,我们可以称为"约定习惯"。但是细究起来,此种约定习惯与当事人之间的协议在本质上是一致的,即它们都是当事双方合意的产物。更言之,这种情况与前述立法有规定的情况在本质上也是一致的,即当事人的约定或立法规定,导致习惯拥有此种首位法源地位。习惯的法源地位仍取决于当事人或立法者的主观意志,而不是习惯本身或社会情势所具有的客观因素。这样看来,上述学者的争议仍然不是对习惯应当在实证法上拥有何种法源地位之问题的回答,它所描述的仅是一种实然状况。④

从应然的层面看,即使是在法无明文规定的情况下,习惯至少在下述五种情况下也可以享有一定的法源地位,但不能笼统地、抽象地说它一定就拥有何

---

① 甚至有学者通过考据发现,在古罗马法全面成文化之后,习惯仍在债法领域优先于成文法和当事人的约定而占据首位法源地位。参见周枏:《罗马法原论》(下册),商务印书馆 2014 年版,第 655—657、680—682 页。

② 黄学武、葛文:《民俗习惯在民事诉讼中类型化研究》,《山东大学学报(哲学社会科学版)》2008 年第 5 期。

③ 戴双喜、巴音诺尔:《论牧区以"羊"为"等价物"的交易习惯——兼论民事习惯与交易习惯之结构层次关系》,《法学杂志》2010 年第 11 期。

④ 在既无立法规定又无当事人约定的情况下,习惯在法律运行中能否成为首位法源,仍然是一桩争论不休的法律悬案。

种法源地位。其一,在法无明文规定,但当事人约定适用习惯的情况下,该习惯可以享有补充甚或首位法源地位。其二,在法律空缺的情形下,基于法官不能拒绝裁判的原则,他必须选择习惯为首位法源以作出裁判,因为其他诸如一般法律原则、政策、法理、学说等法源不具有权利义务内容和完整的规范结构,无法保证当事人对裁判结果的预期利益。其三,在适用法律及判例可能导致严重不正义,而适用习惯则可以避免或减轻此种后果的情况下,习惯也应当替代法律及判例的地位而成为首位法源。其四,在特定的地区、行业、领域、团体或人群中,习惯比法律规定得更加具体、更为当事双方所熟悉、信赖,在适用习惯不违背强行法及公序良俗的情况下,根据特别法优于一般法的原则,习惯也应当拥有首位法源地位。"在特殊事项上,习惯有优先于国家制定法的效力"。① 其五,虽然有法律,而且适用该法律也不会导致严重的不正义,但是在适用习惯比适用法律、判例、条约、政策、法理、学说等所作出的裁判在法律效果和社会效果等方面最优的情况下,习惯也应当成为首位法源。当然,由于法无明文规定,对于上述五种情形下习惯的法源地位,通常交由司法予以确认。

关于第三个问题,如果当事人认为应当适用习惯而法官没有适用习惯,相反或者认为不应当适用习惯而法官适用了习惯,或者认为应当采取"法律为主习惯为辅""习惯为主法律为辅",抑或"法律与习惯并重"的方式适用习惯,而法官却采取其他相反的方式适用习惯,或者认为应当适用此种习惯而法官却适用彼种习惯,以作出裁判,那么他可以在上诉或申诉中提出该问题。从理论上讲,即使当事人对裁判结果并无异议,只是对法官没有适用或者没有以其认同的方式适用习惯作出裁判有异议,那么依然可以依据 2012 年 8 月 31 日通过的《中华人民共和国民事诉讼法》(以下简称 2012 年《民事诉讼法》)第 170 条第 2 项及第 200 条第 6 项,以"原判决、裁定适用法律确有错误的"为

---

① 李可:《论习惯法的法源地位》,《山东大学学报(哲学社会科学版)》2005 年第 6 期。

由,获得救济。① 但是从实践中看,几乎无当事人愿意为此挑战原审法官。"如果一审法院在法律没有规定,而有习惯法可适用,但原审没有适用习惯法或者一方当事人主张适用习惯法,而另一方当事人对此争议,法官采用习惯法作为判断的,没有在判决中说明习惯法存在和内容的依据或者习惯法存在,当事人已经主张,而一审法官没有查证或者查证方法失当,导致裁判结论可能变化的,均构成民事诉讼法第 153 条第 1 款第 2 项改判的标准。"②"生效裁判如果认定事实上的习惯存在,而事实上的习惯适用明显违反法律禁止性规定,或者违反逻辑规则、经验法则,或者违背上级法院的生效裁判以及消极地不适用事实上的习惯,构成适用法律错误,符合民事诉讼法第 179 条第 1 款第 6 项规定的适用法律错误的再审事由。"③

三、当代中国法律确定习惯之法源地位的模式

法律确定习惯之法源地位有"法律与习惯同在时何者应优先适用"和"无法律才适用习惯"这两大模式。当代中国法律在总体上选择了后一种模式,只有针对特定地区、行业、领域、团体及人群,才例外地转而采用前一种模式,但由此仍存在一系列需要直面和解决的问题。

(一)法律确定习惯之法源地位的两大模式

从理论上看,法律确定习惯之法源地位有两大类:第一大类是"同时有法律和习惯应优先适用何者",例如如果立法规定针对同一事项,同时有法律与

---

① 2012 年《民事诉讼法》第 170 条第 2 项规定:"原判决、裁定认定事实错误或者适用法律错误的,以判决、裁定方式依法改判、撤销或者变更";第 200 条第 6 项规定:"当事人的申请符合下列情形之一的,人民法院应当再审:(六)原判决、裁定适用法律确有错误的"。
② 黄学武、葛文:《民俗习惯在民事诉讼中类型化研究》,《山东大学学报(哲学社会科学版)》2008 年第 5 期。
③ 黄学武、葛文:《民俗习惯在民事诉讼中类型化研究》,《山东大学学报(哲学社会科学版)》2008 年第 5 期。

习惯可以适用,应优先适用何者时,那么此处必然规定了习惯的法源地位。第二大类是"无法律则依习惯",例如如果立法规定针对某一事项,没有法律规定,应适用习惯时,那么此处也必然规定了习惯的法源地位。

第一大类模式在具体的立法模式上又可以分解为三个方面:其一是优先适用法律模式,即立法规定针对同一事项,同时有法律与习惯可以适用时,应优先适用法律。这是当代世界各国法律在绝大多数事项上采用的规则选择模式,于此,习惯通常难有适用之机会。只有可以适用的法律存在模糊、冲突和可能导致严重不正义等规则缺陷时,习惯才可能被适用。但此种情形,在法理上难以称得上是有可适用的法律,因为法律在此罹患严重病症。其二是优先适用习惯模式,即立法规定针对同一事项,同时有法律与习惯可以适用时,应优先适用习惯。当代世界只有少数国家(例如习惯法抑或不成文法国家)或地区在极少数事项上采用此种规则选择模式。一般而言,只有在下述三种情况下立法才采用此种模式:一是当习惯与法律并无实质冲突、但对该项事项之规定比法律更为具体细致时,立法者才明确规定该类习惯应得到优先适用;①二是那种适用法律将难以作出公正的或为当事各方及所在社区所接受之裁判的事项(例如在流行赔命价及赔血价习俗的地区发生的人身伤害案件);三是虽能作出公正及可接受裁判但将付出极大法律及社会成本的事项。其三是将法律与习惯结合起来予以平行或交叉适用之模式。此种模式难以成为当代国家立法上的规则选择模式,虽然在司法裁判中此种模式常常为法官所实践(例如当下我国法院所实行的"调审结合模式"即为此种模式之实践模型)。②

第二大类模式实际上是在没有法律可以适用时,法律适用者的不得已或

---

① 1803—1804 年制定、1904 年 1 月 1 日修正的《法国民法典》第 1777 条规定:"离开土地的承租人对于替代其耕作之人,应为其留下翌年耕作所需适用的房舍及其他便利的设备;在替代其耕作之人方面,亦应为其留下贮存草料和残余收获物所需适用的房舍及其他便利的设备。在前一情形或后一情形,均应从当地的习惯。"

② 例如厦门立德置业管理有限公司诉江群如物权确权纠纷案(福建省厦门市海沧区人民法院(2009)海民初字第 1969 号)。

最佳的选择。没有法律可以适用,选择习惯填补法律空白或漏洞,比选择不确定性概念及一般条款更能捍卫法律的可预期性及稳定性。① 例如前述 1869 年《阿根廷共和国民法典》第 17 条、1907 年《瑞士民法典》第 1 条、1989 年《日本法例》第 2 条、1995 年《越南社会主义共和国民法典》第 14 条及 827 条、中国 1992 年《海商法》第 268 条第 2 款、2004 年《票据法》第 95 条第 2 款、2007 年《物权法》第 85 条(已废止)、2009 年《民法通则》第 142 条第 3 款(已废止)、2017 年《民法通则》第 10 条(已废止),均是此种模式之体现。但无论是哪一种模式之下,习惯的法源地位一定是在与其他诸如法律、法规、判例、条约、政策、学说、法理等法源的关系中产生的,否则所发生的就不是习惯的法源地位问题,而是发生习惯是否作为一种法律规范要件存在于国家制定法规范中的问题。

比较而言,"同时有法律和习惯应优先适用何者"的模式比"无法律则依习惯"的模式更复杂,更需要立法者、当事人、执法者及司法者花费更多的时间和精力在适用法律与习惯的不同法律及社会后果之间进行比较、选择,因而是一种选择成本较高的、确定习惯之法源地位的模式。而"无法律则依习惯"则更简单,它排除了同时有法律和习惯可以适用时,立法者、当事人、执法者及司法者的规则选择困境,直截了当地规定只有在法律没有规定的情况下,才发生是否以及如何适用习惯的问题,因而是一种选择成本较低的确定习惯之法源地位的模式。②

(二)当代中国法律在确定习惯之法源地位上的模式选择

显然,"同时有法律和习惯应优先适用何者"的模式对立法者、当事人、执法者及司法者的规则适用的法律及社会后果、不同的规则的合法性及合宪性程度

---

① 参见王利明:《法律解释学》(第 2 版),中国人民大学出版社 2016 年版,第 399 页。

② 当然,并不是说此种模式之下就没有选择成本,而是比较而言,此种选择是低成本的。例如在此种模式之下,立法者、当事人、执法者及司法者仍然要寻找最密切相关的习惯,因而需要在习惯的查明、认定、比较及适用等事项上花费成本。

等事项上的比较能力提出了较高的要求。至少是在当下中国,大多数当事人及执法者的此种能力还相当欠缺,即便是立法者及司法者在这方面的能力也普遍比较低下,如果遽然普遍推广此种模式,可能导致立法、守法、执法及司法等法律活动领域的混乱。同时,在依法治国,推进社会主义法治国家及法治社会建设的过程中,需要大力弘扬法律(而非习惯)的至上地位,而在有法律可以适用时,再提对习惯的考量或选择,显然不利于在人们心目中树立此种法律至上观念。因而"同时有法律和习惯应优先适用何者"之问题的提出,本身就不大适合于此种语境,而缺乏足够的政治正确性。即便是第一大类模式下的"优先适用法律模式"之亚种,也暗含了对习惯之"次合法性"的认可,因而也是欠缺足够的政治正确性的模式。可能正是考虑到这些,当代中国法律在总体上没有采用第一大类确定习惯之法源地位的模式,而是采用了第二大类确定习惯之法源地位的模式,只有针对特定地区、行业、领域、团体及人群,才例外地采用前一种模式。①

　　详言之,当代中国法律确定习惯之法源的一般模式是"无法律则依习惯",而只有特殊情况下才采取"同时有法律和习惯应优先适用何者"的模式。当然要注意,采用后一种模式的法条极易与那些仅规定习惯构成某一法律规范之要件或要素之地位的法条相混淆。例如,如果立法规定针对同一事项,没有法律应直接适用习惯时,那么此处就直接规定了习惯的法源地位。而在针对某一事项,如果立法规定应当或可以适用习惯认定事实、作出裁判,那么此处就没有规定习惯的法源地位。也就是说,在最后一种情形中,习惯仅构成了其所在的制定法条款的"后果"抑或"处理"之要件。因为在后一种情形下,立法者没有进行规则选择,也没有授权当事人、执法者及司法者进行规则选择。当代中国法律在确定习惯之法源地位上的模式选择倾向,决定了习惯在当代中国法律中原则上仅可能享有次位而非首位法源的地位。② 同时,这也大致

---

① 这其中的原因值得进一步挖掘,但笔者并不试图解决该问题。

② 当然,在习惯不与强行法抵触的特定事项上,可以优位于任意法得到适用,从而在法律上享有首位法源地位。具体例证前文已有罗列,在此从略。

符合当下中国学者和实务工作者的基本预期。"应确立'凡法律未规定者,应遵循民事习惯'的基本原则,确立民事习惯的法源地位。"① "总体上,应当把民俗习惯作为制定法的缺位补充,以弥补法律规定的不足。在法律已有明文规定的情况下,法官应优先适用法律,而不能擅自适用习惯。"②

(三)当代中国法律确定习惯之法源地位的模式分析

在确定习惯之法源地位上,当代中国法律原则上选择了"无法律则依习惯"的模式。如果以 A 代表法律,以 B 代表习惯,那么该种立法模式的逻辑结构是"无 A,则 B"($-A\Rightarrow B$),其反面,"无 B,则 A"($-B\Rightarrow A$)显然不成立。因为在当代中国,除了法律和习惯之外,还有国际条约、法理、政策、指导性案例、协议和章程等正式或非正式法源。③ 因此,"无法律则依习惯"的模式既是一种法律发现上的"法律穷尽逻辑",即在案件仅涉及内国法时,必须是宪法、法律(狭义)、行政法规及部门规章、军事法规及军事规章、地方性法规及地方政府规章、民族自治区域的自治条例和单行条例、特别行政区的规范性文件没有规定时,才能适用习惯;而在案件涉及外国法及国际法时,还必须是中国缔结或者参加并生效的国际条约没有规定时,才能适用习惯;也是一种"规则优先逻辑",即在案件没有法律规定时,应当优先适用的不是国际条约、法理、政策、指导性案例、协议、章程甚或法律上的不确定概念及一般条款,而是具有类法结构的习惯规则。在适用该模式的地方,正表明了当代中国立法者对于法律适用结果的可预期性及稳定性的不懈追求,也是法治进步的重要体现。

与此同时,在确定习惯之法源地位上的"无法律则依习惯"模式,亦表明

---

① 姜大伟:《论民事习惯在民事立法中的合理定位》,《学术交流》2013 年第 1 期。

② 徐清宇、周永军:《民俗习惯在司法中的运行条件及障碍消除》,《中国法学》2008 年第 2 期。

③ 这里的"国际条约"是指中国缔结或者参加并生效的双边和多边条约、协定,以及具有条约、协定性质的文件。参见葛洪义主编:《法理学》(第 4 版),中国人民大学出版社 2015 年版,第 261 页。

当代中国立法者在面对除法律以外的其他诸如国际条约、法理、政策、指导性案例、协议和章程等法源时,对于习惯的偏好,即在与其他法源比较的意义上,该模式也表达了一种"习惯优先逻辑"。"这意味着,即使是在法治的国家追求'法律'来统治,习惯也并不一定完全与法治相悖,民间习惯的存在为人类解决纠纷提供了和谐的智慧基础。"①当然,在涉及不同领域的案件时,该种逻辑优先的对象也是不同的。例如在案件仅涉及内国法时,习惯的优先对象是国际条约、法理、政策、指导性案例、协议和章程,而在案件涉及外国法及国际法时,习惯的优先对象仅是法理、政策、指导性案例、协议和章程。从这个角度看,"无法律则依习惯"中的"法律"在不同的案件中的外延或所指是不同的:在国内法案件中,是指宪法、法律(狭义)、行政法规及部门规章、地方性法规及地方政府规章、自治条例和单行条例、特别行政区的法源;而在外国法案件中,还必须加上国际条约。但无论是在案件涉及内国法还是外国法及国际法的情形中,该模式中的"法律"都是指当代我国法律上的直接法源或正式法源,而非间接或非正式法源。②

根据国内权威的法律数据库(北大法宝法律数据库)统计,截至 2018 年 3 月 27 日,可以发现在 41 件现行有效及待生效的法律法规文本中,立法者使用了"无法律则依习惯"的规则选择模式。省略法条表述形式相同的法规,可以得到表 2-1:③

---

① 彭中礼:《论习惯的法律渊源地位》,《甘肃政法学院学报》2012 年第 1 期。

② 参见葛洪义主编:《法律方法论》,中国人民大学出版社 2013 年版,第 44—48 页。

③ 以下表格中的"1992 年《海商法》""2007 年《物权法》""2017 年《民法总则》""2012 年《最高法院关于防范化解金融风险和推进金融改革发展的意见》""1986 年《高校财务管理改革办法》""1993 年《进口织物检验管理规定》""2011 年《银行业金融机构衍生产品交易管理办法》""1996 年《交通部关于实施两岸间航运管理办法有关问题的通知》""2009 年《爆破作业单位民用爆炸物品储存库安评导则》""1949 年《全国总工会关于劳资关系处理办法》""2009 年《全国律协律师办理土地法律业务操作指引》""2013 年《湖南省乡村公路条例》""2009 年《昆明市档案条例》""2013 年《湖州建设局司法局关于物业管理纠纷调处的意见》""2014 年《上海市律协律师办理境外商事仲裁业务指引》""2010 年《无锡市中院加强民意沟通工作的意见》""2014 年《上海市一中院涉上海自贸区案件审判指引》""2016 年《广东省外资审批制度改革后我省外资企业登记注册工作意见》"全

表 2-1   当代中国法律中"无法律则依习惯"的规则选择模式(简表)

序号	法规名称	所在条款	条款内容	效力级别
1	1992 年《海商法》	第 268 条第 2 款	中华人民共和国法律和中华人民共和国缔结或者参加的国际条约没有规定的,可以适用国际惯例。①	法律
2	2007 年《物权法》	第 85 条(已废止)	法律、法规对处理相邻关系有规定的,依照其规定;法律、法规没有规定的,可以按照当地习惯。	
3	2017 年《民法总则》	第 10 条(已废止)	处理民事纠纷,应当依照法律;法律没有规定的,可以适用习惯,但是不得违背公序良俗。	
4	2012 年《最高法院关于防范化解金融风险和推进金融改革发展的意见》	第 13 条	对于法律、行政法规没有规定或者规定不明确的,应当遵循商事交易的特点、理念和惯例。②	司法解释性质文件

称依次为:1992 年 11 月 7 日通过的《中华人民共和国海商法》、2007 年 3 月 16 日通过的《中华人民共和国物权法》、2017 年 3 月 15 日通过的《中华人民共和国民法总则》、2012 年 2 月 10 日最高人民法院发布的《关于人民法院为防范化解金融风险和推进金融改革发展提供司法保障的指导意见》、1986 年 10 月 15 日国家教委、财政部发布的《高等学校财务管理改革实施办法》、1993 年 1 月 28 日国家商检局印发的《进口织物检验管理规定》、2011 年 1 月 5 日中国银监会第二次修订的《银行业金融机构衍生产品交易业务管理暂行办法》、1996 年 10 月 31 日交通部发布的《关于实施〈台湾海峡两岸间航运管理办法〉有关问题的通知》、2009 年 9 月 17 日公安部发布的《爆破作业单位民用爆炸物品储存库安全评价导则》、1949 年 11 月 22 日发布的《中华全国总工会关于劳资关系暂行处理办法》、2009 年 8 月汇编的《中华全国律师协会律师办理土地法律业务操作指引》、2013 年 11 月 29 日通过的《湖南省乡村公路条例》、2009 年 12 月 15 日通过的《昆明市档案条例》、湖州市建设局司法局 2013 年 6 月 18 日发布的《关于进一步加强物业管理纠纷调处化解工作的意见》、2014 年 1 月 17 日上海市律协通过的《上海律师办理境外商事仲裁法律业务操作指引(试行)》、2010 年 6 月 18 日通过的《无锡市中级人民法院关于进一步加强民意沟通工作的实施意见》、2014 年 4 月 23 日通过的《上海市第一中级人民法院涉中国(上海)自由贸易试验区案件审判指引(试行)》、2016 年 10 月 28 日广东省工商行政管理局印发的《关于做好外商投资审批制度改革后我省外商投资企业登记注册工作的指导意见》。

① 表述形式相同的还有 2004 年 8 月 28 日修正的《中华人民共和国票据法》第 95 条第 2 款、2009 年 8 月 27 日修正的《中华人民共和国民法通则》第 142 条第 3 款、2017 年 11 月 4 日修正的《中华人民共和国民用航空法》第 184 条第 2 款(法律,前同)、1998 年 7 月 20 日发布的《最高人民法院关于全国部分法院知识产权审判工作座谈会纪要》(司法解释性质文件)第 3 部分第 1 项等 4 件法规。

② 表述形式相同的还有 2013 年 4 月 18 日通过的《温州市中级人民法院关于为温州市金融综合改革试验区建设提供司法保障的若干意见》(地方司法文件)第 13 条等 1 件。

续表

序号	法规名称	所在条款	条款内容	效力级别
5	1986 年《高校财务管理改革办法》	第 14 条	国家没有规定的,可参照社会上同行业的标准,或由双方根据国家有关政策规定协商确定。	部门规章
6	1993 年《进口织物检验管理规定》	第 6 条	第三条、第四条、第五条中规定不明确或没有规定的,按照生产国标准、国际通用标准或ZBW55002－88《进口纺织品检验规程》检验。	
7	2011 年《银行业金融机构衍生产品交易管理办法》	第 13 条	我国未规定的,应当符合有关国际标准。	
8	1996 年《交通部关于实施两岸间航运管理办法有关问题的通知》	第 3 部分第 2 项	大陆的法律没有规定的,适用国际惯例。	部门规范性文件
9	2009 年《爆破作业单位民用爆炸物品储存库安评导则》	第 4 部分	法律、法规和有关财政收费没有规定的,应当按照指导性标准或者行业自律标准收费。①	

---

① 表述形式相同的还有 2010 年 6 月 11 日通过的《安全评价和安全生产检测检验机构从业行为规范》第 5 部分第 6 项(部门规范性文件)、2005 年 4 月 20 日吉林省安监局印发的《吉林省贯彻安全评价机构管理规定实施办法》第 19 条(地方规范性文件,下同)、2005 年 11 月 16 日辽宁省安监局印发的《辽宁省安全评价机构管理办法》第 16 条、2005 年 11 月 30 日北京市安监局发布的《北京市安全评价机构乙级资质许可管理办法(暂行)》第 19 条、2006 年 1 月 10 日重庆煤监局印发的《重庆煤矿安全监察局煤矿安全培训监督管理工作实施办法(试行)》第 20 条第 1款、2006 年 5 月 22 日山东省安监局印发的《山东省安全评价机构监督与考核管理细则(试行)》第 6 部分第 7 项第 7 条、2007 年 12 月 6 日重庆煤监局印发的《重庆煤矿安全监察局煤矿职业卫生安全知识培训实施办法(试行)》第 13 条、2008 年 5 月 6 日深圳市安委会办公室印发的《深圳市推行企业安全生产托管工作指导意见(试行)》第 10 条第 2 项、2010 年 9 月 18 日江苏省安监局印发的《江苏省安全评价机构管理实施办法(暂行)》第 10 条、2010 年 3 月 31 日山东省安监局印发的《山东省安全生产检测检验机构管理办法》第 15 条第 2 款、2010 年 8 月 18 日通过的《云南省安全评价机构管理办法》第 19 条、2010 年 11 月 18 日黑龙江省安监局印发的《黑龙江省安全评价机构管理规定》第 22 条、2011 年 2 月 17 日湖北省安监局印发的《湖北省安全生产培训管理办法(试行)》第 18 条、2014 年 4 月 15 日天津市安监局印发的《天津市安全评价机构监督管理办法》第 24 条第 1 款、2014 年 5 月 23 日四川省安监局(四川煤监局)通过的《四川省职业卫生技术服务机构及从业人员管理办法》第 20 条、2014 年 6 月 4 日重庆市安监局印发的《重庆市安全标准化技术服务机构管理办法(暂行)》第 9 条第 2 项等 16 件法规。

序号	法规名称	所在条款	条款内容	效力级别
10	1949 年《全国总工会关于劳资关系处理办法》	第 13 条	无规定者依习惯。	团体规定
11	2009 年《全国律协律师办理土地法律业务操作指引》	第 90 条第 4 款	如国家和地方均未规定，一般原则上应以尊重集体经济组织习惯和合法两个原则解决。	行业规定
12	2013 年《湖南省乡村公路条例》	第 22 条	法律法规没有规定法律责任的，按照村规民约的规定进行处理。	省级地方性法规
13	2009 年《昆明市档案条例》	第 23 条第 2 项	其他专业档案的报送、移交，国家另有规定的从其规定，没有规定的按照行业标准执行。	设区的市地方性法规
14	2013 年《湖州建设局司法局关于物业管理纠纷调处的意见》	第 2 部分第 2 项	无规定或约定的，应按照政策文件或行业普遍认可的规范进行调解。①	地方规范性文件
15	2014 年《上海市律协律师办理境外商事仲裁业务指引》	第 1 条第 3 款	在相关国家或地区的法律和仲裁规则均未规定的情况下，根据冲突规则及国际惯例处理。	
16	2010 年《无锡市中院加强民意沟通工作的意见》	第 19 条	在法律没有规定或法律规定较为原则时，补充适用民俗习惯。	地方司法文件
17	2014 年《上海市一中院涉上海自贸区案件审判指引》	第 3 条	法律没有规定的，尊重商业惯例及当事人的约定，依法平等保护市场主体的合法权益。	

---

① 表述形式相同的还有 2015 年 12 月 22 日发布的《浙江省司法厅、浙江省住房和城乡建设厅关于加强人民调解化解物业管理纠纷的指导意见》（地方规范性文件）第 2 部分第 2 项等 1 件。

序号	法规名称	所在条款	条款内容	效力级别
18	2016 年《广东省外资审批制度改革后我省外资企业登记注册工作意见》	第 2 部分第 4 项第 1 条、第 4 条	对《国民经济行业分类》没有规定的新兴行业,可以参考政策文件、行业习惯或者专业文献予以登记。	地方工作文件

注:①上述法规按效力级别排序,同一效力级别的则按通过或颁布时间先后排序。
　　②港澳台相关规定不收入本表。
　　③考虑到将检索出的全部 41 件法规制作成的表格太长,本表将效力级别和法条表述相同或极其近似的法条省略,而仅列出首次使用此种表述形式的法规。

　　由上表可见,在各种效力级别的法规中,采用"无法律则依习惯"的模式规定习惯法源地位最多的是地方规范性文件(19 件),其次是法律(6 件),再次是部门规章、部门规范性文件和地方司法文件(各 3 件),复次是司法解释性质文件和地方性法规(各 2 件),最后是团体规定、行业规定和地方工作文件(各 1 件),而行政法规、军事法规规章、地方政府规章、行政许可批复没有采用此种模式。在时间上,"无法律则依习惯"的模式自新中国成立之初即为立法者所采用,直到今天。但是,发生在 2004 年 8 月 28 日前的只有 5 件,这大体上印证了学者之前的总体判断,但也稍有所出入。① 不过,在此之后再套用该判断,似乎就有违基本的立法事实了。②

　　习惯之法源问题与习惯作为一种规范要件存在于法条中的问题,是两个极易混淆的问题,区分它们的标准是看立法者在法条中是否表达了一种规则选择的意愿。在没有法律规定的情况下,立法者实际上也必须在习惯与其他诸如国际条约、法理、政策、指导性案例、协议和章程之间作出选择。如果立法者在法条中表达了此种意愿,那么至少在立法层面,就发生了习惯之法源问

---

① 参见苏力:《当代中国法律中的习惯——一个制定法的透视》,《法学评论》2001 年第 3 期。

② 参见许中缘:《论商事习惯与我国民法典——以商事主体私人实施机制为视角》,《交大法学》2017 年第 3 期。

题。而在法律运行层面,习惯之法源问题的发生,往往不以立法者之意志为转移,而受到诸如立法质量高低、法条与现实之间的契合程度、司法者的权限大小等多种因素的影响。基于对法治的追求,对当事人合理预期的保护等考虑,习惯在现代各国法律上通常占据着次位法源的地位,而在例外情况下则拥有首位法源地位。当代中国对习惯之法源地位的选择,符合建设法治社会的时代任务和世界各国的立法通例。

第二节 前民法典时代习惯的法源地位及实然趋势

一、"习惯不能拥有首位法源论"之批判

当下学界普遍认为,习惯即便在现代社会拥有法源地位,也仅能在制定法之后屈居补充法源地位。对此,可称为"习惯不能拥有首位法源论"。例如,有学者提出,在法律规定的情况下,习惯可以作为一种补充法律的辅助渊源。在未经国家认可之前,习惯不能作为正式的法律渊源。① 此种观点在当下中国处于通说的地位。② 但是很显然,此种观点既不符合现代世界各国的法源格局,也不符合当代中国的法源现状。

在现代判例法系国家,习惯完全可以超越制定法和判例成为首位法源。"在英国,'习惯'是直接的法源,地方或商业习惯决定着某种事项是否有违普通法的特别规定。"③虽然有人争辩说,在判例法系国家,习惯只是位于法律和

---

① 参见郑成良主编:《法理学》,高等教育出版社 2012 年版,第 68 页。

② 参见葛洪义:《法理学》(第 4 版),中国人民大学出版社 2015 年版,第 261 页;沈宗灵主编:《法理学》(第 4 版),北京大学出版社 2014 年版,第 269—270 页;舒国滢主编:《法理学导论》(第 2 版),北京大学出版社 2012 年版,第 84 页;高其才:《法理学》(第 2 版),清华大学出版社 2011 年版,第 78、90 页;姚建宗主编:《法理学》,科学出版社 2010 年版,第 59 页;孙国华、朱景文主编:《法理学》(第 3 版),中国人民大学出版社 2010 年版,第 230 页。

③ 罗筱琦、陈界融:《交易习惯研究》,《法学家》2003 年第 5 期。

判例之后第三位序的法源。"除判例和法律这两个丰富的英国法渊源外,第三个渊源是习惯(custom)。这第三个渊源极为次要,不能与前两者相比。"①但是,此种声音毕竟仅是少数之论,因为众所周知,像英国这样的判例法系国家,其宪法也是由习惯及一些宪法性文件构成的。一定要有大量的制定法,甚至是若干部法典摆在面前才能有信心生活下去,这样的观念对于判例法系国家是陌生的。

在现代法典法系国家,习惯原则上只能位于制定法之后作为补充法源。但这决不意味着,在特定事项上,它不可能超越制定法成为首位法源。②例如在如下七种情况下,习惯完全可能取代现成的制定法成为首位法源:其一,在立法有规定的情况下,立法者进行自我克制主动选择习惯作为首位法源。例如1899年3月9日颁布、1975年最后修订的《日本商法典》第1条规定:"关于商业,本法无规定的,适用商业习惯法,无商业/商事习惯法时,适用民法。"③其二,在不违背法律强行性规则的前提下,当事人约定适用某种特定习惯作为其法律行为的首位法源。例如2005年10月24日通过的《最高人民法院关于审理信用证纠纷案件若干问题的规定》第2条规定:"人民法院审理信用证纠纷案件时,当事人约定适用相关国际惯例或者其他规定的,从其约定;当事人没有约定的,适用国际商会《跟单信用证统一惯例》或者其他相关国际惯例。"其三,在适用制定法将导致严重的不合理、不正义,而适用习惯将减轻甚或避免此种不合理不正义的情况下,习惯可以超越制定法成为首位法源。其四,在特定的事项上,习惯比制定法规定得更加具体细致,且不违背法律强行性规则,此种习惯也可以超越制定法取得首位法源。其五,特定地区、行业、领域、团体的成员对习惯比制定法更加熟悉、信赖,即使对特定事项规定的具

---

① ［法］勒内·达维德:《当代主要法律体系》,漆竹生译,上海译文出版社1984年版,第362页。

② 当代中国,早有学者观察到,在特定的情况下,习惯可能置换法律而成为实然层面的首位法源。参见杨心宇主编:《法理学导论》(第2版),上海人民出版社2006年版,第140页。

③ 《日本商法典》,丁耀堂译,高作宾校,法律出版社1982年版,第2页。

体程度与制定法一样，习惯也可以替代制定法成为首位法源。其六，虽然适用制定法不会导致严重的不合理、不正义，但适用习惯比适用制定法及其他诸如判例、条约、政策、法理、学说等所作出的裁判的法律效果及社会效果更优，习惯也可能超越制定法成为首位法源。其七，虽然适用制定法与适用习惯可以获取同样合理、正义的裁判，达到同样的法律效果及社会效果，但适用制定法的司法成本远远高于适用习惯，此时习惯可以成为首位法源。

"近来各国民商法的法例中，多承认习惯法的补充效力，并且有规定'法令得就特殊事项承认习惯的变更效力'。"①因为现代各国立法者深知，在一些特定事项上，让制定法来规范，不仅成本过高，而且还不可能，不如留待现成的或将要发生的习惯来规范，更加适宜和经济。例如在土地租赁、物权、债权（利息计算）、物之买卖、租赁物修缮、雇佣、委任、代理、行纪、寄托、物品运送、不动产所有权、普通地上权、农育权、典权等民商事领域，而且，在水利行政和土地行政领域，也有出现了习惯超越制定法成为首位法源的现象。② 如表2-2所示。

表2-2　习惯作为首位法源的条款

序号	法规名称	所在条款	条款内容
1	1803—1804 年制定、1904 年 1 月 1 日修正的《法国民法典》	第 1777 条	离开土地的承租人对于替代其耕作之人，应为其留下翌年耕作所需适用的房舍及其他便利的设备；在替代其耕作之人方面，亦应为其留下贮存草料和残余收获物所需适用的房舍及其他便利的设备。在前一情形或后一情形，均应从当地的习惯。
2	1899 年 3 月 9 日颁布、1975 年最后修订的《日本商法典》	第 1 条	关于商业，本法无规定的，适用商业习惯法，无商业习惯法时，适用民法。

① 李达：《法理学大纲》，法律出版社 1983 年版，第 123 页。
② 该现象也为其他学者在美国采矿法和水利法中所观察到。参见［美］E.博登海默：《法理学：法律哲学与法律方法》（修订版），邓正来译，中国政法大学出版社 2004 年版，第 496 页。

续表

序号	法规名称	所在条款	条款内容
3	1950 年 3 月 3 日通过的《中华人民共和国婚姻法》(已废止)	第 5 条第 1 项	男女有下列情形之一者,禁止结婚:一、……其他五代内的旁系血亲间禁止结婚的问题,从习惯。
4	1962 年 1 月 15 日颁布的《韩国国际私法》	第 28 条	对于商事的各项具体问题,如果本章无其他规定,则适用商业惯例。如果也无此类商业惯例,应适用民法。
5	1992 年 11 月 7 日通过的《中华人民共和国海商法》	第 53 条第 1 款	承运人在舱面上装载货物,应当同托运人达成协议,或者符合航运惯例,或者符合有关法律、行政法规的规定。

注:①上述法规按通过或颁布时间先后排序。

②外国法条除序号 2 外均引自北大法宝数据库 www.pkulaw.com/。

众所周知,从是否允许行为人按照自己的意愿自行设定权利和义务的角度,法律规则可以分为强行性规则和任意性规则,前者不允许行为人自行设定权利及义务,而后者则允许行为人在法律许可的范围内通过协商自行设定权利及义务。① 诚然,习惯通常不能抵触强行性规则,但是却可以超越任意性规则,其中的强行性习惯规则甚至可以优先于行为人之间的协议得到适用而被认为拥有客观效力。② 因此,对于不违背法律强行性规则的强行性习惯规则而言,其法源位序可能是:习惯、协议到制定法。

即便是对于法律强行性规则,习惯也并非在所有情况下都不能与之抵触从而绝对不可能超越其直接拥有首位法源地位。其实对于这个问题,学界的争论从来就没有停止过。"在承认习惯法具有法源效力的情况下,是承认习惯法具有改废既存的成文法的效力,还是仅限于承认其对成文法没有的部分

---

① 参见朱景文主编:《法理学》(第 4 版),中国人民大学出版社 2021 年版,第 279 页;王泽鉴:《民法总则》(修订本),北京大学出版社 2009 年版,第 39 页。

② 对于当事人应当知道的强行性习惯规则,即使未予以约定,仍对之发生效力。例如 2009 年 2 月 9 日通过的《最高人民法院关于适用〈中华人民共和国合同法〉若干问题的解释(二)》第 7 条规定:"下列情形,不违反法律、行政法规强制性规定的,人民法院可以认定为合同法所称'交易习惯':(一)在交易行为当地或者某一领域、某一行业通常采用并为交易对方订立合同时所知道或者应当知道的做法"。

的补充性效力,更是一个重大的法哲学上的争论问题。"①就多数识见——他们常常打着维护形式法治的旗号——而言,习惯绝对不能超越法律强行性规则而直接成为首位法源,法律强行性规则是习惯不能突破的一根红线。从表面上看,此种观点似乎非常有理,因为如果习惯能够超越法律强行性规则,那么势必破坏一国法律体系的一致性和统一性,导致行为人以习惯叫板制定法,执法者和司法者以习惯挠曲制定法甚至破坏制定法。这样,不仅法律的一致性、统一性得不到保证,而且执法及司法的可预期性也得不到保证。

但是仔细分析,上述流行识见其实大谬不然。首先,如果习惯在所有情况下都不能超越法律强行性规则而直接成为首位法源,那么习惯作为一种具有特定理念、理想、价值和原则的规则,就难以发挥着对一国法律的理念、理想、价值和原则上的补充、校正功能,而只能在法律划定的领域内对之进行非实质性的修修补补。习惯对一国法律的此种非实质性、非本体性进入,无论如何是对习惯应有功能的贬损,也不符合法律理论家与实务家将之引入一国法律的深层期待。② 其次,即使习惯突破法律强行性规则直接成为首位法源,造成一国法律内部的矛盾冲突,我们也要区分此种矛盾冲突的严重程度,例如是发生在哪个层面,矛盾冲突的面积有多大等。如果仅仅是造成了法律内部的表层冲突,那么通过适当的修法技术来予以消除;如果造成了一国法律内部的深层冲突,那么既要考虑习惯本身在理念、理想、价值和原则等方面的问题,也要反思制定法在相关方面的问题,例如是不是制定法本身有严重的不合理、不正义的地方,不能一出问题就思维定势似地或者单向度地认为是习惯的问题。如果一出问题就假定是习惯有问题,那么就有可能放过发现纠正制定法严重不合理、不正义缺陷的机会。再次,公民、执法者,尤其是司法者一定要消除这样的一种观念,这就是即便是发现制定法严重不合理、不正义的时候,也僵化地

---

① [日]我妻荣:《新订民法总则》,于敏译,中国法制出版社 2008 年版,第 16 页。
② 参见李可:《民间习惯进入国法的本体障碍——以当代中国法治为背景》,《青海民族研究》2012 年第 2 期。

固守法律划定的红线而不敢越雷池一步。这种严格规则主义观念其实是近代欧陆机械法学在法学理论及实务上的反映,它造成的后果是公民、执法者及司法者对制定法严重不正义的迟钝甚或熟视无睹。实际上,法律设置强行性规则的目的不仅是捍卫人类的某种普适性价值,而且也是为了推进、改进、丰富和发展这些普适性价值,当然,最根本的目的是为了形成、促进和提高一国公民的幸福生活,或者至少避免某些人为的苦难。当代司法最重要的功能已不在于机械司法,而在于反思立法及生活中的严重不正义,反思法律划出的那条红线的合理性及正义性。如果司法丧失了此种反思能力,那么现代国家设置立法、执法和司法三种权力的意义也就近乎灰飞烟灭。

可能正是意识到这些,现代法律思想史上,即便是拥有强烈国家主义情怀的规范分析法学之代表人物的凯尔森也认为,习惯可以超越制定法,进而成为首位法源。他说:"规范可以被习惯,即被违反该规范的习惯所废除,正如它可以被习惯所创造一样。"①至于那些国家主义情结比较温和的学者,例如博登海默,也就大都倾向于认为习惯可以超越制定法成为首位法源。他也提出,古老过时的法规让位于某种在社会习惯中表现出来的新的活法。② 当下中国,也有学者指出:"某种习惯是不是合法并不一定构成其能否成为法源的标准。"③

二、"习惯不能拥有首位法源论"之溯因

经验表明,一种抵触事实、逻辑和价值的观点能够得到长期的、大面积的流传,肯定是有深刻的历史与现实原因的。那么,"习惯不能拥有首位法源

---

① ［奥］凯尔森:《法与国家的一般理论》,沈宗灵译,中国大百科全书出版社1996年版,第135页。

② 参见[美]E.博登海默:《法理学:法律哲学与法律方法》(修订版),邓正来译,中国政法大学出版社2004年版,第499页。

③ 彭中礼、金梦:《论具体习惯成为法源的判断标准》,载谢晖、陈金钊主编:《民间法》(第十一卷),厦门大学出版社2011年版,第33页。

论"发生的原因是什么呢？或者说,它是如何发生的呢？刘作翔教授在一次讲座中谈到,当代中国的法律渊源分类及其内容确定受到博登海默《法理学——法哲学及其方法》的影响。① 前辈的发现为我们指出了寻找"习惯不能拥有首位法源论"发生原因的方向。

循着当代中国的习惯法源论溯源,我们发现,它深刻地受到李达在《法理学大纲》的下述观点的影响:习惯法是位于成文法、判例法之后的第三位序的法源。② 虽然李达及其著作在"文革"期间受到不公正的对待,但作为中国第一位且在当时影响最大的马克思主义法理学家,他的法律思想在新中国成立前后、至少在前述博登海默《法理学——法哲学及其方法》被引入之前,对中国马克思主义法理学的影响无疑也是最大的。而李达法理思想的直接来源是日本学者穗积重远的法律实证主义,最终来源则是欧陆的国家主义法学,并且用同样产自欧陆的马克思主义方法论加以改造。③ 例如在谈到法律与国家的关系时,他曾自述道:"国家是法律的形体,法律是国家的灵魂。法律是实现国家目的的工具,是发挥国家机能的手段。法律是附丽于国家而存在的。有国家必有法律,有法律必有国家。历史上没有无国家的法律,也没有无法律的国家。"④可想而知,在此种国家—法律观之下,习惯还有可能在例外情况下成为首位法源吗?⑤ 如果说在新中国成立之前,由于当时的国民政权是总体上亲美的资产阶级政权,李达的思想和观点尚受到压制的话,那么在新中国成立后,由于他担任一系列与法学教育关系密切的职务及新中国政权建设的意识

① 参见刘作翔:《特殊条件下的法律渊源——关于习惯、政策、司法解释、国际条约(惯例)在法律中的地位以及对"非正式法律渊源"命题的反思》,《金陵法律评论》2009年春季卷。

② 参见李达:《法理学大纲》,法律出版社1983年版,第21页。

③ 1928年,李达翻译了日本法学家穗积重远的《法理学大纲》。参见李达:《法理学大纲》,法律出版社1983年版,第1页。

④ 李达:《法理学大纲》,法律出版社1983年版,第15页。

⑤ 同样秉持国家—法律观的我国台湾地区学者,也坚持习惯只能在成文法之后屈居补充法源的地位。参见曹竞辉:《法理学》,昌明法学丛书之十三,1983年版,第14页。

形态需要,他的思想和观点就被之后的中国法理学界乃至法学界全盘接受下来。①

例如由万斌教授编著的、新中国成立后较早将"法律渊源"列为一目的法理学教材,就承袭了李达的上述观点,不仅坚持习惯效力国家认可说,而且也将习惯列为非正式的补充法源。② 其后,国家教委高教司编的《法理学教学大纲》,代表官方立场,也对李达的上述观点予以了强调,提出"在当代中国,只有法律承认其有效的习惯,才能作为补充制定法的渊源"③的论断,从而对当时在市场经济初创时各类习惯规则超越制定法成为首位法源的现象视而不见。自此之后,中国的法理学教材对习惯之法源地位的认知及定位几无变化。④ 只有少数学者对前述"通说"进行了试探性的、小心翼翼的修正,例如提出"没有法律的规定和认可,习惯也可以成为非正式法律渊源"的论断,但仍加上了须"被引为判决依据"之限制;⑤认为"习惯则是经过长期的历史积淀而形成的一种为人们自觉遵守的行为模式,这种行为模式获得社会成员或统治者的认可,成为习惯法,但具有了法律的约束力,因而便具有了法的效力,成为法的渊源之一"⑥。诚然,这些论断相对于"通说"而言,在事实、逻辑和价值面前迈进了一大步,但是仍然没有注意到下述事实,即有时法院是不得不而

---

① 也有人提出,新中国成立后学界对法律渊源(及习惯法源地位)的态度受到苏联的影响。(参见葛洪义主编:《法理学》(修订版),中国政法大学出版社 2002 年版,第 267 页)但是从总体上看,李达的观点与苏联学者的观点在本质上并无二致。(参见[苏联]杰尼索夫:《国家与法律的理论》(下册),方德厚译,中华书局 1951 年版,第 415—416 页)

② 参见万斌编著:《法理学》,浙江大学出版社 1988 年版,第 232 页。

③ 国家教委高教司编:《法理学教学大纲》,高等教育出版社 1994 年版,第 56 页。

④ 参见孙国华主编:《法理学》,中国人民大学出版社 1994 年版,第 400 页;沈宗灵主编:《法理学》,高等教育出版社 2009 年版,第 308、320—321 页;李步云主编:《法理学》,经济科学出版社 2000 年版,第 232 页;陈金钊主编:《法理学》,北京大学出版社 2010 年版,第 432 页;郑成良主编:《法理学》(第 2 版),高等教育出版社 2012 年版,第 64 页;朱景文主编:《法理学》,中国人民大学出版社 2021 年版,第 256 页。

⑤ 参见郑成良主编:《现代法理学》,吉林大学出版社 1999 年版,第 57 页;姚建宗编著:《法理学:一般法律科学》,中国政法大学出版社 2006 年版,第 104 页。

⑥ 江伟、李宁主编:《法理学教程》,吉林人民出版社 2008 年版,第 79 页。

不是可以自由决定引习惯为判决依据(例如第一部分所述的其一、其二两种情形),有时国家也是不得不而不是可以凭好恶认可某一特定习惯,否则正常的社会秩序就出现混乱甚至难以维系。

　　新中国成立后中国学界的"习惯不能拥有首位法源论"还受到苏联国家与法的一般理论的直接影响,虽然后者与前述李达的理论在本质上并无区别。作为第一部被译入新中国的苏联国家与法的一般理论的著作,《马克思列宁主义关于国家与法权理论教程》在法权渊源(即法律渊源)一章中,虽然辟专节承认习惯的法源地位,但提出:首先,有法意义的习惯是随同国家的形成及强制而产生的;其次,有法意义的习惯是为法院或国家的其他执法机关承认的那部分;再次,只有在法律规定适用习惯的事项上,不与现行立法抵触的习惯才能得到法院的认可;最后,习惯仅是苏维埃的例外法源。一句话,核心的观点仍是习惯效力国家认可说和习惯补充法源论。① 而其后译入新中国的诸如《马列主义关于国家与法权理论教程》均沿袭了上述观点,②对前述博登海默《法理学——法哲学及其方法》译入之前的新中国法学界发生着直接而广泛的影响。值得一提的是,在前述《马克思列宁主义关于国家与法权理论教程》前译入中国的《苏联国家法教程》一书则干脆对习惯的法源地位避而不谈。③

　　在博登海默的《法理学——法哲学及其方法》被译入中国后,至少是对于不满足苏联及大陆法系法源理论的学者来说,有着直接而显著的影响。即使

---

　　① 参见[苏联]苏联科学院法学研究所:《马克思列宁主义关于国家与法权理论教程》(第3版),中国人民大学马克思列宁主义教研室译,中国人民大学出版社1954年版,第468—471页。

　　② 参见[苏联]苏联科学院法权研究院:《马列主义关于国家与法权理论教程》(上),中国人民大学马克思列宁主义教研室译,中国人民大学出版社1953年版,第142页。

　　③ 参见[苏联]苏联科学院法学研究所:《苏联国家法教程》(上册),彭健华译,大东书局1951年版,第4页。

是对于固守苏联及大陆法系理论的学者来说,也是一种不得不正视的理论。①因为博登海默在其著中提出:"所谓非正式渊源,我们意指那些具有法律意义的资料和考虑,这些资料和考虑尚未在正式法律文件中得到权威性的或至少是明文的阐述与体现。尽管无需在这方面作详尽无遗的列举,但我们仍将非正式渊源分为正义标准、推理和思考事物本质(natura rerum)的原则、个别衡平法、公共政策、道德信念、社会倾向以及习惯法。"②与苏联及大陆法系的法源理论相比,在博登海默的上述安排中,习惯法的命运并未得到改善,相反,首先,它仍是非正式法源,其次,它还被殿于所有非正式法源等级序列之末。当然,值得庆幸的是,作为一位综合法学家,博登海默的法源理论在一定程度上是反法律实证主义,并进而是反对习惯效力国家认可说的。③由于博登海默的著作是改革开放后较早被译入中国的英美法系法理学作品,同时作为综合法学的代表人物之一,博登海默在该著对西方法律思想史作了一个概略的介绍,更由于他的法源理论至少在分类及内容确定上与当时中国学者所能接触到的及既有的法源理论基本一致,故该著一出,即大受中国学者的欢迎,赞同

---

① 例如沈宗灵主编:《法理学》,高等教育出版社 2009 年版,第 303 页;孙笑侠主编:《法理学》,中国政法大学出版社 2008 年版,第 78 页;葛洪义主编:《法理学教程》,中国法制出版社 2000 年版,第 329—330、336 页;李步云主编:《法理学》,经济科学出版社 2000 年版,第 214、232—233、238 页;杨心宇主编:《法理学研究:基础与前沿》,复旦大学出版社 2002 年版,第 116—118、125 页;陈金钊主编:《法理学》,北京大学出版社 2002 年版,第 145、149、163 页;张文显主编:《法理学》(第 2 版),高等教育出版社 2003 年版,第 67—68 页;孙笑侠主编:《法理学导论》,高等教育出版社 2004 年版,第 252 页;郑成良主编:《法理学》,高等教育出版社 2012 年版,第 68 页;刘作翔主编:《法理学》,社会科学文献出版社 2005 年版,第 91 页;谢晖、陈金钊:《法理学》,高等教育出版社 2005 年版,第 391、393、398、407—408、410—413 页;朱力宇主编:《法理学原理与案例教程》,中国人民大学出版社 2007 年版,第 73 页;高其才:《法理学》(第 4 版),清华大学出版社 2021 年版,第 77 页。

② [美]埃德加·博登海默:《法理学——法哲学及其方法》,邓正来、姬敬武译,华夏出版社 1987 年版,第 396 页。

③ 例如,与我们前面类似,博登海默也列举了五种适用非正式渊源的情形,即正义公平的基本要求、强制性要求、占优势的要求、正式法源解释呈现不确定性、正式法源缺席。参见[美]埃德加·博登海默:《法理学——法哲学及其方法》,邓正来、姬敬武译,华夏出版社 1987 年版,第 396 页。

之声不绝,被引率更是一路走高。①

最后,不能忽视的是,前述"习惯不能拥有首位法源论"还受到我国台湾地区学者,尤其是民法学者有关习惯法源之观点的影响。从 20 世纪 80 年代起,我国大陆法学界掀起了一股介绍、学习我国台湾地区法学理论热,其最高潮是王泽鉴的《民法学说与判例研究》、杨仁寿的《法学方法论》和谢在全的《民法物权论》分别于 1998 年、1999 年在中国大陆出版。② 其后,史尚宽的《民法总论》《债法总论》《物权法论》《亲属法论》《继承法论》《债法各论》、曾世雄的《民法总则之现在与未来》《损害赔偿法原理》、黄茂荣的《法学方法与现代民法》《债法总论》、黄立的《民法总则》《民法债编总论》、《王泽鉴法学全集》等著作陆续在我国大陆出版,对我国大陆学者产生了直接而深刻的影响。③ 我国台湾地区学者多有留学欧陆的背景,在方法论上更是以欧陆折中的法律实证主义为范型。在对待习惯之法源问题上,与前述李达、苏联及作为综合法学家的博登海默相去不远。

例如,王泽鉴在《民法总则》中说:"法源指法的渊源,其义多歧,在本书系指法的存在形式而言。第 1 条明定民法的法源为法律、习惯及法理;前者为制定法(成文法),后二者为不成文法,是为直接法源。此外尚有所谓间接法源,指判例及学说而已。"④对于该条(指前述 1929 年 5 月 23 日中华民国发布的《民法》第 1 条,下同)的解读是,既然立法规定法律所未规定者,依习惯,那么法律已有规定时,没有适用习惯的余地,进而推论出习惯之补充法源地位。与

---

① 对当代中国法理学教材的影响已如前述,而对当代中国法学论文的影响,更是无出其右者。登录中国知网(cnki.net/),进入社会科学 I 辑下的法学类,检索条件为被引文献"法理学"——法哲学及其方法 & 博登海默,显示有 7474 条被引记录,检索时间:2018 年 5 月 2 日。

② 详细情况参见许章润:《多向度的现代汉语文明法律智慧——台湾的法学研究对于祖国大陆同行的影响》,《比较法研究》2003 年第 6 期。

③ 当然,在两岸关系恢复正常的 20 世纪 90 年代初,大陆与台湾之间就有法学家互访和法学著作互换等学术交流活动,但这主要局限在两岸最著名的或者素有历史渊源的法学院之间,对大陆其他法学院及学者没有产生太大影响。

④ 王泽鉴:《民法总则》(修订本),北京大学出版社 2009 年版,第 35—36 页。

此同时,王泽鉴认为前述民法第 1 条以外条文中的"习惯"仅指事实上的习惯而非作为法源的习惯。表面上,王泽鉴认为习惯法之成立,只需普通人之确信心,而无须国家认可,但从他对民法第 1 条及其他习惯条款的解读中不难看出,他遵循的实质上仍是国家认可说的戒律。① 杨仁寿在《法学方法论》中对民事相关规定第 1 条及其他习惯条款的解读,与王泽鉴相同。不仅如此,在习惯是否可以超越制定法成为首位法源的问题上,杨仁寿坚决否认之,他说:"习惯法虽亦为'法',惟'民法'不认其有'破'成文法之效力。"②在谈到民事相关规定之法源时,史尚宽说:"民法之法源者,构成民法法规之一切法则也。大别之为制定法及非制定法。制定法可分为法律、命令、自治法、条约四种。非制定法可分为习惯法、判例、法理三种。""习惯法者惯行社会生活之规范,依社会之中心力,承认其为法的规范而强行之不成文法也。""一九○七年瑞士民法第一条始明定习惯法对于成文法有补充之效力。"③虽然史尚宽关于习惯法源地位所述不多,但不难看出,在他眼中,在现代法律上,习惯万无超越制定法占据首位法源之可能。在是否须有国家认可,习惯才能享有法源的问题上,黄茂荣的态度比较暧昧,他仅表态说:"对于人民主张立法权之独占,也涉及'习惯法'之法源地位的承认问题。"④但国家是否应独占立法权进而习惯是否有修正国家制定法效力之问题上,他并未明确表态,虽然他从总体上倾向于习惯应有修正国家制定法之效力,从而与我国台湾地区大多数学者坚持的习惯法源地位国家认可说分道扬镳。不过,他却自问道:"习惯法在实际应用上的困难是,如何认知其发生之构成要件业经满足。比较实际的标准,常常是

---

① 参见王泽鉴:《民法总则》(修订本),北京大学出版社 2009 年版,第 46、48 页。

② 杨仁寿:《法学方法论》,中国政法大学出版社 1999 年版,第 205—208 页;杨仁寿:《法学方法论》(第 2 版),中国政法大学出版社 2013 年版,第 271 页。

③ 史尚宽:《民法总论》(第 3 版),正大印书馆 1980 年版,第 5—6 页;史尚宽:《民法总则释义》,会文堂新记书局 1936 年版,第 7—9 页。

④ 黄茂荣:《法学方法与现代民法》,中国政法大学出版社 2001 年版,第 3 页;黄茂荣:《法学方法与现代民法》(第 5 版),法律出版社 2007 年版,第 4 页。

经由法院在裁判中引用,甚至将之宣称为已演成习惯法。"①

很显然,我国台湾学者的上述解读总体上是法律实证主义的,②与前述欧陆法律实证主义及博登海默的法源理论如出一辙。③

三、当代习惯法源地位之返正

"习惯不能拥有首位法源论"由来已久,其背后有牢固的习惯法国家认可说及国家制定法优越论作为支撑,因此一时难以从人们的观念中予以拔除。当一种观念根深蒂固之后,它常常可以罔顾事实、逻辑和价值而自顾前行。虽然其中的少数人意识到此种观念的不切实际性,但囿于各种考虑及社会学上的从众心理,最终也未能揭穿这"皇帝的新装"。有时甚至是,坚持一种错误的观念成为一种为意识形态服务的必需,不如此则无以表明自己学说的政治正确性。当盲从代替了思考,利益超越了理智,一种错误的观点也就可以畅通无阻了。例如,如果从逻辑上看,前述王泽鉴、杨仁寿等人对于我国台湾地区民事相关规定第 1 条的解读是有问题的。他们从"法律所未规定者,依习惯"之前提,推论出"法律已设规定时,即无适用习惯的余地",进而最终得出"习惯仅有补充法律的效力"及补充的法源地位。④ 如果以 A 代表法律,以 B 代表习惯,那么我国台湾地区民事相关规定第 1 条之立法模式的逻辑结构是"无 A,则 B"($-A$,B),王泽鉴、杨仁寿等人认为可以从中推论出,"有 A,则无 B"

---

① 黄茂荣:《法学方法与现代民法》,中国政法大学出版社 2001 年版,第 7 页;黄茂荣:《法学方法与现代民法》(第 5 版),法律出版社 2007 年版,第 12 页。

② 其他我国台湾地区学者对于习惯法源问题的论述简单,且多与王泽鉴、杨仁寿、史尚宽等人相似。只有少数人的观点与王泽鉴、杨仁寿、史尚宽等人相左,但对我国大陆学者影响甚微。例如姚瑞光:《民法总则论》,中国政法大学出版社 2011 年版,第 12—15 页;杨日然:《民法第一条之研究》,载郑玉波主编:《民法总则论文选辑》(下册),五南图书出版公司 1984 年版,第 206—220 页;王伯琦编著:《民法总则》,中正书局 1963 年版,第 4—5 页;洪逊欣:《中国民法总则》(全一册),大东书局 1958 年版,第 26—30 页。

③ 对于我国台湾地区学者之解读在逻辑、事实及价值上的问题,后文将予以单独讨论,此处从略。

④ 参见王泽鉴:《民法总则》(修订本),北京大学出版社 2009 年版,第 46 页。

(A,−B)。但"无 A,则 B"(−A,B)并不必然蕴含"有 A,则无 B"(A,−B)这一逻辑后果。也就是说,(−A,B)之反面(A,−B)并不必然成立。如图 2−1 所示:

王泽鉴、杨仁寿的逻辑推论

$$(-A,B) \Rightarrow (A,-B)$$

真实的逻辑推论

$$(-A,B) \neq (A,-B)$$

$$(-A,B) \in (A,-B) \vee (A,B)$$

图 2−1　逻辑推论过程图

为什么不成立? 其实还有它事实上的依据,因为一切逻辑都不是凭空发生的。固然,法律没有规定的,依习惯,但这只是表明了一种情形,并不意味着另一种情形,即法律有规定时,习惯就不会被考虑甚至不会得到优先适用。表 1−1 列举的诸多法条已经表明,在法律有规定时,习惯得到了优先适用。可能是对人们的这一反驳有所预料,王泽鉴、杨仁寿等人在作出前述推论性判断后,紧接着又提出,在法律有规定时得到优先适用的习惯不是作为法源之习惯(即习惯)而仅是作为事实之习惯,并佐以比较法上的论据。但我国台湾地区民事相关规定除第 1 条以外各条中的习惯仅是作为事实之习惯吗?[①] 我们来看前述表 1−1 中的习惯,可以发现,哪一项不涉及当事人的权利义务,并具有相应的假定—处理结构? 无论是"有法律和习惯,法律不适用之"还是"有法律和习惯,从习惯"的法条表达,都表明了立法者对习惯作为首位法源地位之特指式或具体认可,它们与第 1 条之概括式或一般认可构成了例外与原则、抑或个别与一般、具体与抽象之间的呼应关系,并且表达了民法对于特殊事项的灵活处理

[①] 值得注意的是,在其后的思考中,王泽鉴亦为自己在此的绝对论作出了修正,认为我国台湾地区 2015 年 6 月 10 日修正的民事相关规定第 757 条"物权除依法律或习惯外,不得创设"中的"习惯"也是习惯法,从而在其前述逻辑推断中打开了一个缺口。虽然他仍然坚持前述习惯效力国家认可说,但已明显感觉有所松动。因为他意识到,此处的"习惯"抑或他所称的"习惯法"并不一定需要法院予以认可;更何况,即使由此产生纠纷而诉诸司法,法院所需作的乃是查明人们对此种习惯物权是否拥有法的确信而非赋予其国家强制力。参见王泽鉴:《民法物权》(修订本),北京大学出版社 2009 年版,第 34—35 页。

态度及立法者的自我克制立场。其实,在王泽鉴及杨仁寿的习惯理论中有一个始终未能处理好的问题,即如何判断一种习惯是否具有法的确信之要件? 王泽鉴求助于比较法上的事实,即瑞士民法典的法条结构及体系,再借助体系解释的方法得出我国台湾地区民事相关规定第 1 条(及第 2 条)之外的其他法条中的习惯系作为事实之习惯,从而回避了谁可以行使上述判断权的问题。① 与之相比,杨仁寿和黄茂荣则直率得多,他们直接将此种判断权拱手交给法院,但也回避了法院授予习惯以法律效力与查明习惯有法律效力这两个不同的问题。② 退一万步讲,即便我们认可王泽鉴和杨仁寿的结论,仍有三个问题直面他们:问题一,即作为国家认可的习惯(即习惯法)与作为事实之习惯中间,是否存在一个中间性概念,即作为规则之习惯,人们可借由此种习惯自行或交由非官方的中立第三方解决纠纷,确认权利义务及责任? 问题二,王泽鉴提出"凡是与成文法相抵触的习惯,均不能认其有法的效力"之"习惯顺从论",③如何解释立法允许习惯抵触成文法之任意性规则的现象,又如何解释司法在个别情况下依据新法优于旧法之原则承认新的强行性习惯规则超越旧的强行性成文规则的现象?④ 问题三,如何区分作为法源之习惯与作为立法授权优先效力之习惯?

回到当下我国大陆学界急需解决的问题上来,即如何理解 2017 年 3 月 15 日通过的《中华人民共和国民法总则》(以下简称《民法总则》)第 10 条的如下规定:"处理民事纠纷,应当依照法律;法律没有规定的,可以适用习惯,但是不得违背公序良俗。"⑤该条在立法模式及逻辑构造上与前述我国台湾地区民事相关规定第 1

① 参见王泽鉴:《民法总则》(修订本),北京大学出版社 2009 年版,第 47—48 页。

② 参见杨仁寿:《法学方法论》(第 2 版),中国政法大学出版社 2013 年版,第 269 页;黄茂荣:《法学方法与现代民法》(第 5 版),法律出版社 2007 年版,第 12 页。

③ 关于此种"习惯顺从论"之发生史介绍,参见杨日然:《民法第一条之研究》,载郑玉波主编:《民法总则论文选辑》(下册),五南图书出版公司 1984 年版,第 208 页。

④ 参见刘得宽:《民法总则(理论与实用)》(修订新版),五南图书出版公司 1982 年版,第 14 页;刘得宽:《民法总则》(增订 4 版),中国政法大学出版社 2006 年版,第 16—17 页。

⑤ 对于该条及其中的法源,尤其是习惯之法源问题,当下中国学界缺乏应有关注。进入中国知网 cnki.net/,检索条件为篇名"民法总则",在 2017 年 3 月 15 日至今发表的 572 篇文献中,只有 12 篇文献与习惯之法源直接或间接相关,检索日期为 2018 年 5 月 2 日。

条相似,但同时糅合了后者第 2 条的内容。① 由于前述原因,当下我国学者对于该条的解读仍是带有严重的实证主义甚或国家主义痕迹。例如一些人完全遵循前述王泽鉴及杨仁寿等人的解释路径,将该条中的习惯解为"作为法源之习惯"(即习惯法),而其他条款中的习惯解为"作为事实之习惯",并在同时完全忽视了与该条具有相同立法模式及逻辑构造的 2007 年 3 月 16 日通过的《中华人民共和国物权法》(以下简称 2007 年《物权法》)第 85 条,②从而陷入就某一法条而论法条,或者就某一立法文本而论立法文本的"局部解释"之困境。③ 一些人认为该条及民法总则只规定全国人大及其常委会制定的法律及认可的习惯为民事法源,④而忽视了该条后半句及民法总则第 143 条第 3 款对于民事法源的提示。⑤ 依体系解释,从上述诸条完全可以得出民事法源除了上述两种外,至少还包括公序良俗和行政法规的强制性规定。⑥ 最典型的是有人从民法总则第 10 条的规定推论出与前述王泽鉴、杨仁寿同样的结论,即"一旦法律有了明确的规定,就再无习惯的适用余地",⑦而罔顾在法律有明确的规定下,习惯得到优先适用之法条的存在。其实,对于某一法条的理解,绝对不能局限于该法条,而应结合所在法律文本中其他法条及其他法律文本进行整

① 我国台湾地区民事相关规定第 2 条:"民事所适用之习惯,以不背於公共秩序或善良风俗者为限。"

② 该条规定:"法律、法规对处理相邻关系有规定的,依照其规定;法律、法规没有规定的,可以按照当地习惯。"

③ 参见彭诚信:《论〈民法总则〉中习惯的司法适用》,《法学论坛》2017 年第 4 期;彭诚信、陈吉栋:《论〈民法总则〉第 10 条中的习惯——以"顶盆过继案"切入》,《华东政法大学学报》2017 年第 5 期;肖明明:《民法总则中"习惯"的体系性解释与适用》,《人民法院报》2017 年 12 月 13 日,第 7 版。

④ 参见梁慧星:《〈民法总则〉重要条文的理解与适用》,《四川大学学报(哲学社会科学版)》2017 年第 4 期;于飞:《民法总则法源条款的缺失与补充》,《法学研究》2018 年第 1 期;贾翱:《〈民法总则〉中二元法源结构分析及改进对策》,《辽宁师范大学学报(社会科学版)》2018 年第 2 期。

⑤ 《民法总则》第 143 条第 3 款规定:"具备下列条件的民事法律行为有效:……(三)不违反法律、行政法规的强制性规定,不违背公序良俗。"

⑥ 实际上,《民法总则》第 5—7 条、第 11—12 条还分别规定了协议、公平、诚信、自治条例及单行条例、国际条约及惯例等作为正式法源。

⑦ 孟强:《民法总则中习惯法源的概念厘清与适用原则》,《广东社会科学》2018 年第 1 期。

体的、全面的、体系的理解。就某一孤立的法条而论法条,是对前述欧陆法律实证主义的方法论倒退。令人担忧的是,持此种国家主义法学风格的解释路径的学者,不在少数。

在习惯的法源,尤其是习惯是否能拥有首位法源的问题上,我们如欲返回正途,至少应当澄清如下两个基本事实或观念:其一,在该问题上,法院所能做的是查明人们对某一特定习惯是否拥有法的确信进而已经是习惯法,而不是代表国家认可该习惯进而使之成为(作为国家法之一部分的)习惯法。"习惯法系指非立法机关所制定,而由社会各组成分子所反复实施,且具有法的确信的规范。"①其二,习惯超越国家制定法成为首位法源,并不是对后者地位的挑战,而是对法律上公民权利的拓展及对国家制定法的功能补充。习惯具有补充效力与其拥有首位法源地位是两个不同的问题,彼此并不矛盾。前者是指习惯在一国法律体系中,其功能、作用及效力是处于辅助的、非中心的地位,习惯无意、也不能取代国家制定法成为规范现代社会生活的主要行为规范,而只是在国家制定法无意、不能或不值得规范的领域发挥功用;后者是指习惯在特定的事项上,可以超越国家制定法,成为人们安排自己的行动、解决彼此的纠纷之首选规范,而且司法机关也可以在特定条件下以之为首选法源解决此类纠纷。具体到当下中国大陆,还必须确立如下第三个观念,即前述 2007 年物权法第 85 条也是对习惯法源地位的规定,其中的习惯与民法总则第 10 条的习惯含义相同,并不能因为其前附加了"当地"二字就否定其法源资格,②而且该条也没有丝毫排斥习惯在特定事项上超越制定法成为首位法源的可能。

当然,对于习惯法源地位的返正,需要得到更多的学者的支持及呼吁,才能驱散"习惯不能拥有首位法源论"的观念阴影。我们在此主要是清除此种

---

① 施启扬:《民法总则》,中国法制出版社 2010 年版,第 55 页。

② 至于立法者附加"当地"二字的原因,参见刘作翔:《特殊条件下的法律渊源——关于习惯、政策、司法解释、国际条约(惯例)在法律中的地位以及对"非正式法律渊源"命题的反思》,《金陵法律评论》2009 年春季卷。

观念上的障碍,至于习惯超越制定法成为首位法源的行政及司法案例,将在以后的研究中深入展开。

第三节　民法典时代习惯的法源地位及可能趋势

《中华人民共和国民法典》(以下简称《民法典》)第 10 条确立了习惯作为法源在民法体系中的地位,侧面印证了我国在移植西方法律的同时,逐渐回归本国传统、兼顾本国民俗,开启了民法典时代的新纪元。[1] 王利明认为:"《民法典》吸收了习惯这一法源,使其渊源保持开放性,从而丰富了其渊源,更加彰显其完备性。"[2]

在"重刑轻民"的法律传统下,古代中国民法发展屡弱,但并没有影响社会有序发展。据学者考察,"礼"的泛化和各种民事习惯在其中发挥了不可估量的作用。[3] 现代中国对西方法律移植的缺陷逐渐显露出来,很多法律的直接引用无法融入中国本土社会,出现极大的不洽。例如,媳妇无需承担对公婆的赡养义务很大程度无法为民众所接受。时至今日,民事习惯依旧为民众熟练地运用,影响人们的思维方式、行为模式,在调解民间纠纷中发挥出极大的作用。例如民间在房屋买卖民事行为中对"凶宅"的心理忌讳,法院在判决时则会通过对"凶宅"的告知情况判断房屋买卖合同的效力。[4] 然而在法制现代化的过程中,对西方的法律移植导致中国法面貌全非,许多民事习惯被天然忽视,并未引起民法学者的关注。例如"正月不讨债"的民事习惯,债务人为图

---

① 《中华人民共和国民法典》第 10 条规定:"处理民事纠纷,应当依照法律;没有法律规定的,可以适用习惯,但是不得违背公序良俗。"

② 王利明:《民法典的体系化功能及其实现》,《法商研究》2021 年第 4 期。

③ 参见陈本寒、艾围利:《习惯在我国民法体系中的应有地位》,《南京社会科学》2011 年第 6 期。

④ 参见广东省清远市清城区人民法院(2018)粤 1802 民初 8800 号民事判决书。

好彩头,一般正月不讨债,而在除夕夜之前算账讨债。

民法典相对于民法通则,将"习惯"确立为民法的法源。① 实际上,立法者正是看到民事习惯在调整纠纷中的作用与价值,保证民法典开放性的应有举措,也是习惯作为法源传统的一次回归。例如,司法实践中处理相邻关系可以按照当地习惯。②

"但有权利必有救济"是公民权利救济的基本要求,也是民法作为权利法最显著的特征。③ 实体法具有稳定性、单一性等特点,在权利救济上不可能面面俱到,尤其是我国幅员辽阔、民族众多,很难全面适用,成为衡量一切纠纷的准据法。而将习惯引入民法法源,则可以弥补此类缺陷,既可以保证民法体系的整体稳定,也可以及时化解纠纷,对权利进行救济。

民法典出台前,民法通则并未将习惯列入法源,民法总则确立了习惯作为法源的地位,民法典则进一步予以固定。④ 习惯相对于国家法处于何种法源地位,目前学界尚无定论,普遍的共识是习惯充当国家法的补充法源,具有末位法源的地位。⑤

一、民法典背景下习惯的法源地位

民法典背景下,习惯可以成为民法的法源,但并非所有的习惯都可以成为民法法源,也并非所有的习惯都是民法意义上的习惯。高其才、陈寒非认为习

---

① 《中华人民共和国民法通则》第 6 条规定:"民事活动必须遵守法律,法律没有规定的,应当遵守国家政策。"

② 《中华人民共和国民法典》第 289 条规定:"法律、法规对处理相邻关系有规定的,依照其规定;法律、法规没有规定的,可以按照当地习惯。"

③ 参见江国华:《无诉讼即无法治——论宪法诉讼乃法治之精义》,《法学论坛》2002 年第 4 期。

④ 《中华人民共和国民法总则》第 10 条规定:"处理民事纠纷,应当依照法律;法律没有规定的,可以适用习惯,但是不得违背公序良俗。"

⑤ 参见颜运秋、张坦:《论习惯在民法典中的地位》,《湘潭大学学报(哲学社会科学版)》1995 年第 4 期。

惯分为事实性习惯与规范性习惯,民事习惯主指规范性习惯。① 相对于国家法,学者针对习惯的法源地位一直存有争论,且认为习惯只有被赋予国家权威才是习惯法的观点是不对的。孙国华认为:"习惯法是国家认可某种习惯具有法律效力。"②

(一)学界对民法典背景下习惯法源地位变化的争论

习惯法源地位的存在与否的观点,往往受不同法学学派和本国立法国情的影响。一般而言,实证主义法学、规范法学认为只有法律予以确认的习惯才具有法源地位;而历史法学、社会法学则认为习惯在一定程度上是具有法源地位的。

我国坚持成文法传统,早在民法总则出台之前,对于我国习惯法源地位的争论就一直存在。姜大伟认为,至少在民事立法上,法律没有明确习惯的补充法源地位。③ 艾围利也认为,应该明确习惯的法源地位,为民事习惯发挥补充调整作用提供法律依据。④

而民法典确定习惯的法源地位后,习惯相对于国家法,处于何种法源地位,学界则有不同的争论。围绕学者争论,对习惯法源地位的观点主要有以下三种:第一,三位阶民法法源模式,其认为民法法源分为三种,分别是制定法、习惯、法理,习惯居于第二位,在法理之前。⑤ 其中由于没有明确法理的法源地位,但是可以通过民法原则在司法实践中进行运用。我国《民法典》所规定的"法律—习惯—基本原则"依旧可以起到与域外法所规定的三位阶民法法

---

① 参见高其才、陈寒非:《调查总结民事习惯与民法典编纂》,《中国法律评论》2017 年第 1 期。

② 孙国华主编:《法学基础理论》,法律出版社 1982 年版,第 41 页。

③ 参见姜大伟:《论民事习惯在民事立法中的合理定位》,《学术交流》2013 年第 1 期。

④ 参见艾围利:《论民事习惯的法律地位及其立法思考》,《南京师大学报(社会科学版)》2008 年第 3 期。

⑤ 参见杨立新:《塑造一个科学开放的民法法源体系》,《中国人大》2016 年第 14 期。

源体系相同的效果。① 第二,有学者认为民法法源有四种法源类别,分别是成文法、习惯、判例、学理,习惯则位于成文法之后,判例与学理之前,居于第二位。② 第三,法律规范分为规则与原则两种,法律规则以一种"全有或者全无"的方式被适用,而法律原则不是,习惯内嵌于民法典"规则—原则"的二元类型化之中。③

　　另外,近代分析实证主义认为,习惯只有被赋予国家权威才是习惯法。本书认为,这种观点是错误的。第一,依据马克思主义理论,"随着法律的产生,就必然产生出以维护法律为职责的机关——公共权力,即国家"④。国家只是上层建筑组织形式由部落转化更为完备的组织的产物,与法律没有前后的必然联系。此外"法律"不应该专属于国家范畴,法律社会学家埃利希认为"国家认可"并不是一种规范成为法律规范的必要条件。⑤ 第二,法的确信,对国家权威的批判。习惯与成文法最大的区别在于成文法由国家确定,具有国家权威,而习惯的效力来源于社会民众的遵从和支持,但不一定要获得国家承认。早期很多普遍适用的习惯,在法学家经过整理编撰后,通过国家机关的发布或适用成为了成文法,很多成文法就是习惯演变过来的。例如民法禁止一定范围的血亲结婚,实际是最早源于血缘禁忌,演化为"同姓不婚"的风俗习惯,最后通过法律条文的形式固定下来。⑥ 因此,国家权威的认定并不是习惯效力存在与否的条件,而在于是否有法的确信。笔者认为,习惯只有被赋予国

---

① 参见刘亚东:《〈民法典〉法源类型的二元化思考——以"规则—原则"的区分为中心》,《北方法学》2020 年第 6 期。

② 参见贾翱:《〈民法总则〉中二元法源结构分析及改进对策》,《辽宁师范大学学报(社会科学版)》2018 年第 2 期。

③ 参见刘亚东:《〈民法典〉法源类型的二元化思考——以"规则—原则"的区分为中心》,《北方法学》2020 年第 6 期。

④ 《马克思恩格斯选集》(第 3 卷),人民出版社 2012 年版,第 260 页。

⑤ 参见陈本寒、艾围利:《习惯在我国民法体系中的应有地位》,《南京社会科学》2011 年第 6 期。

⑥ 《中华人民共和国民法典》第 1048 条:"直系血亲或者三代以内的旁系血亲禁止结婚。"

家权威才是习惯法的观点是不对的。

(二)民法典背景下习惯法源地位的变化

相对于民法典颁布之前,民法典背景下习惯法源地位的变化主要体现在三个方面:"传统回归"对习惯法源地位的肯定;"二元一体"法源地位的确立;法源类型化的差序调适地位。

1."传统回归"对习惯法源地位的肯定

在法的发展过程中,存在一条由禁忌到习惯,习惯到惯例再到国家法的发展路径。在政治国家形成之初,禁忌已经开始进化为习惯,因而此时习惯是法之唯一渊源;在政治国家逐渐发育后,习惯开始进化为国家法(成文法)。[①] 如赫尔佐克认为:"法的源头是习惯法,这是一种社会性常规。"[②]沃克认为:"普通法大部分是以接受和一般化全国或广泛流行的习惯为基础的;英国普通的、一般的习惯变成了普通法。"[③]"德礼为政教之本""礼法并用",古代中国很多礼俗一直沿用至今,广泛应用于民间民事行为之中。例如汉族男女双方结婚前,男方通常需要给予女方家庭一定的彩礼,实际是古代"六礼"的延续。[④]

由此可以看出,习惯作为调整规范,在历史上发挥了重要作用,而且现今也没有完全退出历史舞台。以前在法律移植的过程中忽略了习惯的作用,但其在民间一直有适用空间,肯定其法源地位,既是传统的回归、保证民法体系的开放性,也是体现民族性、新时代内涵的赋予。

2."二元之一体"复合型法源结构下次位法源地位的确立

习惯与国家法之间经历了一场从"混沌到分离再到混合和分离"的过程。在制定法出现之政治国家初期,习惯与国家法混沌不分,浑然一体;制定法出

---

① 参见李可:《习惯法:理论与方法论》,法律出版社2017年版,第139页。

② [德]罗曼·赫尔佐克:《古代的国家:起源与统治形式》,赵蓉恒译,北京大学出版社1998年版,第344页。

③ David M.Walker,Custom,The Oxford Companion to Low,Clarendon Press,1980,p. 327.

④ 六礼具体有:纳采、问名、纳吉、纳征、请期、亲迎。参见《仪礼·士昏礼》。

现后的整个古代社会,习惯和国家法逐渐走向分离。① 现代国家形成了一种以习惯为代表之非正式规则与国家法为代表之正式规则之间的二元化规制理念。例如《法学词典》认为,习惯法是"不成文法"的一种,指国家认可并赋予法律效力的习惯。② 我国台湾地区法学家黄源盛也论及,"自有人类社会以来,'规范'即随之而生,社会不断进化,规范的类型和职能也在变化当中;其中影响最大者,要属'法律规范'……是从道德、礼俗、习惯等规范逐渐分离而来,具有强制性"③。

依据形式标准对法源进行划分是最常见的划分方法,民法典第 10 条正是确立了习惯相对于国家法作为非正式规则的二元一体复合型法源结构下的次位法源地位。当国家法出现缺位时,习惯往往作为补充法源而存在。

3.法源类型化的差序调适地位

一般情况下,习惯相对于国家之静态规则体系,只能作为"次选"甚至"末选"待命于国家法之后,而且在总体精神和基本原则上不能与国家法产生冲突。这表明习惯法源地位的尴尬境地。

民法典背景下部分学者提出对习惯作为民法法源的类型化分类,以确保司法实践中习惯适用的效力。其中彭中礼教授认为:"法律渊源可以分为必须的法律渊源、应该的法律渊源和可以的法律渊源。"④笔者认为,习惯与法律同时存在时,则应分析习惯属于何种法源类型,一般情形下习惯属于应该的法律渊源与可以的法律渊源,特殊情形下属于必须的法律渊源。根据不同情形确定习惯相对于国家法是否处于优位法源。例如,司法实践中有外嫁女不参与父母遗产分配的判决,表明国家法在特殊情形下也会让位于习惯,习惯处于

---

① 参见李可:《习惯法:理论与方法论》,法律出版社 2017 年版,第 143 页。
② 参见《法学词典》编委会:《法学词典》(增订版),上海辞书出版社 1984 年版,第 52 页。
③ 黄源盛:《中国法史导论》,广西师范大学出版社 2014 年版,第 13 页。
④ 彭中礼:《法治之法是什么——法源理论视野的重新探索》,《北京航空航天大学学报(社会科学版)》2013 年第 1 期。

优位法源的地位。①

(三)民法典背景下习惯二元差序化法源模式构建

由上可知,无论是"二元一体复合型法源模式",或者类型化后的"差序化法源模式",单独运用并不能做到逻辑周延,完全全面地解决法律与习惯的法源地位问题。因此,围绕民法典时代"习惯"法源地位模式的构建,主要解决的是两个维度上的矛盾:一是横向维度无法律是否可以适用习惯的问题,也就是"二元一体复合型法源模式";另一个是纵向维度法律和习惯同时存在,习惯何时优先适用的问题,也就是"差序化法源模式"。

二元差序化法源模式的构建,首先在无法律的情况时,应当考虑习惯的适用以防止民事权利救济的真空;之后法律与习惯同时存在时,民法典第 10 条表述是"应当依照法律",此表述表明并不是所有的情形都是法律保持优先适用的地位,而是通常情形下法律优位,特殊情形下法律也可以让位于习惯从而习惯优位。这样才能打破国家法地位优于习惯的惯性,避免强行适用法律违背民俗习惯、超出民众判决预期的情形。例如"彭宇案"一审判决,引发了老人摔倒扶不扶的全网大讨论。② 因此,在差序化调适的过程中,应当对习惯类型进行分类,根据其适用效力的强弱分为必须的习惯法源、应该的习惯法源与可能的习惯法源。由此产生三种情形:第一,必须的习惯法源,相对于法律应当优先适用,国家法让位于习惯,习惯处于优位的法源地位,例如"庄某请求郭某返还不当得利纠纷案"中,辽宁省铁岭市中级人民法院认为依据当地传统习惯与民风民俗,原审被告杨某的婚姻介绍费不属于不当得利,而是作为媒人获得的合理报酬。③ 第二,应该的习惯法源,相对于法律应当由法官衡量后决定何者优先适用,对此由提出优先适用习惯的一方承担举证责任,如"徐甲

---

① 参见广东省广宁县人民法院(2017)粤 1223 民初 266 号民事判决书。
② 参见南京市鼓楼区人民法院(2007)鼓民一初字第 212 号民事判决书。
③ 参见辽宁省铁岭市中级人民法院(2021)辽 12 号民终 995 号民事判决书。

与徐乙婚约财产纠纷上诉案"法官衡量后适用了习惯判决返还部分礼金。①
第三，可能的习惯法源，相对于法律一般不予优先适用，处于末位法源的地位。

二元差序化法源模式相对于二元一体复合型法源模式，对法官的专业素养提出了更高的要求。二元差序化法源模式需要法官判断习惯是否优先适用，从而摆脱国家法优位的司法惯性。明确提出适用习惯的一方当事人承担举证责任，则可以平衡相关主体的证明责任。②

二、民法典背景下习惯法源地位的发展趋势

民法典出台前并未明确习惯的法源地位，而目前学者提出的法源地位模式并不能很好地应对实践中出现的各类情形，本书以构建的"二元差序化法源模式"为基础，分析法观念发展规律、当下立法趋势、实然法源体系、应然法源理论、法律继承、市民社会等方面中习惯法源地位的可能趋势。

（一）从法观念发展规律看民法典背景下习惯法源地位的发展趋势

法学家对法的观念认知经历了三个变化，分别是自然法观念、规则法观念和"活的法"观念。规则法相对于自然法，认为国家法才是真正的法，它是一种规范体系，而不是所谓的符合自然规律；而"活的法"相对于自然法与规则法，其对法的认知则进入了更深刻的阶段，摆脱了法律必须是规则条文、局限于形式的限制，更加关注法的内涵与现实价值，肯定了日常生活中那些不成文、却起到规范人们行为的风俗、习惯、禁忌等的作用与价值。③

纵观来看，从自然法观念、规则法观念到"活的法"观念，对于习惯地位认知的看法，正是经历了肯定阶段—否定阶段—否定之否定阶段。而这种认知

---

① 参见上海市第一中级人民法院(2014)沪一中民一(民)终字第 1590 号民事判决书。
② 参见《民事诉讼法》第 67 条第 1 款规定："当事人对自己提出的主张，有责任提供证据。"
③ 参见严存生主编：《西方法律思想史》，法律出版社 2015 年版，第 6—8 页。

也是随着法学研究深入逐步发展的,我国民事立法过程中对习惯的法源地位的态度也是从否定到否定之否定。因此,民法典时代民事立法、民事司法等方面也将会逐步稳定和巩固习惯的法源地位。根据统计,《民法典》中"习惯"二字共出现19次,表明习惯的法源地位越发受重视。①

(二)从目前立法趋势看民法典背景下习惯法源地位的发展趋势

任何法律体系的构建在寻求社会幸福的可欲性同时,必须扎根时代的"土壤",这种矛盾带来的张力恰恰是与所处时代的社会环境、风俗习惯、人文观念分不开的。尤其是古代中国作为"礼法合一"的国家,依靠风俗习惯维系社会秩序显得尤为重要,在当时所处的时代,习惯是具有积极意义的。古代礼法制度很好地促进了财产继承、血脉维系、家族和谐、社会稳定,使得很多文明、理念得以弘扬,尤其是礼法观念深入人心,具有不可撼动的地位。如哈特在论及社会规则与习惯的特征中提道:"社会规则除了外在面向之外,尚有内在面向,而外在面向是与社会习惯所共享,并且外在面向表现于观察者所能够记录之规律统一行为。"②而现代意义政治国家的建立,"天赋人权""人民主权""人人平等"等现代法治理念广泛普及,从而构建出新的现代化法律体系。由此看出,习惯或是国家法的适用,都以社会发展要求为前提。

我国现阶段虽进入改革深水区,但地区发展不均衡、民族差异性局面依旧存在,习惯在民间具有强大的统治力和生命力,例如,民间每年"春运"期间的运费涨价。当下国情,习惯与国家法互为弓弦、彼此影响,为了服务依法治国国家战略的需要,国家法应加强与习惯的相容度与配合度。对于符合民间价值选择,满足公众预期,与国家法理念不冲突且国家法不方便硬性规制的领域,应该大胆进行习惯适用,以谋求国家法与习惯适用范围与适用程度的和谐

① 参见陈洪磊:《〈民法典〉视野下我国民族民事习惯的司法运用——基于235份裁判文书的分析》,《华中科技大学学报(社会科学版)》2021年第5期。
② [英]哈特:《法律的概念》,许家馨、李冠宜译,法律出版社2018年版,第110—111页。

有序。

民间习惯成为国家法以条文的形式被明确采纳和认可，即进入国家法体系之中演进为"习惯法"，多采用"援习入典"的方式成为国家法的一部分。从其被动地进入国家法静态体系的一面来看，这种"援习入典"方式可称为民间习惯对国家法之"嵌入"。① 从形式上看，当代中国以全国人大"集权式立法"为主，港澳特别行政区和民族自治地方"自治式"为辅的"主立法模式"也为此种"援习入典"方式提供了制度空间。尤其是我国现行的民族区域自治制度为自治地方的人大根据本地实情吸纳民族习惯进入自治条例和单行条例中，提供了比较充分的制度保障。在"自治式立法"中，民间习惯自然拥有广阔的进入空间；而"集权式立法"也并不一律排斥民间习惯之进入，其主要通过"概括性条款"为民间习惯之进入提供可能的制度空间。例如，承租人优先购买权中近亲属除外的情形，实际是国家法对民间不动产买卖"先问亲邻"民事习惯的吸纳。

（三）从目前实然的法源体系看民法典背景下习惯法源地位的发展趋势

我国实际的民法法源有两大类，分别是制定法和习惯，其中制定法主要有七类。② 整体来看，习惯相对于制定法具有末位法源与补充法源的地位，往往让位于制定法。而制定法无法做到全然周延，因此习惯有其适用的空间，二者在各自的领域发挥作用，互为补充。

而在实践层面多采用以下四种方法对习惯进行改造与引用。一是"援习入释"，法官在司法实践中可以借法律解释之名，将民间习惯纳入法律规范之

---

① 参见眭鸿明：《习惯自在调整与习惯的法律化》，《山东大学学报（哲学社会科学版）》2007年第6期。

② 制定法七类分别是：一是宪法中的民法规范；二是民法典及民事单行立法；三是国务院制定发布的民事法规；四是地方性法规、自治条例和单行条例；五是规章中的民事规范；六是最高人民法院民事解释规范性文件；七是国际条约中的民法规范。

后以发挥裁判民间纠纷之作用。尤其是法律文本中的授权性条款、不确定性概念、法律原则和法律政策等一般规范存在更大的解释空隙,法官可以视具体个案之需要便宜行事,将个案情景包含之习惯纳入其中,以达到协调民情与国家法之裁判目的。① 更何况在当下中国司法解释中,最高法院早已明确将"公序良俗"的"良俗"界定为"良习"。② 二是"援习入判",法官还可以以司法解释之名而依据法理甚至径直将民间习惯纳入司法审判中,以达到协调民情与国家法的目的。③ 例如 2005 年山东省青岛市的"顶盆过继案",青岛市中级人民法院法官在判决时认为该民间习俗未违反法律的强制性规定,对维护社会关系稳定性具有积极作用,从而维持了原判。④ 三是"援习入调",即将民间习惯引入民事调解之中,例如"海绒草场纠纷案"中,调解组经过深入走访与考察,最终肯定与采纳了牧民实践过程中形成的草场使用习惯。⑤ 四是行政处置,官方在行政上对习惯的处置主要是通过各种移风易俗之运动、干预各地乡规民约之规定、在行政执法和行政调解中处置或引入习惯等方式实现的。例如,我国西南边陲为应对毒品危害,则会把禁止吸食大烟、赌博写入寨规。⑥

(四)从应然的法源理论看民法典背景下习惯法源地位的发展趋势

应然法源,学界有不同看法。魏振瀛则认为,民法渊源包括制定法、习惯、

---

① 参见李可:《习惯法:理论与方法论》,法律出版社 2017 年版,第 169 页。
② 参见李可:《现行民商法中"习惯"分布规律与功能特征》,《暨南学报(哲学社会科学版)》2020 年第 3 期。
③ 参见李可:《习惯法:理论与方法论》,法律出版社 2017 年版,第 171 页。
④ 参见青岛市李沧区人民法院(2005)李民初字 3460 号民事判决书;青岛市中级人民法院(2006)青民终字 206 号民事判决书。
⑤ 参见扎洛:《社会转型期藏区草场纠纷调解机制研究——对川西、藏东两起草场纠纷的案例分析》,《民族研究》2007 年第 3 期。
⑥ 云南省澜沧县糯福乡南段老寨 1995 年的寨规第 1、2 条规定:"不准吸食大烟"和"不准赌博"。参见张晓辉、王启梁:《民间法的变迁与作用——云南 25 个少数民族村寨的民间法分析》,《现代法学》2001 年第 5 期。

判例和法理四种。① 杨立新认为民法的法源有三种,一是法律,二是习惯,三是法理。② 新时代以来某些纠纷和社会现象无法通过法律和习惯来解决,尤其是社会出现新的事物无法进行规制的时候,法理的作用也凸显出来。③ 目前来看,我国暂且没有将法理作为民法的渊源,但司法实践中有一定运用,主要是担心判决中引用学者理论,导致标准不一出现价值背离的情况。④

在司法实践中,很多案例表明法官会运用习惯与法理指导审判工作,调解民事纠纷。例如"江苏无锡冷冻胚胎案"的二审判决,我国立法层面对"冷冻胚胎"的法律性质并没有明确规定,二审法官则运用法理将其界定为"人"与"物"的过渡存在,可以被继承,并照顾"白发人送黑发人"的风俗民情进行了判决。⑤

因此根据适用效力来判断,习惯的法源地位可以分两种情况考虑:一般情况下属于末位适用地位,特殊情况下的优先适用地位。

(五)从形成市民社会的角度看民法典背景下习惯法源地位的发展趋势

习惯往往是市民社会自发形成的,发展演变其内在规律,并且具有强大的势能与惯性,并非个人意志而产生,也不会因个人意志而消亡,它往往代表着整体意志的考量与选择。特别是我国各地有着各种各样的民风民俗,相应的民俗习惯往往带有不同的民族禁忌。随着生产力的发展,人们交往方式的改变,根植于市民社会土壤的习惯或逐步消亡,或被改造以适应新的情形。另

---

① 参见贾翱:《〈民法总则〉中二元法源结构分析及改进对策》,《辽宁师范大学学报(社会科学版)》2018 年第 2 期。

② 参见杨立新:《塑造一个科学、开放的民法法源体系》,《中国人大》2016 年第 14 期。

③ 参见胡玉鸿:《新时代推进社会公平正义的法治要义》,《法学研究》2018 年第 4 期。

④ 参见杨立新:《塑造一个科学、开放的民法法源体系》,《中国人大》2016 年第 14 期。

⑤ 一审判决认为冷冻胚胎属于人不可被继承,二审判决认为属于"人"与"物"的过渡存在,可以被继承。参见江苏省无锡市中级人民法院(2014)锡民终字第 01235 号民事判决书。

外,市民社会也有可能催生新的习惯,尤其是市场经济时代,会演化出更多降低交易成本、方便合同订立的商业习惯。如电子商务、虚拟货币、云支付等新技术的应用,则会产生新的交易习惯。立法的滞后性并不能很好地适应技术革新带来的新局面,往往需要具有规则意义的习惯进行规制。

当下体现最多的,便是村规民约。村民在自治过程中会形成各种村规民约,虽然不同于法律,但是对村民具有一定的约束力,甚至在移风易俗方面的作用超过国家法。例如,西双版纳州勐海县勐遮镇曼恩村常受边境毒品的危害,村民自治小组通过《禁毒村规民约》在禁止村民吸食、买卖、制作毒品,防止村民种植毒品原植物等方面发挥了巨大的作用。① 村规民约主导的习惯,往往达成了共识,为村民所遵守,一旦违反则会受到一定的处罚。虽然习惯没有法律的适用范围广,但是在特定区域,约束力的效果可能比国家法要好。

(六)从法律继承看民法典背景下习惯法源地位的发展趋势

传统中国的家国一体国家观,既植根于其经济社会结构,又强化于伦理政治文化传统,最后还与文化原理同构同理,并获得国家法制和社会规范的维护与支持。② 散落在民间的习惯规则,往往承载着文化传统,最能反映民族特性与气质,是区别于世界其他民族的独特性所在,也是反映面向 21 世纪、体现具有中国特色民法典之所在。民事立法、民事司法实践过程中对符合公序良俗、民俗习惯的采纳与应用,既可以填补国家法适用范围的不足,也可以保障民法体系的开放性。特殊的民间规则更多地反映了本民族对人与人、人与社会、个体与国家、人与自然关系的思考与凝练,例如,民间很多家庭的女儿出嫁后由于未与父母居住在一起,未对父母尽主要赡养义务,尔后则不再继承或少部分

---

① 参见唐家斌、熊梅、何瓦特:《论村规民约对基层治理的作用》,《原生态民族文化学刊》2020 年第 6 期。

② 参见张中秋:《传统中国法理观》,法律出版社 2019 年版,第 10 页。

继承父母遗产。① 这反映了个人与家庭关系的认知,司法实践中也会将此种民间规则考虑进来进行衡量。近代法制现代化过程中对西方法律的移植很容易"水土不服",出现违背伦理常识的情况。例如,祖父母对孙子女的探望权,侧面反映在借鉴西方独立家庭结构法律规定时缩小了中国独有的家庭代序范围。② 鉴于民事实践中由于大量上述情形的存在,习惯的作用逐渐凸显,我国立法层面、执法层面、司法层面应逐步重视传统习俗和民间规则,积极对习惯的法源地位作出科学预测。

民法典第 10 条对习惯作为法源地位的肯定体现了对民族传统、民俗风情的尊重,也是"面向 21 世纪"中国特色社会主义法治理念的集中彰显,充分体现了文化自信与民族自信。另外也保证了民法体系的开放性,避免国家法在权利救济上的真空,也使得符合公序良俗的民间规则得以承继。习惯相对于国家法的法源地位多处于补充与末位的境地,这并不是对其法源地位的轻视,而是根据适用范围、强制效力的正确分工与融合,也符合"自然法—规则法—活的法"的法律发展规律。"法律产生于民族精神(Volksgeist),由这个民族的文化传统和法律传统所构成。"③相信未来民事司法实践过程中,习惯作为民法法源将会为司法裁判、民事调解等提供更多的符合传统习俗、符合民族气质、符合中国民情的思路与契机。

---

① 受"嫁出去的女儿,泼出去的水"观念的影响,由于农村妇女出嫁后无法与父母同住从而无法尽主要赡养义务,因此在继承财产时不分或者少分。参见朱佳佳:《农村妇女继承权保护问题研究》,中国人民公安大学硕士学位论文,2019 年。

② 参见福建省德化县人民法院(2018)闽 0526 民初 2010 号民事判决书。

③ [葡]叶士朋:《欧洲法学史导论》,吕评义、苏健译,中国政法大学出版社 1998 年版,第 3 页。

第三章 司法运用中的习惯法：
基于 L 地区的考察

L 地区各个基层法院以及工作人员所持态度和看法差异较大,课题组对 L 地区各个基层法院的调解、判决、委托调解进行调研,得出 L 地区法院适用习惯的基本状况。同时指出了 L 地区法院适用习惯过程中存在的问题,并在考虑地方习惯影响的基础上,由特殊到一般,提出了优化习惯适用的相应措施。

第一节 "习惯"司法运用的现状考察

通过到 C 市法院、D 县法院、E 县法院、F 县法院、G 县法院等 B 地区的基层法院,采取座谈会、个别访谈、参与观察等方式,了解法官在民事案件调解和判决中对民事习惯的运用情况,以及到 H 市 I 区人民法院、J 区人民法院,通过问卷调查、与民事法官个别访谈的方式,了解法官在民事案件调解和判决中对民事习惯的运用情况。经过调查,法官们基本认为,在民事案件的判决中,主要依据国家的法律进行裁判,很少会用到民事习惯;而在民事案件的调解中,法官为提高调解的成功率,会用到一些民事习惯,特别是婚姻、继承等案件,但是调解笔录里基本不会体现,只是口头给双方当事人做调解工作时会讲到。根据 E 县人民法院的统计,继承案件的调撤率在 80% 以上,2010 年为 82.14%、2011 年为 86.67%、2012 年为 88.89%,婚姻案件的调撤率则更高在 90% 以上,2010 年为 95.57%、2011 年为 97.28%、2012 年为 96.04%。由此, 不难得出,民事习惯在该地区法院调解中运用得较多,但是在判决中运用得较 少。这一结论也可以从 B 地区法院系统创新调解机制(通过聘任诉讼调解助 理员,设立诉讼调解点)取得的成效得以证实。2009 年,G 县法院共调解各类 民事案件 873 件,结案 831 件,调解率达到 95.1%。其中,委托诉讼调解助理 员调解民事案件 425 件,结案 342 件,调解率达到 80.47%,调解案件诉讼标的 266.4 万元,特别是 K 法庭,2012 年受理案件 236 件,调解 233 件,仅诉讼调解 助理员调解结案 146 件,诉讼调解取得了非常好的成效。2009 年,F 县人民法 院在没有设立人民法庭的 9 个乡村司法所设立 9 个诉讼调解点,受理案件 265 件,全部调解成功。

从课题组收集到的案例来看,运用到民事习惯进行调解的案件类型主要 涉及离婚诉讼彩礼返还纠纷、继承纠纷、交易纠纷、轻伤害纠纷等;运用到民事 习惯进行判决的案件类型主要涉及离婚诉讼彩礼返还纠纷、离婚诉讼财产分 割纠纷等;诉讼调解点通过助理员调解的案件类型主要涉及婚姻家庭纠纷、邻 里纠纷、抚养费纠纷等。下面就收集到的典型案例论述如下:

一、民事习惯在法院调解中运用的案例

(一)离婚诉讼彩礼返还纠纷案

【调解案例一】原告甲方(女方)与被告乙方(男方)于 2014 年 5 月 14 日 登记结婚,在共同生活 15 天之后,被告就经常无故殴打、侮辱原告。原告无法 忍受被告的折磨,于 2014 年 7 月起诉离婚,被告答辩称,同意离婚但要求退还 彩礼。该案经过法官调解,最终达成调解协议。调解过程如下:

审判员问:法院就原告甲方、被告乙方间的婚姻纠纷进行开庭调解,双方

当事人对此调解有无异议？

原告答：在合法权利受法律保护的情况下同意调解！

被告答：同意调解！

审判员问：影响双方当事人婚姻关系的原因是什么？

原告答：我与被告于 2014 年 5 月 14 日依法登记结婚。我们间正常的婚姻关系维持了 15 天左右，之后被告常无故殴打我、侮辱我，我无法忍受他对我的折磨。

审判员问：被告，原告的叙述是否真实？

被告答：她说的事实不真实，我并没有打骂她，她不仅没有尽到作为妻子的义务，而且不尊重我父母，还嫌弃我、辱骂我。

审判员问：原告，被告的叙述是否真实？

原告：他说的不真实。我把他父母看得和自己父母一样并细心照顾他们的起居，更不可能出现辱骂他们的情况。

调解阶段：（审判员分别做思想工作）

向原告：在法律上男女平等，要相互尊重，冷静协调彼此的关系。而且，你们新婚不久，也花费了不少财力、精力。你作为女人应该多尊重你老公及其家人，改正自己的不足。虽然法律上规定男女平等，但在习俗习惯上，女人有尊重老公，听从老公安排，照顾男方父母的义务，你未尽到你作为妻子的义务，在你们婚姻关系破裂问题上，你有不可回避的责任，所以希望你听从你老公的话语，调解和好，回家好好过日子，毕竟"一日夫妻百日恩"。

原告答：我不愿意和好，被告所说情况与事实不符，我一向听从他的话语，尊重和照料他的家人，也一直尽到了自己作为妻子的义务。望贵院能依法准予离婚。

向被告：你是男人，法律上规定有照顾妻子的义务，而你不但没有照顾好她反而打骂她。这不仅不合乎法律，习惯上也不允许你打骂妻子，毕竟"一日夫妻百日恩"，你也好好想想，退一步海阔天空，最好回家好好过日子。

被告答:我同意和好,操办婚事也不容易,我也不希望双方都受伤。所以希望法官能协调我们和好。

(法官再次向原告进行调解):

法官:原告,被告希望和你和好,现在社会对离过婚的人还是会有很大的偏见,你们还年轻,以后的日子还很长,所以还是听我的话,回家好好过日子。

原告答:我不同意和好,我愿意返还 10000 元的礼金钱作为补偿。

法官:被告,你有何想法?

被告:既然她反对和好,那我同意接受原告的补偿金 10000 元,接受依法离婚。

该案件中,按照原《婚姻法司法解释(二)》的规定,原告不需要返还彩礼,但是依据当地的彩礼返还习惯,如果女方先提出离婚,那么女方就得返还男方给付的彩礼。可见,该案件中出现了当事人的习惯权利与法定权利融合在一起的情况,但是习惯权利与法定权利却是存在差异的,支持了习惯权利就意味着否定了法定权利,支持了法定权利就意味着否定了习惯权利。从法官对该案的调解过程来看,法官对民事习惯进行了变通性的运用,采取了一定的变通方案,通过调解,使得原告基于习俗,在要求离婚的前提下,愿意返还彩礼 10000 元给被告,而被告也同意在原告返还 10000 元彩礼的前提下离婚,由此双方达成了离婚调解协议。因此,该调解结果基于双方当事人的认同,使得法定权利向习惯权利做了恰当的让步,从而顺利进行了调解,既尊重了民事习惯,又执行了国家制定法,使得法定权利与习惯权利取得了妥协和融洽。

【调解案例二】原告甲某与被告乙某于 2003 年登记结婚,婚前乙某给甲某 5000 元彩礼,后双方不和,甲某起诉至法院请求离婚,在财产的分配上,被告乙某要求甲某返还彩礼 5000 元,甲某不同意,双方僵持,互不妥协。法院经审理,遂利用当地关于离婚时彩礼返还的民事习惯,即破坏婚约者应当退赔彩礼或返还嫁妆,辅之以原《婚姻法司法解释(二)》的规定与双方沟通,最终达成由原告甲某返还被告乙某彩礼 5000 元的调解协议。

该案件中,法官在调解的过程中,遇到了当地关于离婚时彩礼返还习惯与国家法存在差异的问题,但法官并没有利用国家法来否定习惯法,而是对习惯法进行了妥协和让步,采取了变通性的做法,在双方当事人认同法定权利的前提下,尊重习惯权利,从而顺利调解结案,使得这样的变通方案既尊重了习惯,也执行了国家法,通过调解在国家法与习惯法之间做了较好的调适。

(二)继承纠纷案

【调解案例三】原告甲某(老大)与被告乙某(老二)系两兄弟,1994 年父亲去世后,给两兄弟留下的一套 52 平方米的房屋,该房屋的价值是 74860 元。后因该房屋的继承问题发生争议。原告认为,依照继承法的规定,原告作为大儿子,有权按照法定继承,继承其父亲的房屋。被告认为,原告已经在结婚后就与父亲分家了,在分家时父亲已经分给了财产,父亲跟自己一起生活,按照当地民事习惯,在有生育几个儿子的情况下,在大儿子结婚时,大儿子就与父母分家,父母此时给大儿子分去财产,父母一般跟小儿子一起生活,死后房子归小儿子。因此,房子按照习惯是留给自己的,而且原告长年在外,没有照顾父亲,因此,不同意给原告继承遗产。法官在调解该案件过程中,通过释明的方式,向原告释明了该民事习惯具有一定的合理性,同时也向被告告知了法律上的规定,从而双方达成了调解协议,由被告向原告支付 2 万元作为补偿。

该案中,法官从当地老百姓都普遍认可和遵守这一习惯出发,分析了该民事习惯的内容具有一定的合理性,将其阐释为具有一定的公平正义性,从而化解矛盾、解决纠纷,是对民事习惯的一种释明性运用,是通过把习惯权利阐述为某种相关的法定权利或者法律原则的方式来进行运用的。

【调解案例四】原告甲某(老大,儿子)与被告乙某(老二,女儿)、丙某(老三,女儿)系三兄妹。其父母先后于 2010 年 7 月、9 月去世,去世后遗留的一套房屋一直由老二乙某占用,老三丙某先于父母于 2007 年 7 月去世,生有一女儿丁某。原告一直在外地工作,2011 年退休回老家,需要房子居住,于是向法院起诉要求分得父母遗留的房屋,理由是作为唯一的儿子,要继承父业,而且在两个妹妹结婚时,自己都出过钱,赞助过她们盖房子,并按照当地民事习惯"被继承人子女先于继承人父母死去的话,死亡子女的直系晚辈丧失继承权",认为丁某不具有继承权。丁某作为第三人参与到该诉讼中。通过法官的调解,最终达成了协议,即原告分得遗留房屋的60%,向被告乙某补偿25%,向第三人丁某补偿15%。

该案中,法官在调解的过程中,通过隐性运用民事习惯的方式,将习惯权利镶嵌于法定权利之中,把当地民事习惯与国家法共同作为调解的依据,从而实现了民事习惯的隐性运用,该种调解结果容易得到老百姓的认可,达到较好的调解效果,能更好地维持兄妹之间的亲情,较好地化解矛盾,维护社会的稳定。

（三）交易纠纷案

【调解案例五】原告甲某与被告乙某均系牧民,赶着各自的牛、羊在市场上易货或者出售时,原告甲某用10只羊换被告乙某的1头牛,经过双方讨价还价之后,原被告双方双手拍地,达成交易。该地区拍地的行为就表示双方成交并不得反悔。后原告甲某反悔,诉至法院,双方陈述不一致也无任何书面证据。该案法官在调解的过程中,就是充分利用了双方在市场上拍地的行为视为成交的交易习惯,使得双方达成了调解协议,取得了较好的效果。

该案中,"当事人双方在市场上拍地的行为就表示双方成交并不得反悔"这一交易习惯,法律上没有就此作出规定,但法官可以通过直接运用这一交易习惯的方式,来判断案件事实,以化解当事人之间的纠纷,能够得到当事人的认同,取得好的效果。因此,在一些市场交易中,当地得到普遍认可、执行的交易习惯可以直接用于纠纷的解决,有效弥补制定法的不足。

【调解案例六】在I区法院管辖区,群众在订立合同时,崇尚以中间人的形式订立合同,双方当事人会给中间人"茶钱",若合同未订立或出现其他情况致使双方不能履约，即使没有凭证，中间人也会如数退还"茶钱"。H 市 I 区法院受理过此类案件多起，即一方当事人在交与中间人"茶钱"若干之后，因另一方当事人无法履约而导致向中间人请求返还"茶钱"的案件。主审法官通过了解并询问当事人和中间人关于"茶钱"的习惯之后，根据原《合同法》第427 条的规定："居间人未促成合同成立的，不得要求支付报酬，但可以要求委托人支付从事居间活动支出的必要费用。"这样将习惯与法律结合，综合运用，使中间人返还"茶钱"，并最终形成调解协议。

该类案件，法院通过释明性运用民事习惯的方式，在调解中，将"茶钱"这种习惯权利阐述为居间人报酬权这样的相关法定权利，使得老百姓普遍认可的习惯得到遵守，从而化解矛盾，这样的调解结果既符合习惯法，也与国家法的相关规定相符，能取得较好的法律效果和社会效果。

（四）轻伤害纠纷案

【调解案例七】原告甲某系 A 自行车销售店的雇员，被告乙某系 B 自行车销售店个体工商户的儿子，刚参加完高考并考上大学。2009 年 7 月 10 日，有顾客到被告店铺看自行车，觉得价格上有些贵，就想去另一家店看时，原告就叫顾客，说这边也有，比那边便宜，B 自行车销售店店主就出来骂原告，说："你懂不懂礼，等他（顾客）离开再说也可以，在我店里你就拉客。"原告老板也出来，双方发生争吵，顾客由此离开了。后来，又来了一个顾客，直接进入了原告的 A 自行车销售店，被告此时则故意叫顾客，说那边自行车特别贵，到我这边来，被告叫完后，原告和店主就一起到被告店铺，在被告店铺门口与被告吵架，说："是人还是畜生？"并把被告店里面的十几辆自行车推倒、把玻璃门砸碎，被告过来阻止，由此，原告和被告打起来了。由于被告比较高大，用手把原告的脸部、鼻梁、耳朵、腰部等打伤。经法医鉴定为轻伤。后原告起诉到法院要求追究被告的刑事责任，并要求赔偿费用 16000 元。在法院的审理过程中，法官考虑到被告刚参加完高考并考上大学的情况，如果追究刑事责任，则不利于被告的发展和前途,也会进一步激化矛盾,通过充分利用当地民事习惯中的不能记仇、要慈悲为怀、以信善为荣等要求来化解矛盾纠纷,以及通过原告所在村的长者、传统习惯权威人士给原告和其父母做工作,最终以被告向原告赔偿1万元、2头羊化解了矛盾纠纷,原告向法院撤回诉讼。

该案中,法官充分利用了当地民事习惯中化解矛盾纠纷的习惯,即"不得记仇""节前要化解仇恨"等,较好地处理了有关轻伤害案件的矛盾纠纷,使得原被告放弃仇恨,握手言和,化解了矛盾,较好地维护了社会的稳定。

二、民事习惯在法院判决中运用的案例

(一)离婚案件中彩礼返还纠纷案

【判决案例一】原告甲某(男)与被告乙某(女)经人介绍后,双方于2011年10月21日办理了结婚登记手续,成为了夫妻。但结婚当日原告就辱骂被告,由此产生矛盾,夫妻关系一直不好。2012年1月4日,双方又吵架,被告回娘家,至今未归。原告于2012年8月20日向法院起诉要求与被告离婚,并要求被告返还原告婚前给付给被告的现金、戒指等彩礼钱14900元。被告答辩称,夫妻关系不和是原告引起的,从结婚之日起,原告就无故跟我吵架,由此产生矛盾,原告还逼我把怀孕4个月的孩子打掉,费用也不管,还是由我父母出的。我同意与原告离婚,但彩礼不同意返还。法院审理后认为,双方婚姻关系依法有效成立,受法律保护。双方自愿达成离婚合意,予以允许。原告要求被告返还彩礼14900元不合法,但部分可以支持,因为双方结婚后生活的时间不长,而且,原告家有五口人,生活来源主要是农业收入。被告不同意予以返还,也不宜全部予以认可。故判决,准许原被告之间离婚,同时被告返还原告彩礼3000元。

该案中,因为原被告双方已经办理了结婚登记手续,法院也没有明确认定原告婚前给付彩礼导致生活困难,因此,依据原《最高人民法院关于适用〈中

华人民共和国婚姻法〉若干问题的解释(二)》的规定,被告不同意返还彩礼的意见应得到法院的支持。但依据彩礼返还习惯,在结婚时间不太长的情况下,要返还彩礼。因此,依据彩礼返还习惯,原告有权要求被告返还部分彩礼。本案中,法院对彩礼返还习惯给予了应有的回应,在司法过程中法官对已经得到老百姓普遍遵守和内心认可的习俗给予了考量,最终在习俗与法律之间作出了妥协,这能避免国家法的僵化,挖掘习惯法的活力,使得双方当事人能够较好地接受判决,以化解矛盾纠纷,取得了较好的社会效果和法律效果。

【判决案例二】原告甲某(女方)、被告乙某(男方)于1995年建立恋爱关系,开始谈恋爱,并于1997年领取了结婚证。但原告甲某在结婚之前因与他人发生两性关系而怀孕,婚后生下一女孩,并随原、被告一起生活。婚后原、被告常常为一点小事而争吵。1999年,原告向人民法院起诉,要求与被告离婚。被告答辩称,同意离婚,但要求原告返还彩礼。法院经审理认为:原、被告在家庭生活中,因家庭琐事经常争吵,不能彼此相让,导致双方感情破裂。现原、被告均同意离婚,予以准许。对于原告甲某向被告乙某索要的彩礼,因双方结婚时间不长,故应酌情予以返还。原告甲某向被告乙某索要的彩礼包括2峰骆驼、5匹公马、4匹母马、1匹一岁马、4头犍牛、1头奶牛、1头一岁牛、2只山羊、9只绵羊、1辆摩托车(3600元)和现金10800元。原告分三次还清。

该案中,为了尊重和适用当地的彩礼返还习惯,法官将乙某基于习俗享有的权利,即基于习俗男方给予彩礼是为了与女方缔结婚姻关系,但婚姻关系如果被解除,给付彩礼的目的将落空,出于公平的考虑,男方有权要求女方返还彩礼,援引到"借婚姻索取财物"而产生的法定权利中,把习俗融入国家制定法中作为裁判的依据,从而将民俗习惯"隐性"地适用于司法裁判,使得习俗权利在司法裁判中得到了"隐性"的尊重和适用。虽然法官在对民俗习惯进行"隐性"适用时,借用了"借婚姻索取财物"的有关法律规则,有混同基于习俗给付的彩礼与借婚姻索取财物存在不同之嫌,其妥当性值得商榷,但从适用的结果上看,在一定程度上尊重了当地的风俗习惯,符合当地婚姻关系的实际情况。通过让甲某对自身的过错,即婚前与他人发生两性关系而怀孕并在婚后生下一女,承担退还所收全部彩礼的责任,保护了男方的利益;同时又基于甲某的实际经济状况,对甲某向乙某返还全部彩礼的方式上给予了灵活处理,判决甲某分三次退还彩礼,照顾到了甲某存在的实际困难,兼顾了女方的利益。法官公平、合理地处理了彩礼纠纷,达到了较好的法律效果与社会效果。

【判决案例三】原告甲某(女方)与被告乙某(男方)经自由恋爱后结婚,婚后有段日子过得很好,但常为生活琐事争吵,被告几次打了原告,以致双方感情遭到了破坏。1997 年 7 月原告向法院起诉要求离婚,被告答辩称,如果原告坚持要离婚,需返还自己婚前给付的彩礼,即 9 头马和牛及 1 万元现金等应返还。一审法院经审理认为:虽经本院调解,但原告坚持离婚。判决:准许原告甲某与被告乙某离婚;原告退还被告彩礼 5000 元。被告不服提起上诉,要求甲某应归还因婚姻关系收取的 37850 元彩礼。二审法院经审理补充查明:双方确立恋爱关系后于 1994 年 11 月自愿住在一起,但未领结婚证。法院认为:双方没有办理结婚登记,违反《婚姻法》和《婚姻登记管理条例》的规定,属于非法同居关系,原审法院判决准予双方离婚是不妥当的,应予改判。解除被告乙某与原告甲某之间的非法同居关系。被告乙某要求原告甲某全部归还收取的彩礼没有根据,原告甲某应根据自己的经济条件归还一部分。原告甲某向被告乙某归还因婚姻关系收取的 5000 元现金、2 匹马和 2 头三岁牛。

该案中,法官在适用当地彩礼返还习惯时,并没有采取案例一的做法,没有通过援引性的方式进行适用。而是将基于习俗收受彩礼的行为与借婚姻索取财物的行为区分开来,没有混为一谈,是对传统习俗的直接认可,尊重了当地群众的民族感情,符合当地的实际情况。因法律上对彩礼返还问题没有作出规定,存在法律上的漏洞,法院通过直接适用习俗,保护了乙某基于习惯规则而享有的习惯权利。符合了当地的社会情况,尊重了当地的婚俗。对于甲某应向乙某返还彩礼的范围和比例问题,一审和二审法院的意见不一,导致裁判结果也不同。但从最终结果上看,也较好地平衡了男女双方之间的利益,取得了较好的社会效果和法律效果。

(二)离婚诉讼财产分割纠纷案

【判决案例四】原告甲某(男),被告乙某(女)。原告诉称:我与被告于 2007 年 12 月 7 日依法办理结婚登记,建立合法婚姻关系。2008 年 11 月 1 日我们的女儿丙出生,我们的婚姻在前两年维持得很好,但是之后我们在很多方面不能达成一致,导致感情破裂,无法继续维持婚姻,因此,请求人民法院能依法解除我们的婚姻关系,孩子归我来抚养,并将我们的共同财产 11500 元现金,一台冰箱,一台电视,一台台式电脑,一台洗衣机,一台电热水器,一块地毯以及其他生活用品依法分割。被告答辩称:正如原告的表述一样,我们的婚姻无法再持续,因此我同意原告的离婚请求。孩子由我自行教育抚养,要求原告在孩子年满 18 周岁前每月给付抚养费 600 元,原告陈述的共同财产中,洗衣机一台是我个人财产,还有其他的家用物品,共同财产的 11500 元的现金中,原告取走了 500 元,我用 1100 买了一台电子词典,由于原告换了家门锁我无法取回自己和孩子的衣服,因此用 900 元给孩子和自己买了服装,用 2400 元缴纳了驾驶证的款项,其中 4000 元交给法院用于评估共同财产,共同的现金仅剩 2600 元了,原告陈述的共同财产除外还有一套电视柜和一张床,婚后我们返还了原告在婚前剩下的 2000 元债款,请求法院将原告在婚后缴纳的报考驾照的费用以共同财产来处理,我们的共同房屋先由原告支付了 25000 元的预付款,并每月缴纳了 700 元共 7 个月,剩下的房款属于我们的共同财产,在婚姻关系存续期间原告多次对我实施家庭暴力,我要求原告赔偿 35000 元的精神损失费,并且给付我们分居期间请的保姆的工资 1540 元。法院经审理认为:双方当事人的婚姻受法律保护,并支持双方当事人的离婚请求,从利于孩子的健康成长及受教育等方面的因素出发,认为孩子由被告抚养更有利于孩子的成长。直到孩子 18 周岁原告每月支付抚养费 550 元,双方当事人的共同房屋,价值 1800 元的一台冰箱,价值 1000 元的电热水器,价值 400 元的床归原告所有,剩余财产价值 500 元的一台电视机,价值 2000 元的台式电脑,价值 500 元的洗衣机,价值 700 元的地毯,价值 200 元的电视柜,价值 60 元的电暖器,价值 120 元的折叠式晾衣架等归被告乙某所有。由被告保管的 10000 元除去 4000 元评估费,剩余的 6000 元由双方各分得 3000 元,双方当事人就在分居期间的孩子的保姆工资由原告承担 1000 元,原告就房款分割后归被告所有的 46618 元返还给被告,原告应协助被告带走原告家中归被告所有的部分。据此判决:同意双方当事人离婚请求;女儿丙由被告抚养,直到孩子 18 周岁原告每月支付抚养费 550 元;原告在不影响孩子健康和受教育的前提下一个月探望两天(周末);……被告在原告家里放置的属于个人财产的一块地毯、两套被子、8 条褥子、两对枕头、一台 DVD、一个衣柜、一台切面机、一套茶几、一套茶具、服装等物品由原告负责于判决生效之日起返还给被告。

　　该案例中,对于被告的陪嫁物品,依据法律的规定,应当属于夫妻共同财产,但依据当地习俗,当属于女方的个人财产,在离婚时,女方可以带走。法院审理过程中并没有无视习俗的存在,而是对于习俗给予了应有的考量,判决时尊重了习俗的做法,将女方的陪嫁物品判归女方所有,这样的判决结果较容易获得当事人的内心认同,能达到社会效果和法律效果的有机统一。

　　【判决案例五】原告甲某(女方),被告乙某(男方)。原被告于 1994 年相识,1995 年双方按风俗习惯结婚,2003 年 3 月 4 日办理了结婚登记手续,双方均系再婚。婚后由于双方常因子女及其他家庭琐事发生纠纷,原告于 2006 年 5 月 17 日离家至今不归。双方结婚时原告陪嫁物品有:母马 1 匹、奶牛 2 头、木制箱子 1 个、呢子大衣 1 件、现金 3000 元。但陪嫁物品在双方共同生活期间已自然消耗。一审法院认为:原告要求被告返还陪嫁物品的诉讼请求,因陪嫁物品依法属原告婚前个人财产,故此项诉讼请求予以支持。遂对原告的陪嫁物品作出判决:被告返还原告陪嫁物品即母马 1 匹、奶牛 1 头、木制箱子 1 个,呢子大衣 1 件,现金 3000 元。宣判后,被告不服提起上诉,其主要上诉理由是:陪嫁物品在共同生活中已消耗,应不予返还。二审法院认为:根据婚姻法的规定,婚前个人财产在婚后共同生活中自然毁损、消耗、灭失,离婚时一方要求以婚前财产抵偿的,不予支持。一审法院对婚前财产的认定有错,应予以纠正。

该案中,从两级法院对离婚纠纷的审理来看,不难得出,一审、二审法院对习惯法和国家法使用的不同态度:按照当地的习惯法,结婚以后如解除婚姻的,女方可以带走陪嫁物品,而不问陪嫁物品是否在婚后生活中自然消耗。因此,本案一审法院在判决时采用了当地的习惯法,将在婚姻关系存续期间已消耗的陪嫁物品又判归原告所有。该判决显然不符合公平原则,且与案件发生时婚姻法的规定背道而驰。二审法院在一审查明事实的基础上,依案件发生时婚姻法的规定,作出了判决。

三、民事习惯在法院委托诉讼调解点调解中运用的案例

B 地区法院系统为充分发挥民间的资源,创新调解机制,在 12 县市共设立诉讼调解点 188 个,选聘的诉讼调解助理员有 219 名,通过诉讼调解点的调解解决了大量的民事纠纷,取得了很好的社会效果。诉讼调解点的运行程序是:当案件当事人起诉到基层人民法院后,基层人民法院的立案庭或派出的人民法庭经审查,如认为该民事纠纷更适宜由诉讼调解点进行调解,在征得案件当事人的同意后,将案件委托给诉讼调解点的调解助理员进行调解;调解助理员根据委托的事项,依照国家的法律、法规、规章、政策和社会道德,在查清事实、分清责任的基础上进行调解;经调解,双方当事人对纠纷的解决自愿达成协议后,调解助理员及当事人携带法院委托调解函回执和调解协议交给基层人民法院,基层人民法院的立案庭或派出的人民法庭经审查登记后,由基层人民法院的速裁法官当场制作案件调解书,并送达案件当事人。如果调解助理员做了大量的工作后,案件当事人双方没有就争议解决达成调解协议,诉讼调解点的调解助理员应在基层人民法院的委托调解函回执上注明没有达成调解协议的原因,将案件返回给基层人民法院处理。基层人民法院受理案件后,主

审法官在案件审理期间,根据案件的特点,如认为由诉讼调解点调解过该案的调解助理员参加法院的调解能更好地解决该纠纷,即可向诉讼调解点发出邀请函,邀请调解过该案的调解助理员协助法院进行庭前调解和诉中调解。

如 K 乡村民甲某诉乙某侵权纠纷案。甲某系乙某的嫂子,甲某的丈夫因交通事故去世后,乙某将所有赔偿款据为己有,甲某遂向法庭起诉。法庭审查后,认为双方原系家庭成员,且部分赔偿款也用于死者善后处理费用,有调解的可能,经征求当事人意见也同意调解,于是将案件委托给了该乡法庭的调解助理员丙。接受委托后,丙先召集双方当事人面对面进行调解,双方争执很大,乙某认为哥哥的赔偿款一部分用于办丧事,剩下的还要赡养父母、抚养孩子,一旦嫂子改嫁把钱带走,害怕孩子没有人管,所以不能给嫂子;而甲某认为,丈夫刚去世自己就被婆家人欺负,这次一定不能输,要不今后就没法生活了,针尖对麦芒,谁也不让谁! 调解不成。两家都在一个村,原本关系不错,为经济问题把关系搞僵,今后如何相处? 如何更利于幼小孩子今后的成长? 与他们同在一个村的调解助理员丙非常了解情况,也更加坚定了将这起矛盾处理好的信心。之后调解助理员丙分别走访了两家,与两家的老人边聊天边说事,陆陆续续讲清了事情的原委和法律规定,两家人口头上仍是互不相让。第二次调解,丙邀请了村委会主任、两位有威望的老人和双方的亲属一起参加,没有法庭、没有法袍、没有法槌,大家坐到一起当面锣对面鼓,两家各说各的理,说够了,参加调解的人从当地风俗习惯、社会道德的角度给他们摆事实、讲道理,渐渐地双方不再争执,调解有望! 经过坚持不懈的努力,第三次调解对大部分争议达成了一致意见,终于在第四次调解时,甲某拿到了应得的钱,乙某实际支出的费用也从赔偿款中予以扣除,双方满意、合理地分割了争执标的——赔偿款,双方握手言和,两家重归于好。

该起案件的成功调解,正是源于当地民间调解力量发挥的巨大作用,使得案件中的矛盾得以圆满的化解,并使得当事人和好如初,较好地维持了农村社会的和谐和稳定。

第二节　"习惯"司法运用存在的问题

从上述考察可知,民事习惯在该地区法院的调解中运用得较多、在判决中运用得较少。从民事习惯在法院调解和判决中的运用方式来看,有采取直接性方式运用的,有采取释明性方式运用的,有采取隐性方式运用的,有采取变通性方式运用的。从民事习惯在法院调解和判决中运用所起的作用和功能上看,有的民事习惯起着认定事实的作用,有的民事习惯起着证据的作用,而有的民事习惯起着审判依据的作用。从法院调解和判决中运用的民事习惯的合法程度来看,有的民事习惯明显与现行法律法规不抵触,而有的民事习惯却有所抵触,有的民事习惯则处于模糊状态。总体上看,存在以下几个主要问题:

一、民事习惯与国家法存在的冲突和差异

(一)民事习惯与国家法存在的冲突

以调解案例四为例。按照当地的习惯法,子女先于父母死亡的,其生育的子女不得代位继承父母的遗产。而按照我国继承法的规定,在子女先于父母死亡的,其生育的子女可以代位继承父母的遗产。显然民事习惯与国家法存在冲突,但是在该案中,从调解的结果看,法官并没有根据国家法否定习惯法,而是在民事习惯与国家法之间进行了适当的妥协,在民事习惯与国家法之间进行了一定的平衡,既没有否定当事人基于习惯享有的权利,也没有否定当事人基于法律享有的权利。但这样的结论不能在判决中运用,因为从调解的结果上来看,不符合国家法的有关规定,如果按这个调解的结果进行判决的话,有关的判决有违法之嫌。即便是法院的调解,也是要在当事人自愿、合法的原则下进行,而该案中,这样的调解结果,虽然能够取得一定的社会效果,从一定程度上考量了当地广大农村地区普遍地存在着,并在一定范围内有效地规范

着乡民们生产、生活的民事习惯，但是这样的调解结果仍然也存在着不具合法性之嫌。

（二）民事习惯与国家法存在的差异

以判决案例二、判决案例三为例。第一，当地彩礼返还习惯规则与司法解释规定的双方未办理结婚登记手续彩礼应返还的规则存在差异。如判决案例三里的情形，如果按照原《婚姻法司法解释（二）》第 10 条的规定处理的话，由于原、被告没有办理结婚登记，故被告乙某要求原告甲某返还全部彩礼的诉求将得到法院的全部支持，显然与按照习惯规则处理的结果相去甚远。而且，从依照司法解释规则处理的结果上看，是有违法律的公平正义的，不具有社会的正当性。司法解释规则将未办理结婚登记手续的责任归由女方承担，即女方负有返还彩礼的义务，是完全忽略了中国传统文化和社会现实的。基于中国传统观念历来对女方的贞洁和名节较为看重，在同居后解除婚约将对女方的名誉造成不利影响的情况下，责任完全由女方承担，既对妇女权利保护不利，也是对女方极不公平的；同时也是对男女取得婚姻关系方式的习俗做法的无视。① 在当地也是如此，按照风俗习惯举行结婚仪式来确定男女双方的婚姻关系是得到了当地群众的普遍认可的。由此可见，该种情形下国家法与习惯差异的根源在于：国家法不承认事实婚姻的存在，未办理结婚登记，视为婚姻关系不成立；而当地民众却一般认为，只要按照婚俗，完成了结婚仪式，就确立了婚姻关系。以至于国家法与习惯规则因对婚姻认定存在的冲突而导致了彩礼返还规则存在差异，按照原司法解释的规定，彩礼应全部返还，按照习俗，彩礼返还多少应根据结婚时间长短、过错、女方家庭的经济状况等因素判断。而且，即便是国家法与习惯规则因对婚姻的认定不存在冲突，即国家法承认事实婚姻的存在，国家法与习惯之间彩礼返还规则的差异也不意味着消失。因为

---

① 参见金德朋：《我国彩礼返还问题研究》，河南大学硕士学位论文，2012 年。

国家法仅在男方婚前给付彩礼导致其生活困难时才予以返还,而依据习惯规则,彩礼返还多少应根据结婚时间长短、过错、女方家庭的经济状况等因素综合判断,因考量的因素不同,差异在所难免。

第二,当地彩礼返还习惯规则与司法解释规定的在男方因给付彩礼导致生活困难离婚时彩礼应返还的规则也存在差异。如判决案例二的情形,如果按照原《婚姻法司法解释(二)》第 10 条的规定处理的话,被告乙某要求原告甲某返还彩礼诉求因法院并没有认定被告乙某因婚前给付彩礼导致其生活困难而得不到法院的支持,其适用结果显然与适用习惯规则的结果相反。原司法解释规定在男方因给付彩礼导致生活困难离婚时彩礼应返还,这一规则既不符合法律的公平公正原则,而且,司法解释对何为"生活困难"也没有作出进一步的规定,缺乏可操作性,容易导致各地法院裁量不一,颇值商榷,也与当地彩礼返还习惯"并不根据男方是否因给付彩礼导致生活困难而是依据结婚时间长短、过错、女方家庭的经济状况等因素来判断彩礼返还多少"规则之间存在张力。因国家法与习惯规则考量因素的不同,导致规则和适用结果的差异不可避免。

二、民事习惯补充国家法漏洞时存在裁判不一问题

以判决案例三为例。在原告甲某(女方)诉被告乙某(男方)离婚纠纷一案中,被告乙某也提出了在原告甲某坚持离婚的条件下,要求原告甲某应返还彩礼。一审法院在判决准予原被告离婚的前提下,支持了被告乙某的诉讼请求,判令原告甲某退还被告乙某彩礼 5000 元;被告乙某不服一审判决提起上诉,要求甲某应归还 37850 元彩礼,二审法院在查明原被告没有办理结婚登记的情况下,判决解除被告乙某与原告甲某之间的非法同居关系,原告甲某向被告乙某归还因确立婚姻关系收取的 5000 元现金、2 匹马、2 头三岁牛。由此可见,在司法实践中,处理彩礼返还纠纷案件时,对当地彩礼返还习惯予以考量,不仅能够弥补国家法存在的漏洞,体现了习惯对法律漏洞的补充作用;而且其处理结果

容易得到当地民众的内心认同，有利于实现裁判结果法律效果和社会效果的内在统一。但在考量时，因缺乏适用的准则，法官自由裁量权较大，也容易导致对彩礼返还的范围和比例裁量不一的问题，不利于裁判的统一，有损司法权威。

三、缺乏法官运用民事习惯的体制保障和程序规范

从上述考察的情况来看，"习惯"的司法运用一方面是缺乏完善的民事习惯价值评价机制和善良民事习惯的认定标准，导致实践中有的法官对合法的也有助于问题解决的民事习惯不敢引用；而有的法官却不适当地引用，如对一些明显与宪法、法律相抵触、也不利于当地和谐发展的民事习惯，加以引用。另一方面是法官在调解和判决中运用民事习惯随意性较大，缺乏相应的程序规范。因民事习惯具有地方性，其内容较为复杂，而且良莠不齐，所谓"十里不同风，百里不同俗"就是其真实的写照。那么，何种民事习惯法官在调解和判决中可以运用呢？如法官在判决和调解中运用民事习惯的话，是否无须甄别呢？如法官在判决和调解中运用的民事习惯需要加以甄别的话，甄别标准又是什么呢？等等，从上述司法考察中都无从得知。

四、诉讼调解点的运行尚缺乏成熟的经验、方法、机制

诉讼调解点作为调解创新机制，取得了一定的成绩，化解了不少基层社会的矛盾，特别是农村地区的纠纷。诉讼调解助理员在践行司法为民，充分利用民事习惯（包括纠纷解决习惯）化解基层矛盾纠纷中显现出了独特的作用和优势，积极维护了基层社会和农村环境的稳定，促进了当地社会的和谐和稳定。但是，由于诉讼调解点制度才刚刚起步，其运行尚未形成成熟的经验、方法和机制，对于当地民事习惯的运用也需要进一步挖掘和规范，以形成"以基层人民法院为主导、人民法庭为基础、调解助理员为辅助"的多元化纠纷解决机制，更好地化解基层社会的矛盾纠纷。

第三节　"习惯"司法运用的完善建议

一、通过诉讼调解制度协调民事习惯和国家法的差异与冲突

在 L 地区,对于婚姻习惯、继承习惯、交易习惯、借贷习惯等民事习惯中不与国家宪法及基本法律的精神或原则相抵触的优秀传统文化这一"地方性知识",法院可以在诉讼调解中优先适用,以更好地化解案件当事人之间的矛盾和纠纷,协调民事习惯与国家法内容上的差异和冲突,实现两者之间的良性互动。

当然,L 地区的法院要在诉讼调解中运用不与国家宪法及法律的精神或原则相抵触的民事习惯,也要对民事习惯开展深入的调查,尽可能全面收集婚姻、继承、交易、借贷等方面的民事习惯,在充分论证和科学归纳、整理的基础上,取其精华,去其糟粕,将不与国家宪法及法律的精神或原则相抵触的正当、合理部分予以确认。正如有学者指出良俗的识别标准是:"首先,该规则不能违反人们最基本的情感和道德,不能突破人类最底线的伦理和良知;其次,在一定地域和主体间,这些规则被普遍熟知、认同和接受,能够合理有序地安排人们的日常生活,维持最基本的社会秩序,可以作为解决纠纷的依据并能为当事方以及社会认可;再次,人们可以据此进行交往和互动并有大致明确的指引和预期,它可以分配一定范围内主体间的权利和义务。"[①]因此,法院可以以此为标准,对民事习惯中的善良风俗予以识别,并将不与国家宪法及法律的精神或原则相抵触的良俗予以确认,并在诉讼调解中予以运用,以更好地化解当事人之间的矛盾纠纷,实现"案结事了"。

---

① 张殿军、于语和:《民俗习惯的司法适用:路径及其走向》,《重庆大学学报(社会科学版)》2012 年第 2 期。

二、通过 L 地区高级人民法院出台审判业务指导意见和参考性案例规范民事习惯的司法运用

由于 L 地区民事习惯具有一定的模糊性，在基层法院的法官运用民事习惯解决矛盾纠纷时，不可避免会出现裁判标准不一的问题，因此，必须通过 L 地区高级人民法院出台审判业务指导意见和参考性案例予以规范。从实践调研的情况看，司法实践中，较为突出的是彩礼返还纠纷的彩礼范围和返还比例裁判不一的问题。下文将以此为例进行论述。

关于彩礼返还的范围和比例的问题，一直是司法实践中困扰 L 地区基层法院法官的一大难题。对于这样较为普遍的、涉及面较广的、可能会出现裁判不一的问题，可以通过 L 地区高级人民法院发布审判业务指导意见和参考性案例予以规范，以统一裁判。《最高人民法院关于适用〈中华人民共和国民法典〉婚姻家庭编的解释（一）》虽然对彩礼返还纠纷作出了回应，但该司法解释并没有对彩礼返还的范围和比例作出规范，因此，从实践经验来看，如何在司法过程中对习惯予以考量，将"不与国家宪法及基本法律的精神或原则相抵触"的彩礼返还习惯这一民间规范塑造为裁判规范，以弥补国家法规定的漏洞，参照彩礼返还习惯，根据案件的具体情况，运用法官的自由裁量权，公平、合理地确立退还的彩礼数额，作出合乎法律与法理的裁判，是当下 L 地区的法院所面临的重要课题。

然而，在基层法院的审判实践中，对彩礼返还习惯进行司法考量时，法官存在较大的自由裁量权，导致裁判不一。这既有损于司法的权威，也不利于彩礼返还纠纷案件的公平、合理处理。因此，在通过适用习惯来弥补国家法漏洞时，有必要对法官自由裁量权予以规范，以统一裁判标准。对此，L 地区高级人民法院可以结合审判实务经验，出台审判业务指导意见和发布参考性案例，以规范和指导彩礼返还习惯在基层人民法院司法适用中的合理、正当运用。具体而言，审判业务指导意见的发布，可先由基层人民法院在司法适用过程中

具体负责对彩礼返还习惯进行深入调查和收集,并对它进行整理和汇编,再由中级人民法院审判委员会对彩礼返还习惯是否属于"善良风俗"进行初步筛选,习惯如存在侵犯他人合法权益、不符合社会主义道德规范、妨害社会公共利益、背离基本人权、自由等法治理念,则不应认定为"善良风俗",最后报 L 地区高级人民法院最终选定汇编,出台规范审判业务的指导意见。L 地区高级人民法院应成立专家认定委员会,由来自司法实务部门、高校、研究所、人大法工委等部门的法学、社会学、人类学等方面的专家和学者组成,先由专家认定委员会就中级人民法院上报的彩礼返还习惯是否属于"善良风俗"提出专业意见,后报审委会研究决定。参考性案例的发布,则由 L 地区高级人民法院从地方各级法院已生效的案例中筛选,先成立一个案例筛选委员会,该委员会应由学术界和实务界的学者和专家组成,由该委员会从地方各级法院已生效的案例中筛选出具有参考性意义的案例,再由审委会研究决定。

此外,L 地区高级人民法院还应对法官适用彩礼返还习惯化解社会矛盾纠纷的法律效果和社会效果进行跟踪调查,建立评估机制,定期进行评估。经评估,对发现的不适当的习惯规则,应当及时进行调整,不再适用;对发现的合法且获得良好社会效果的习惯规则及时成文化,规范其适用。

三、建立法官运用民事习惯的体制保障和程序规则

因 L 地区高级人民法院出台审判业务指导意见和参考性案例尚需时日,因此,在出台审判业务指导意见和参考性案例之前,基层法院的法官要在具体的案件中运用民事习惯,以更好地解决矛盾纠纷时,需要建立法官运用民事习惯的体制保障和程序规则。

(一)建立法官运用民事习惯的范围及甄别标准

风俗习惯里既有积极的因素,也有消极的因素。即风俗习惯有"良俗"和"恶俗"之分。只有"良俗"才能运用到司法实践中,包括通过调解的方式解决

民事纠纷的过程中。正如最高人民法院《关于为推进农村改革发展提供司法保障和法律服务的若干意见》所指出:"注重对风俗习惯中的积极因素进行广泛深入的收集整理与研究,使其转化为有效的司法裁判资源。……将农村善良风俗习惯作为法律规范的有益补充,……确保涉农审判、执行工作法律效果与社会效果有机统一。"因此,民事习惯司法运用(包括调解和判决)的前提和基础,首先要对民事习惯是属于"良俗"还是属于"恶俗"进行甄别。

那么,司法实践中如何对民事习惯是属于"良俗"还是属于"恶俗"进行甄别呢? 归纳而言,其基本标准有两个:首先是要看该民事习惯是否与国家宪法及基本法律的精神或原则相抵触;其次是要看该民事习惯是否符合社会主义道德规范,是否损害国家利益和社会公共利益,以及是否侵犯他人的合法权益。如民事习惯与国家宪法及基本法律的精神或原则相抵触,或者有损国家利益和社会公共利益、侵犯他人合法权益等不符合社会主义道德规范的情形,则不应当认定为"善良风俗"。对于此类民事习惯,基层法院的法官在司法实践中解决矛盾纠纷时不得予以运用。

(二)建立法官运用民事习惯的程序规则

从上述考察来看,基层人民法院在司法实践中运用"善良风俗"是具有可行性和现实性的,但是运用善良风俗不是随意的。基层法院的法官在司法实践中正确运用 L 地区民事习惯,必须建立一套科学、规范的运用程序规则。具体内容如下:

第一,L 地区民事习惯的收集、查明、报告程序,以及"善良风俗"的甄别和确认程序。首先,L 地区基层法院的法官在具体处理案件纠纷时,如需要运用民事习惯,在审判实践中则应注意收集和查明辖区范围内与案件有关的民事习惯,并对审判过程中收集和查明的民事习惯进行判断,如认为该习惯不与国家宪法及基本法律的精神或原则相抵触,则可以向业务庭负责人报告,如业务庭负责人也认为该习惯不与国家宪法及基本法律的精神或原则相抵触,则可以向审判管理部门报告。其次,审判管理部门对法官收集和查明的民事习惯进行初步的分类、甄别、整理,并在初步的整理、甄别的过程中,要广泛征求人大、政协、民委等有关部门的意见,并邀请法律、民俗等方面的专家,通过召开专家论证会的方式来进一步筛选法官收集和查明的民事习惯是否属于"善良风俗"。最后,将筛选出来的属于"善良风俗"的民事习惯提请审判委员会根据上述标准予以确认,民事习惯在经审判委员会确认为"善良风俗"后,就可以给法官在审理具体的民事纠纷案件中运用"善良风俗"提供指导。

第二,L 地区基层法院的法官在处理当事人基于风俗习惯提出权利要求的民事纠纷的案件中,特别是通过调解来解决纠纷时,可以充分运用"善良风俗",以更好地化解当事人之间的矛盾和纠纷。在国家法供给不足时,法官在具体案件的审判过程中也可以考虑运用"善良风俗"来化解矛盾和纠纷。当然,法官在具体案件的审判中,应当向案件的当事人进行释明,以充分尊重当事人的意愿。在案件当事人都选择和认可"善良风俗"时,法官可以适用该"善良风俗"来化解当事人之间的矛盾和纠纷。

第三,L 地区基层法院的法官在司法实践中运用民事习惯时还应注重习惯属于"地方性知识"、具有地域性特点。因 L 地区民事习惯具有地方性特点,基层法院的法官在司法实践中运用民事习惯时,还应遵守只适用于同一地域当事人的原则。如果案件当事人双方不属于同一地域,一般不宜运用民事习惯化解矛盾纠纷,否则对不熟悉、不了解民事习惯的当事人而言有失公允。

四、健全诉讼调解点的运行机制

形成"以基层人民法院为主导、人民法庭为基础、调解助理员为辅助"的多元化纠纷解决机制,以便就地解决矛盾纠纷。以 B 地区为例,诉讼调解点的创设作为2004年最高人民法院《关于人民法院民事调解工作若干问题的规定》第 3 条第 2 款规定确立的委托调解制度的落实和创新,是诉讼调解社会化的体现,即充分利用社会资源化解社会矛盾纠纷的一项制度举措。因此,有必要健全诉讼调解点的运行机制，以便更好地化解基层社会的矛盾纠纷，维护基层社会的和谐和稳定。具体内容如下：

（一）为诉讼调解助理员制度提供法律支持

我国现行宪法第 128 条规定："中华人民共和国人民法院是国家的审判机关。"根据这一规定，在我国，审判权必须由人民法院统一行使，其他任何机关、团体和个人都无权进行审判活动。我国人民法院组织法、三大诉讼法相继规定了我国的审判组织形式，即独任庭、合议庭和审判委员会。为了使司法权能够有效运行，这就必不可少需要司法的执行者——法官。在 L 地区，诉讼调解助理员积极化解基层矛盾纠纷，在很大程度上促进了当地经济发展和社会和谐，但由于其产生于法院的聘任，而不是法律的规定，其调解案件的行为究其根本是基于法院的委托，这使得诉讼调解助理员制度缺乏法律的有力支持，建议通过立法，设立并完善这一司法调解制度，赋予诉讼调解助理员明确的司法权，成为我国的审判辅助组织。

（二）完善诉讼调解助理员的运行模式

当事人到法院诉讼的最大目的，就是为了在最短的时间内实现公平与正义的最大化。由于诉讼调解助理员制度这一新生事物正处于初步运行和完善阶段，其运行模式难免存在瑕疵。在实践中，以 B 地区为例，部分案件当事人认为诉讼调解助理员制度程序繁杂，他们将请求诉至法院后，法院或法庭要先审查，然后将当事人的案件委托到调解点，无论调解成功与否，案件最后还要回到法院，继续进入诉讼程序。这也就是说，首先，只要当事人起诉到基层人民法院，那么他无法获得法院第一时间的帮助，反而必须回到所在的乡村或社区，先接受诉讼调解点的调解。其次，调解助理员没有司法权，即便其将矛盾纠纷调解成功，协议也没有强制执行效力，当事人还得再次取得法院或法庭的确认。为此，建议明确规定诉讼调解助理员调解案件的范围和程序，如对婚姻、继承、民间借贷以及能够即时履行的合同纠纷等案件实行诉讼调解助理员调解前置制度，当事人可直接到调解点先行调解，调解成功后，由诉讼调解助理员制作调解书，后再由法院或法庭确认。

（三）进一步提高诉讼调解助理员的素质，并将传统习惯权威人士纳入诉讼助理调解员的选任范围

目前，L 地区基层人民法院聘任的诉讼调解助理员法律素养普遍偏低，文化水平不高。诉讼调解助理员缺乏经济激励和保障，其开展调解工作的收入取决于案件能否调解成功，如果案件调解成功，法院按照调解程序收取的诉讼费给予其支付报酬，如果案件调解不成功，则没有报酬，难免影响诉讼调解助理员工作的积极性。建议完善诉讼调解助理员选任制度，将诉讼调解助理员设为基层人民法院或人民法庭的专门组织，使其专职化、职业化；尝试参照公务员录取办法择优录取诉讼调解助理员，将其纳入参照公务员管理的序列和体系，给予各项保障，使得其能够安心工作，发挥出最大效能；对诉讼调解助理员制定专门的培训计划，加大业务培训力度，不断提高其各方面的素质。

同时，从目前聘任的诉讼调解助理员来看，主要从乡村和居委会干部、三老人员、司法干事、人民调解员等中选任，有必要进一步扩大选任范围，将传统习惯权威人士纳入诉讼助理调解员的选任范围。这样有利于更好地将 L 地区民事习惯运用到婚姻、继承、民间借贷以及能够即时履行的合同纠纷等案件的矛盾纠纷化解中，能更有效化解矛盾纠纷，使得调解结果容易获得当地群众的内心认同和普遍遵守，有利于提高诉讼调解点调解案件、化解矛盾纠纷的能力，推进当地农村和谐社会的建设。正如一线法官认为："在某些情况下，由第三人按照法官的意图，运用情感、权威等力量向当事人施加影响，改变其态度，调解效果可能更佳……尤其是权威人士对转变当事人态度，作用尤为明显。"①因此，在 L

---

① 杨润时主编：《最高人民法院民事调解工作司法解释的理解与适用》，人民法院出版社 2004 年版，第 47—48 页。

地区的广大农村建立健全多元化纠纷解决机制,应充分挖掘本土纠纷解决机制的资源,利用当地善良风俗习惯,发挥传统习惯权威人士的积极作用,以最终建立符合当地、具有本土化特色的多元化纠纷解决机制。

(四)统一诉讼调解助理员的工作方法

由于缺乏法律的有力支持,在 L 地区,诉讼调解助理员开展调解工作缺乏规范性,调解方法比较随意,特别是在调解协议的形式和内容等方面不够规范,调解笔录未能反映调解的全过程,很不完整。这使得诉讼调解工作丧失了可预测性和正当性,由此导致,L 地区的群众到不同的诉讼调解点申请调解时,同样的案件,处理的结果可能却不尽相同,影响了调解的效果。因此,建议统一诉讼调解助理员的工作模式,规范调解工作的方式方法,特别是规范调解协议的制作内容和格式。

第四章　习惯法司法适用的运行规则

一般情况下,习惯越是复杂多样,其适用的可能性越低,反之,习惯适用的可能性越高。就此而言,习惯的多样性和复杂性既决定了习惯在适用范围、适用方式、适用程序与法律的不同,也决定了习惯法司法适用的运行规则与其他法律规则的运行方式不同。在此情形下,综合考虑习惯在查明、认定和适用不同阶段与法律之间的差异,对习惯法司法适用目前存在的问题进行研究,是构建"习惯"司法适用规则的必由之路。

第一节　"习惯"司法运行的一般规则

习惯在现代国家法上的运行机制包括如下三个具有前后衔接关系却又相对独立的阶段:第一个阶段是习惯的立法运行,主要是指立法者对习惯的调查、整理、筛选、吸收、转化、认可和公布;第二个阶段是习惯的执法运行,主要是指执法者依据立法文本上的习惯条款进行执法,或者自己查明、认定和运用习惯从事行政执法活动;第三个阶段是习惯的司法运行,主要是指在司法程序中,当事人或司法者对习惯的查明、司法者对习惯的认定和适用。由于当下中国没有习惯法汇编,更没有习惯法典,而且立法对于习惯的规定过于抽象概括而不具有直接适用性,所以相对其他两个阶段而言,习惯的司法运行显得更为重要。笔者仅对习惯的司法运行予以研究,其他两个阶段不作分析。

一、习惯的查明

在习惯的查明问题上,要解决的是如下五个基本问题:其一,在该程序中,要查明的是什么? 是习惯的存在及其与本案之间的内在相关性,抑或还包括其规范效力? 其二,在该程序中,查明的主体抑或责任者是谁? 是习惯的提供方,抑或还包括习惯的质疑方,甚或承案法官? 其三,习惯查明程序的具体展开及各环节的查明事项及责任者。其四,在该程序中,习惯查明的技术通常有哪些,而其中哪些又适合于当代中国? 其五,在该程序中,习惯查明的法律后果是什么? 是直接可以进入习惯认定程序,抑或是直接进入习惯适用程序?

(一)习惯查明的客体

对于上述五个基本问题的处理,必须从习惯之身份的初步鉴定入手:如果该习惯未进入国家立法、判例、司法解释及指导性案例,那么应当比照法律事实予以处理;如果是进入国家立法、判例、司法解释及指导性案例的习惯,则应当比照法律规范予以处理。如果是前者,还要进一步区分是普适于全国、本地、本领域、行业或团体的一般习惯还是仅适用于当事双方的特别习惯。① 从总体上看,对于作为法律事实之习惯,在查明阶段,首先要查明的是习惯是否存在,抑或仅是提供方的一种想象或虚构。其次,还要查明该习惯的性质、类

① 当下我国的司法解释对于上述习惯类型进行了区分。例如,2009 年 2 月 9 日通过的《最高人民法院关于适用〈中华人民共和国合同法〉若干问题的解释(二)》(已废止)第 7 条第 1 款规定:下列情形,不违反法律、行政法规强制性规定的,人民法院可以认定为合同法所称"交易习惯":(一)在交易行为当地或者某一领域、某一行业通常采用并为交易对方订立合同时所知道或者应当知道的做法;(二)当事人双方经常使用的习惯做法。2020 年 12 月 23 日最高人民法院审判委员会通过的《关于审理买卖合同纠纷案件适用法律问题的解释》第 5 条第 2 款规定:合同约定或者当事人之间习惯以普通发票作为付款凭证,买受人以普通发票证明已经履行付款义务的,人民法院应予支持,但有相反证据足以推翻的除外。

型、适用范围及其是否与本案之事实认定及法律适用具有密切联系。最后,还要查明当事人是否知道或者应当知道该习惯。至于习惯之效力,非查明程序所能解决,故不是习惯查明的对象。对于进入国家立法、判例、司法解释及指导性案例之习惯,原则上应由司法者依职权主动查明,或者至少是在提供方举出该习惯存在及其与本案存在密切联系之基础证据的情况下,司法者应当依职权被动查明。

鉴于当下中国少有普适全国的"共同习惯",①也没有权威统一的习惯法汇编,②更没有习惯法典,而且立法对于习惯也大都仅予以抽象概括之认可,而没有具体特指之认可,故在查明过程中,即使是对于作为规则之习惯,实际上仍然是参照对于作为事实之习惯的查明程序:先由当事人提出基础证据,然后法官才能依职权予以查明。③

同时,由于中国地大物博、各地风俗不一,各地、各行业、各领域和各团体等的习惯不统一,也给当事人尤其是法院对习惯之内容的查明带来了很大的困难。客观上也只能由熟悉本地情况的提供方举出该习惯存在及其内容的初步证据,然后法院再进行复查。④

(二)习惯查明的主体

对于第二个基本问题,首先必须明确的一点是,在不同的诉讼模式下,习

---

① 但也不尽然,例如选取姓氏之习惯即是一项普适全国的"共同习惯",虽然其中存在传统的从父姓、近代的从母姓和从抚养人姓之别。参见指导案例89号:"北雁云依"诉济南市公安局历下区分局燕山派出所公安行政登记案(((2010)历行初字第4号)。

② 只有个别地方出现了一些习惯法汇编,例如张宽明:《姜堰运用善良风俗化解民间纠纷——收集民俗近千条整理资料十万字》,《人民法院报》2007年3月20日,第1版。

③ 参见前述2009年2月9日通过的《最高人民法院关于适用〈中华人民共和国合同法〉若干问题的解释(二)》(已废止)第7条第2款:对于交易习惯,由提出主张的一方当事人承担举证责任。

④ 例如1953年6月10日最高人民法院作出的《关于解放前金银伪币债务如何折算清偿问题的批复》附一:土地典当问题,因情况复杂,各地习惯又多不一致,故很难规定一统一期限。1963年10月9日最高人民法院作出的《关于房屋典当回赎期限问题的复函》,因为典当关系十分复杂,所以对典当时效问题一时也很难作出统一的规定。

惯查明的主体是不同的:在传统职权主义模式下,且不说习惯,就连事实也应由法官予以查明;而在现代当事人主义模式下,法官并不一定负有查明习惯的职责。前者如1877年1月30日颁布、1999年12月17日最后修订的《德国民事诉讼法》第293条规定:"外国的现行法、习惯法和自治法规,对于不被法院掌握的部分,应当予以证明。在调查这些法规时,法院应不以当事人所提出的证明为限;法院有使用其他调查方法并为使用的目的而发出必要的命令的权限。"①后者如2009年颁布的《罗马尼亚民法典》第1条第5项规定:"当事人应证明习惯的存在及其内容。某些领域获得授权的机构或实体所编纂的习惯汇编中所载明的习惯推定为存在,除非有相反证据。"②同时,不同的习惯学说,在习惯查明之主体问题上的态度也是不同的。例如,同样是在民国初年,将习惯作为事实对待的学说,认为就习惯之存否,应负举证责任;而将习惯当作规则对待的学说,则认为法官应当依职权主动查明。③ 当然,由于民国初年国家法制尚未统一,各地做法不一,且学说对司法的影响有限,实践并不一定与学说一一对应。但总体来说,在当事双方就习惯之存在及与本案关系密切与否所举证据之充足程度旗鼓相当时,为解决纠纷,法官最后还是会依职权对习惯予以被动的查明。④ 不过,有时为节省时间、人力和物力成本考虑,法院也可能不对争议习惯进行查明,而直接通过法官的自由心证加以解决。

从理论上讲,在当事人提出存在某个与案件密切相关的习惯后,无论是法官将该习惯看作是一种事实、证据,还是规则、法律,他都有两种选择:一是要求提供方举出该习惯存在且与案件存在密切联系的基础证据;二是在提供方

---

① 《德国民事诉讼法》,丁启明译,厦门大学出版社2016年版,第69页。

② 石佳友:《民法典的法律渊源体系——以〈民法总则〉第10条为例》,《中国人民大学学报》2017年第4期。

③ 参见民国初年大理院三年上字三三六号判决、大理院四年上字——八号判决、民国四年上字第二二九号判决、1915年9月15日发布的《审理民事案件应注重习惯通饬》和1921年11月14日改订的《民事诉讼条例》。

④ 参见前南京国民政府司法行政部编:《民事习惯调查报告录》(下),胡旭晟点校,中国政法大学出版社2000年版,第597页。

的协助下,甚或越过提供方依职权对该习惯进行主动查明。可见,法官查明程序的启动既可以是被动的,也可以是主动的。在一方当事人主张存在某一特定习惯而对方当事人予以否认时,法官既可以要求主张方提供该习惯之存在且与本案关系密切的证据,也可以依职权主动调查该习惯之存在及其是否与本案关系密切。前者如 1935 年上字第 1432 号判决要求:"习惯法则之成立,以习惯事实为基础,故主张习惯法则,以为攻击防御方法者,自应依主张事实之通例,就此项多年惯行,为地方之人均认其有拘束其行为之效力之事实,负举证责任。如不能举出确切可信之凭证,以为证明,自不能认为有些习惯之存在。"① 即使是一方当事人主张存在、认同某一特定习惯而对方当事人也被动地认同该习惯时,法官仍然应当要求当事人展示该习惯并证明其与本案关系密切。因为在上述诸种情况下,都存在当事人主张的习惯与本案并不相关,或者虽然相关,却并不适合本案,甚或存在当事双方利用该习惯损害社会、国家、集体及案外人合法权益之可能。② 例如当事双方利用该习惯制造虚假诉讼,逃废债务。③ 这就是为什么诸如德国要课予法官对已为当事人证明或自认之习惯以复查义务的重要原因。

在实行职权主义诉讼模式的时代,现代中国法官负有查明习惯之存在及其内容的义务。④ 在当下我国民事及行政诉讼中,由于实行当事人主义的诉

① 王泽鉴:《民法总则》(修订本),北京大学出版社 2009 年版,第 46—47 页。

② 从 2021 年 12 月 24 日修正的《中华人民共和国民事诉讼法》第 13 条之"民事诉讼应当遵循诚信原则"的规定中可以推论出该诉讼规则。

③ 参见 2011 年 12 月 2 日最高人民法院发布的《关于依法妥善审理民间借贷纠纷案件促进经济发展维护社会稳定的通知》第 7 条:对于以骗取财物、逃废债务为目的实施虚假诉讼,构成犯罪的,依法追究刑事责任。

④ 例如,最高人民法院 1951 年 9 月 4 日作出的《关于抵押权问题的复函》附二,请示方最高人民法院东北分院对于当地不动产抵押权设定习惯的查明;1951 年 9 月 8 日最高人民法院作出的《就山西省院请示联合提出意见希研究转知的指复》附件三及一,开封市人民法院对"小修归租,大修归东"之出典房屋维修习惯的查明;1952 年 10 月 13 日最高人民法院作出的《关于高春荣虐待其妻致死高妻的财产应由何人继承的问题的解答》最高人民法院责令承审法院对当地继承习惯的查明。

讼模式,无论是将习惯当作一种事实抑或规则,甚或法律看待,从理论上讲,法官并无在案件审理伊始就负有查明习惯之存在与否及其性质、类型的义务。在法官行使查明习惯之职权或义务之前,当事人应当有一个提出该习惯与案件存在密切关系的先前行为。"对于习惯法而言,并不是法官必须和应当知道的范畴,而且事实上,习惯法并没有具体的条文,也不清楚,有可能仅存在某地、某个特定阶级、职业,并具有强烈的流变性,法官不可能在没有该纠纷前,即知道纠纷发生时或行为产生时习惯法如何。这样法官可以要求引用习惯法的当事人对此举证。"①例如唯一规定习惯之查明问题的前述 2009 年 2 月 9 日通过的《最高人民法院关于适用〈中华人民共和国合同法〉若干问题的解释(二)》(已废止)第 7 条第 2 款就要求:"对于交易习惯,由提出主张的一方当事人承担举证责任。"②但是在特定的形势下,由于受个别极端案件所导致的不良社会影响之刺激,③法院最高管理者也可能例外地要求承审法院对于特定类型的案件依职权主动查明交易习惯的存在、内容及其与案件的密切程度。④ 同时,在刑事诉讼中,对于有可能影响被告人定罪量刑的习惯,法官负有复查义务。⑤

(三)习惯查明的程序

对于第三个基本问题,对习惯不同性质的鉴定,将影响法官对习惯查明程

---

① 黄学武、葛文:《民俗习惯在民事诉讼中类型化研究》,《山东大学学报(哲学社会科学版)》2008 年第 5 期。

② 例如在吴小秦诉陕西广电网络传媒(集团)股份有限公司捆绑交易纠纷案((2016)最高法民再 98 号、(2013)陕民三终字第 00038 号)中,由于"广电公司未证明将两项服务一起提供符合提供数字电视服务的交易习惯",故法院判决其违反反垄断法第 17 条第 5 项之规定。

③ 参见莫兆军玩忽职守案(广东省高级人民法院(2004)粤高法刑二终字第 24 号)。

④ 参见前述 2011 年 12 月 2 日最高人民法院发布《关于依法妥善审理民间借贷纠纷案件促进经济发展维护社会稳定的通知》第 7 条;2015 年 12 月 24 日最高人民法院通过的《关于当前民事审判工作中的若干具体问题》第 10 条。

⑤ 例如 1991 年 7 月 22 日最高人民法院研究室作出的《关于如何认定被告人犯罪时年龄问题的电话答复》(已失效)。

序的安排及展开。如果将习惯定位为一种纯粹的事实，那么其查明程序将与普通案件事实之查明无异，因而就要经历诸如举证、质证、审查等程序，也需要其他事实予以证明，否则该习惯就仅是一个孤立的事实，无法被法官加以认定。① "如果适用于本案的习惯法已经为法官知悉或明显存在，而当事人对此并没有举证和主张时，因为习惯法的存在和内容是事实问题，故法官应当告知双方当事人，让双方当事人进行辩论后，决定是否适用。"②如果将习惯定位为一种规则或制度性事实，那么其查明程序就有点类似于对外国法之查明，提供方或法官只要证明该习惯之存在且与本案关系密切即可，而无须再举出其他事实予以佐证。③ 就中国当下的立法及司法实践而言，通常将习惯定位为一种既不同于普通案件事实也不同于纯粹国家法律的制度性事实。④ 就此而言，习惯于其有利的当事人对该习惯之举证既不同于普通案件事实，也不同于纯粹的国家法律，比较类似于外国法。"不论习惯法还是事实上的习惯，均需要当事人对此进行举证。"⑤但是，根据 2014 年 12 月 18 日最高人民法院通过的《关于适用〈中华人民共和国民事诉讼法〉的解释》第 93 条第 2 项、2008 年 12 月 16 日最高人民法院发布的《关于民事诉讼证据的若干规定》第 9 条第 1 项和最高人民法院 2002 年 6 月 4 日通过的《关于行政诉讼证据若干问题的规

---

① 例如 1912 年 3 月 1 日颁布的《美国统一商法典》第 1—102 条第 2 款 b 项提出：使商事惯常做法通过交易习惯、惯例和当事人之间的协议得以存续和发展。1938 年 4 月 13 日颁布的《英国商标法》第 49 条指出：在涉及商标或商业名称的诉讼或程序中，裁判官应当承认商业习惯方面的证据以及有关商标、商业名称或式样为他人合法使用方面的证据。1949 年 6 月 18 日通过的《菲律宾民法典》第 12 条强调：习惯必须根据证据规则作为事实加以证明。引自《菲律宾民法典》，蒋军洲译，厦门大学出版社 2011 年版，第 2 页。

② 黄学武、葛文：《民俗习惯在民事诉讼中类型化研究》，《山东大学学报（哲学社会科学版）》2008 年第 5 期。

③ 前述《德国民事诉讼法》第 293 条，均将习惯、自治法和外国法归为一类需由当事人承担初步举证责任的规范。

④ 参见前引 2009 年 2 月 9 日通过的《最高人民法院关于适用〈中华人民共和国合同法〉若干问题的解释（二）》（已废止）第 7 条第 2 款。

⑤ 黄学武、葛文：《民俗习惯在民事诉讼中类型化研究》，《山东大学学报（哲学社会科学版）》2008 年第 5 期。

定》第 68 条第 1 项,当习惯为本领域、行业或团体成员众所周知时,主张方只需指出该习惯与本案关系密切即可。①

无论是在职权主义还是当事人主义诉讼模式下,当法官意识到手头案件可能涉及进入国家立法、判例、司法解释及指导性案例的习惯时,应当依职权主动查明该习惯之存在及是否与本案密切相关。如果涉及手头案件的是未进入国家立法、判例、司法解释及指导性案例的习惯,那么在职权主义诉讼模式下的法官仍得对之予以主动查明;而在当事人主义诉讼模式下的法官可以不予以主动查明,但是在习惯对其有利的当事人提出该习惯时,法官应当被动查明该习惯是否与本案密切相关,如它的性质、类型及其内容等事项。② 不过,在此过程中,习惯提出方有义务及权利参与该习惯的查明程序,并提供习惯之存在及其内容的相关证据材料。

无论是在当事人查明还是法官查明的程序中,作为主持查明的法官必须认识到:"当事人遵守民事习惯是社会给予当事人的规则,当事人对民事习惯之证明绝非其分内的事情,也不是个人所能够很好完成的。……当事人查明应该与法官查明相衔接,当事人查明民事习惯之存在应该是初步的查明,更多是一种启动机制。……对早先进入法院视野中的民事习惯,当事人仅仅提示

① 例如在闫某某与朱某某技术转让合同纠纷上诉案(江苏省高级人民法院(2007)苏民三终字第 0144 号)、申请再审人闫某某与被申请人朱某某技术转让合同纠纷案(最高人民法院(2009)民申字第 159 号)中,主张方朱某某只向法庭指出了本行业众所周知的技术转让之商业习惯与本案关系密切,而没有展示该习惯的具体内容。由于该习惯的公知性及对方当事人未对习惯之存在及其内容表示异议,主张方履行进一步的查明义务已无必要。又如,在指导案例 89号:"北雁云依"诉济南市公安局历下区分局燕山派出所公安行政登记案((2010)历行初字第 4号)中,被告也仅向法庭提供了"新生儿随父姓或母姓"之汉族传统习俗,并指出原告法定代理人的行为与该习俗的抵触之处。事实上,被告所查明的习俗在随后的程序中得到了法庭的确认和适用。

② 不过在实践中,为了迅速公正地解决纠纷,即使在当事人主义诉讼模式下,法院也常常主动查明未为当事人主张的习惯。例如在前述申请再审人闫某某与被申请人朱某某技术转让合同纠纷案(最高人民法院(2009)民申字第 159 号)中,最高人民法院就主动查明了当事双方都未提出的"技术转让交易中以固定部分转让费(也叫预付入门费)加利润提成作为技术转让计费方式"的习惯。

或主张即可;而对初次进入法院视野的民事习惯,当事人应当启动民事习惯的适用机制。"①

(四)习惯查明的技术

在习惯查明的具体技术上,对于普适于本地、本领域、行业或团体的一般习惯,目前可以提供的有习惯权威出庭作证制度、习惯法汇编证明制度和官方文件证明制度等。从理论上讲,当事人也可以通过社会学调查的方法来查明习惯,但由于那样不仅调查费用颇高,而且耗费时间较长,所以不具有实践可行性。因此,主张习惯之存在的当事人可以向法庭申请传唤知悉该习惯的特定领域、行业或团体中的权威人士出庭,也可以向法庭出示记载该习惯的公认正确的汇编文本,还可以向法庭展示或申请法庭调取记载该习惯的诸如立法、行政及司法文件,以证明该习惯之存在及类型。例如,在殖民地时期的非洲,殖民者允许、鼓励习惯权威出庭证明特定习惯之存在及类型,并对他们的意见进行记录和公开。这些习惯权威有部落酋长、地方贤达和其他熟悉当地习惯的人。② 在英美判例法系,记载某一特定习惯的判例甚或案例可以成为当事人主张该习惯存在的证据,也可以成为法官依职权查明该习惯的途径。至于该习惯是否与本案关系密切,还要向法庭展示及证明本案与记载该习惯之判例或案例之间在事实结构上基本一致。在大陆成文法系,授权编纂的习惯法汇编可以证明特定习惯的存在。例如前述 2009 年颁布的《罗马尼亚民法典》第 1 条第 5 项规定:"当事人应证明习惯的存在及其内容。某些领域获得授权的机构或实体所编纂的习惯汇编中所载明的习惯推定为存在,除非有相反证

---

① 方文霖:《民事习惯司法运用研究》,中央民族大学法学院博士学位论文,2012 年。
② 参见姜世波、王彬:《习惯规则的形成机制及其查明研究》,中国政法大学出版社 2012 年版,第 301—302 页;王林敏:《英属殖民地民间习惯的司法查明》,载谢晖、陈金钊主编:《民间法》(第十一卷),厦门大学出版社 2012 年版,第 413—414 页。

据。"①对于仅适用于当事人双方的特别习惯,提供方要向法庭证明该习惯是当事双方较长一段时间以来反复实践、遵循及认同的行为模式。证明的方法可以是向法庭展示当事人双方的交易记录、往来财务凭证、无利害关系的第三人的证言等。②

在新中国成立初期及其后相当长的一段时期内,在涉及民族习惯时,法院通常向当地同级民族事务委员会去函咨询该习惯是否存在及其内容。③ 在当下中国,也可以利用诸如陪审员制度、专家证人制度、司法鉴定制度、公报案例制度、指导性案例制度等对一般习惯予以查明。④ 选择熟悉案件发生地(行业)的本土(业内)人士担任陪审员,或者由当事人或法官依职权传唤案件发生地(行业)的习惯权威出庭作证,或者将案件所涉习惯交由有资质的个人或机构予以鉴定,可以弥补非本土(行业)法官不熟悉案件发生地(行业)习惯的知识缺陷。对于通过陪审员制度查明习惯的途径而言,通常只适用于发生在

① 石佳友:《民法典的法律渊源体系——以〈民法总则〉第 10 条为例》,《中国人民大学学报》2017 年第 4 期。

② 参见 2011 年 12 月 2 日最高人民法院发布的《关于依法妥善审理民间借贷纠纷案件促进经济发展维护社会稳定的通知》第 7 条:对现金交付的借贷,可根据交付凭证、支付能力、交易习惯、借贷金额的大小、当事人间关系以及当事人陈述的交易细节经过等因素综合判断。2012 年 1 月 9 日最高人民法院通过的《关于审理海上货运代理纠纷案件若干问题的规定》第 3 条:人民法院应根据书面合同约定的权利义务的性质,并综合考虑货运代理企业取得报酬的名义和方式、开具发票的种类和收费项目、当事人之间的交易习惯以及合同实际履行的其他情况,认定海上货运代理合同关系是否成立。2017 年 2 月 28 日最高人民法院发布的《关于依法妥善审理涉及夫妻债务案件有关问题的通知》第 3 条:债权人主张夫妻一方所负债务为夫妻共同债务的,应当结合案件的具体情况,按照《最高人民法院关于审理民间借贷案件适用法律若干问题的规定》第 16 条第 2 款、第 19 条规定,结合当事人之间关系及其到庭情况、借贷金额、债权凭证、款项交付、当事人的经济能力、当地或者当事人之间的交易方式、交易习惯、当事人财产变动情况以及当事人陈述、证人证言等事实和因素,综合判断债务是否发生。

③ 参见 1957 年 7 月 25 日最高人民法院作出的《关于少数民族的配偶因他方患麻风病一方请求离婚应如何处理问题的批复》附三。

④ 例如在前述指导案例 89 号:"北雁云依"诉济南市公安局历下区分局燕山派出所公安行政登记案((2010)历行初字第 4 号)中,考虑到涉及传统习惯,法院吸收了人民陪审员组成审判庭;在厦门立德置业管理有限公司诉江群如物权确权纠纷案(福建省厦门市海沧区人民法院(2009)海民初字第 1969 号)中,法院就采取专家证人制度查明习惯。

法院所在地的案件,因而也往往仅适用于基层法院,或者至多适用于中级法院。对于不是发生在法院所在地的案件,借助陪审员制度就难以查明习惯,或者即使勉强采用该种途径,也可能因为出庭费用过高、语言不通而难以实行。例如,一起发生在广东佛山的案件,最后上诉到最高人民法院,当事人申请或法官依职权传唤陪审员查明有关佛山当地的习惯,可能会因为往返交通费、食宿费,以及因为语言问题而产生的翻译费用等而作罢。即使在某一两个特定案件中可以实行,但要作为一项常规性制度,可能因为成本累加而难以为法院或当事人的财力所能承受。对于专家证人制度和司法鉴定制度,情况也是如此,而且还涉及需要什么级别的及多少名专家证人出庭才能达到司法实践一致认同的资质和人数标准之问题。当然,有人可能提出,熟悉案件发生地(行业)习惯的权威只要向法庭提交书面证言即可。但是,在要求证人、鉴定人应当出庭接受于证言或鉴定结论不利的当事人之质证的呼声日高的今天,此种折中做法也可能难以通过立法或司法解释成为一种常规性制度。与上述制度相比,公报案例制度和指导性案例制度虽然不是查明第一手习惯的途径,但是它显然不受案件发生地应当在本地,甚至是法院层级等限制。因为经过最高法院公布的公报案例和指导性案例,可以对包括最高法院在内的所有层级的法院发生裁判上的指导乃至事实上的拘束力。[1] 只要公报案例和指导性案例所载的习惯之发生地与法官手头案件所涉习惯的发生地重合,法官就可以根据前者查明后者之存在与否。即使是典型案例、参阅案例、经典案例,甚或普通案例,如果其中承载了比较明确的习惯,也对法官查明及认定手头案例中的习惯拥有类似公报案例和指导性案例的作用。[2] "法官在承办案件的过程中

---

[1]　参见 2010 年 11 月 26 日最高人民法院发布的《关于案例指导工作的规定》第 2 条、第 7 条;2015 年 4 月 27 日最高人民法院通过的《〈关于案例指导工作的规定〉实施细则》第 2 条、第 9 条。

[2]　参见 1992 年 7 月 14 日通过的《最高人民法院关于适用〈中华人民共和国民事诉讼法〉若干问题的意见》第 75 条第 4 项、2019 年 12 月 25 日通过的《最高人民法院关于民事诉讼证据的若干规定》第 10 条第 1 款第 6 项。

适用习惯所形成的案例,的确可以成为其后其他法官审理同类案件适用习惯的重要参考,其他法官审理同样的案件时,会把前案法官所查明的习惯直接作为法律来适用。"①但是,经由裁判形成习惯是需要一定的时间和不断地检验的,尤其是对于那些争议习惯或者相对习惯来说,更是如此。只有经过较长的一段时间内,数个类似案例的反复举证、质证和辩论,一个争议习惯或者相对习惯才能被确认为公认习惯或者绝对习惯。"有些交往习惯规则并不容易通过一次性判决就可以作为今后类似案件所适用的规则。"②对于仅适用于当事人双方的特别习惯,当下我国法院的查明方法与其他国家并没有实质性区别。

(五)习惯查明的后果

对于第五个基本问题,习惯被查明后,也就进入了法官对习惯的认定阶段,而不是直接进入习惯的适用阶段。认定仍是一个事实判断问题,而适用则是一个涵摄抑或价值判断问题。

二、习惯的认定

一如事实认定一样,习惯的认定也是一个执法者及司法者审查确认习惯确实存在且与手头案件密切相关的过程或行为。对于前一个问题,当事人与执法者及司法者不难达成共识,因而是一个客观程度较高的问题;而对于后一个问题,即习惯与本案的密切程度问题,当事人与执法者及司法者可能难以达成共识,因而是一个客观程度较低的问题。至于习惯是否属于良习且其规范之事项未为现行法律所覆盖,③则不属于狭义上的习惯认定之范

---

① 姜世波、王彬:《习惯规则的形成机制及其查明研究》,中国政法大学出版社 2012 年版,第 320 页。

② 姜世波、王彬:《习惯规则的形成机制及其查明研究》,中国政法大学出版社 2012 年版,第 334 页。

③ 参见张生:《略论民事习惯在民初司法中的作用》,《人文杂志》2001 年第 4 期。

畴,而成为一个法律判断、法律解释抑或价值判断的问题。① 因此,至少从狭义上看,有必要将习惯的认定与其适用这两个截然不同的阶段或程序明确地区分开来。

对于未进入国家立法、判例、司法解释及指导性案例之习惯,通常须经历一个当事一方举证,对方质证和法庭审查之程序,方为法官最后确认为既存且与本案密切之习惯。"在普通法法系中,确认习惯法的一般做法是:主张援引习惯法的当事人一方以合法方式举证说明习惯的存在之后,法官将其预设为合理的习惯法,但其效力待定。如果对该习惯法的实效提出抗辩的当事人不能举证该习惯法具有不合理之处,则将适用该习惯法作出判决;反之,如果能够举证该习惯法的不合理性,则该习惯法不产生法律实效。"②例如,在殖民地时期的非洲,当事人可以向法院申请传唤知悉当地习惯的国王、酋长和其他权威出庭证明,或者援引学术著作对于某一特定习惯之描述证明该习惯之存在,除非对方当事人提出相当的权威或证据否定该习惯之存在,否则该习惯即可被法官认定为存在。与此同时,法官也可以依职权主动传唤、咨询知悉习惯的权威,或者援引著作来认定习惯。③ 民国初年大理院三年上字三三六号判决记载:习惯为审判衙门所不知者应由当事人立证。大理院四年上字一一八号判决记载:习惯法之成立以习惯事实为基础,故主张特别习惯以为攻击或防御者,除该习惯确系显著,素为审判衙门所采用者外,主张之人应负立证责任。民国四年上字第二二九号规定:习惯法规之成立以习惯事实为基础,故当事人主张习惯法则以为攻击防御者自应依主张事实之通例负立证责任。大理院民国四年上字第四二九号判决确定:习惯事实之调查依诉讼法则与审查争执事

---

① 例如在最高人民法院公布 10 起残疾人权益保障典型案例之五:陈某某、陈某祥与陈某英等遗嘱继承纠纷案中,法院确认当地存在"房产只传男不传女"的习惯,但认为其不合理,故在其后的阶段中不予以适用。

② 厉尽国:《习惯法制度化的历史经验与现实选择》,《甘肃政法学院学报》2009 年第 1 期。

③ 参见姜世波、王彬:《习惯规则的形成机制及其查明研究》,中国政法大学出版社 2012 年版,第 302—303 页。

实同,其程序应据当事人依法提出之证据或审判衙门职权调查之结果,方得认定其事实之存在及其存在之程度。2009 年 2 月 9 日通过的《最高人民法院关于适用〈中华人民共和国合同法〉若干问题的解释(二)》(已废止)第 7 条第 2 款对习惯的认定问题作出了规定,但失之过简。

当然,当立证与驳证双方就习惯之存在及其与本案之密切程度所提供的证据旗鼓相当的情形下,法官就不得不诉诸自由心证来作出最终的认定。例如,"在尼日利亚的案件阿德布诉安第文(Adedebu v. Adewoyin)中,双方当事人提出的传统习惯法是相互冲突的,每一方引用的证据都能支持自己的主张。"[1]在证据的证明力,尤其是所传唤的证人之证言和所援引之习惯法著作之权威性等问题上,法官的自由心证或者价值判断就发挥着决定性作用。

但是,对于对方当事人自认的,或者众所周知的,或者已为官方文件确认的习惯,提供方无需举证;法官在审查其与本案关系密切后,亦可直接予以认定。例如,民国七年上字第七五五号判决例规定:当事人共认之习惯,苟无背于公共之秩序,审判衙门固不待主张习惯利益之人再为证明,即可予以采用。对于"众所周知的事实""根据已知的事实和日常生活经验法则推定出的另一事实""已为法院、仲裁机构生效裁判和有效公证文书确认的事实",根据前述2014 年 12 月 18 日最高人民法院通过的《关于适用〈中华人民共和国民事诉讼法〉的解释》第 93 条第 2、4、5、6、7 项、2008 年 12 月 16 日最高人民法院发布的《关于民事诉讼证据的若干规定》第 9 条第 1、3、4、5、6 项和最高人民法院 2002 年 6 月 4 日通过的《关于行政诉讼证据若干问题的规定》第 68 条第1、4、5 项的规定,无须当事人举证,执法者及司法者可以径予认定。"对于属于人们日常生活经验、众所周知的商事习惯以及司法判决已确认的特定当事人之间的商事习惯法官可以直接依照法律规定,以之推定相应的法律事实或

---

① 姜世波、王彬:《习惯规则的形成机制及其查明研究》,中国政法大学出版社 2012 年版,第 304 页。

者以之确认当事人之间的权利义务关系,而无需司法程序之确认。"①另外,根据现代各国通例,已为机关和团体正式出版物(例如汇编、草案、"法典"、调查报告、年刊)确认的习惯,其效力与前述习惯相同。②

江苏省高级人民法院在前述闫某某与朱某某技术转让合同纠纷上诉案,最高人民法院在申请再审人闫某某与被申请人朱某某技术转让合同纠纷案中,由于主张方朱某某提供的技术转让之商业习惯为该行业内众所周知(当然对方当事人也未对该习惯之存在及内容表示异议),故两法院皆对该习惯予以直接认定。同时,最高人民法院还主动查明及认定了"以固定部分转让费(也叫预付入门费)加利润提成作为技术转让计费方式"的技术转让交易习惯,从而确定合同条款的真实意思及合同的性质。③ 在前述北雁云依与济南市公安局历下区分局公安户口行政登记行政判决书案((2010)历行初字第4号)中,由于被告提供的"新生儿随父或母姓"之汉族传统习惯众所周知,原告也未对该习惯之存在及内容表示异议,故法庭给予了直接认定。④

然而,当存在两个容易混淆,但内容显然不同之众所周知的交易习惯时,法院就必须结合当事双方先前的交易行为予以谨慎认定。重庆市荣昌县人民法院在"重庆市信心农牧科技有限公司诉重庆两江包装有限公司买卖合同纠纷抗诉案"中所认定的交易习惯可能是与其他交易习惯及客观事实不符的,

---

① 吴敏:《商事审判中对商事习惯的确认》,《重庆师范大学学报(哲学社会科学版)》2012年第6期。

② 例如1942年制定、1978年修订的《意大利民法典》第9条规定:在有权限的团体及机关公认的收录集中所公示的习惯,在有相反的举证证明以前,推定其存在。参见《意大利民法典》,陈国柱译,中国人民大学出版社2010年版,第2页。

③ 参见闫某某与朱某某技术转让合同纠纷上诉案(江苏省高级人民法院(2007)苏民三终字第0144号);申请再审人闫某某与被申请人朱某某技术转让合同纠纷案(最高人民法院(2009)民申字第159号)。

④ 参见指导案例89号:"北雁云依"诉济南市公安局历下区分局燕山派出所公安行政登记案((2010)历行初字第4号)。

即该院认为："卖方将发票交与买方持有，就意味着买方已经向卖方支付其货款。"[1]但是众所周知，在财务实践中，大量存在卖方将预开的发票交与买方，以方便买方做账打款之实践。此种卖方预开发票的行为已经成为对公交易之惯例甚或习惯。在该案中，交易双方都是公司，它们之间的交易属于对公交易，极有可能采用后一交易习惯"先收票后打款"。事实上，二审时重庆市第五中级人民法院依据合同查明，被告确实是按照后一交易习惯履行付款义务的。不过，虽然二审法院的认定是正确的，但是其认为后一交易习惯是当事双方之交易习惯的认定却有失妥当。[2] 更为准确的措辞应是，后一交易习惯为本案当事双方所采用。

与此同时，上述要求也提醒执法者及司法者，如果所认定的习惯并非当事人自认的，或者众所周知的，或者已为官方文件确认的习惯，那么执法者及司法者必须首先向当事双方展示、说明该习惯，并予以适当论证，然后才能认定该习惯存在及与本案密切相关。

不过，在确认习惯确实存在且与手头案件密切相关之后，还有一个问题需要解决，即该习惯是否为本地、本领域、行业和团体足够多的成员在足够长的时间内反复实践、遵循及认同，以至于可以被视为具有法之约束力的习惯规则。有一些习惯确实存在，也与手头案件密切相关，但是它可能尚未进化或发展到足以被圈内人士视为有法之约束力的习惯规则的程度，因此也就不能被认定是可以适用于手头案件的习惯规则。此处对于法官可能比较棘手的是，圈内多少人的实践、遵循及认同可以视为"足够多"，多长时间的实践、遵循及认同可以视为"足够长"？最后可能只有取决于法官的自由心证，但有一点是肯定的，"足够多"至少必须是圈内过半数，甚或三分之二多数；"足够长"至少

---

[1] 王伯文：《民商事习惯的适用规则——重庆五中院判决重庆市信心农牧科技有限公司诉重庆两江包装有限公司买卖合同纠纷抗诉案》，《人民法院报》2009年2月6日，第5版。

[2] 参见重庆市信心农牧科技有限公司诉重庆两江包装有限公司买卖合同纠纷再审案（（2008）渝五中民再终字第56号）。

是必须在圈内人士心中产生法之确信。当然,如前所述,从理论上讲,当事人或者法院可以采取社会学调查的方法获得上述结论,但是就目前而言,比较通行的做法是采取习惯权威出庭作证、习惯法汇编证明和官方文件证明等方法。随着计算机和网络技术的发展,未来不排除采取大数据分析的方法获取上述结论。

三、习惯的适用

"法律规范的适用,指国家机关和国家授权的机构组织按照法律的规定运用国家权力,将法律规范适用于具体的对象,用以处理具体问题(事件)的专门活动。法律适用包括行政适用和司法适用,其中司法适用是法律适用的典型形式,即狭义的法律适用。"[1]后者是"指国家司法机关依照法定职权和程序具体应用法处理案件作出判断的专门活动"。[2] 本书是在狭义上使用"法律适用"概念,并参照该概念对习惯的适用展开论述。换言之,习惯的适用是指法院依照法定职权和程序具体应用习惯认定事实、得出裁判结论,或者增强裁判结论的权威性和说服力的专门活动。习惯的适用往往是与法律的适用交织在一起的,它或者以法律的规定、变通、默许为前提,或者以法官对法律的解释、修辞、漏洞填补和自由裁量等为前提。

近代以来,习惯在司法中的大规模适用始自民国初年大理院的一系列裁判。原因在于新旧政权交替之际,旧法已废除,新法未立,而法律纠纷又源源不断地进入司法审判机关,因而只能以习惯作为裁判依据。"奉省司法衙门受理诉讼案件以民事为最多,而民商法规尚未完备,裁判此项案件,于法规无依据者多以地方习惯为准据,职司审判者苟于本地各种之习惯不能尽知,则断案即难期允惬。习惯又各地不同,非平日详加调查不足以期明确。"[3]同样,新

---

① 朱景文主编:《法理学》(第 3 版),中国人民大学出版社 2015 年版,第 284 页。
② 葛洪义主编:《法理学》(第 4 版),中国人民大学出版社 2015 年版,第 205 页。
③ 民国北洋政府:《民商事习惯调查录》,《司法公报》(1927 年出版)第 242 期。

中国成立之初,在司法领域也曾发生过一个类似的习惯被较大规模地直接或间接适用的过程。当时的情形也如民国初年类似,即中华民国的"六法全书"被废除,而新中国相应的法律尚未建立健全,故只能参照"六法全书",以及更多的根据党和国家的政策还有习惯来裁判案件。①

(一)习惯适用的发生学依据

如前所述,从总体上看,习惯可以在当事人约定、法律规定、法律变通、法律默许、法律解释、法律修辞、法律漏洞填补、法官裁量等八种情形下得到适用。

1. 当事人约定适用。如果民事案件的当事人约定在认定特定事实或发生纠纷后适用特定的习惯,那么当这些条件成就时,习惯应当被适用,除非当事人约定的习惯违反强行法及公序良俗。② 当事人约定适用可以避免法律默许适用、司法解释适用、法官裁量适用等可能带来的破坏法律的统一性、同案不同判、恣意适用习惯等争议,是一种值得推荐的习惯适用方式。从采取的方式上看,当事人对习惯的约定适用可以分为明示约定适用和默示约定适用。前者如当事人在协议中载明适用某一特定习惯认定事实,解决纠纷;后者如某一特定习惯虽然未为当事人在协议中载明,但是在协议签订及履行过程中当事人却按该习惯进行。③

---

① 参见 1951 年 7 月 18 日最高人民法院西南分院作出的《关于赘婿要求继承岳父母财产问题的批复》第 5 条:如当地有习惯,而不违反政策精神者,则可酌情处理。1963 年 8 月 28 日最高人民法院通过的《关于贯彻执行民事政策几个问题的意见》指出,全国各级人民法院在党的领导下,根据党的政策和国家法律,审理了大量的民事案件。

② 例如 1972 年 7 月 29 日颁布的《加蓬民法典》第 55 条强调:除治安及安全条款外,合同实质要件及债务效力,依缔约者双方意思自治原则。1803—1804 年制定、2007 年 3 月 5 日修正的《法国民法典》第 6 条规定:任何人均不得以特别约定违反涉及公共秩序和善良风俗的法律。(《法国民法典》,罗结珍译,北京大学出版社 2010 年版,第 1 页)2014 年 11 月 4 日修订的《中国国际经济贸易仲裁委员会金融争议仲裁规则》第 21 条规定:除非法律另有强制性规定,涉外案件的当事人可以约定适用于案件实体问题的法律。

③ 例如 2001 年 4 月 19 日最高人民法院作出的《关于英国嘉能可有限公司申请承认和执行英国伦敦金属交易所仲裁裁决一案请示的复函》((2001)民四他字第 2 号)。

例如，在原告李某某、李某一诉被告李某二抚养费纠纷案中，原告之母在与被告离婚时虽未明示约定按当地习惯由被告承担原告上大学、结婚的费用，但在签订协议时却默示按当地习惯进行，故法院适用该习惯，判决被告按约定履行义务。①

在当下我国有一种当事人约定适用习惯的现象值得讨论，且引起的争议也很大，即民族地区的当事人在发生人身伤亡之刑事案件后，约定适用"赔命价""赔血价"习惯解决纠纷（主要是刑事附带民事部分）。从严格规则主义的角度看，此种约定显然违反国家强行法（但不一定违反公序良俗，至少不违反当地的公序良俗），是国家制定法及司法者不能容忍的行为。但奇怪的是，当地的刑事司法机关及政府对此竟然予以容忍和默认，当然最终也就使此种习惯通过当事人约定的方式在非正式解纷程序乃至国家正式的刑事附带民事诉讼程序中得到了适用。②

2. 法律规定适用。从对法官的强制程度上看，法律规定适用习惯依次存在如下四类情形：第一，法律规定必须适用习惯。例如在法无明文规定或严重不正义的情况下，根据法官不能拒绝裁判的原则，③如果有对应的习惯，那么法官必须适用习惯。④ 这似已成为当代中国司法界之共识，以致为地方司法文件所明文强调。⑤ 第二，法律规定应当适用习惯。其中又分为如下两种情形，其一是应当优先适用习惯，例如在有法律规定的情况下，如果有相对应的习惯，那么

---

① 参见最高人民法院公布 49 起婚姻家庭纠纷典型案例之三十四：原告李某某、李某一诉被告李某二抚养费纠纷案。

② 参见周世中、周守俊：《藏族习惯法司法适用的方式和程序研究——以四川省甘孜州地区的藏族习惯法为例》，《现代法学》2012 年第 6 期。

③ 例如 1803—1804 年制定、2007 年 3 月 5 日修正的《法国民法典》第 4 条明令：法官借口法律没有规定或者规定不明确、不完备而拒绝审判者，得以拒绝审判罪追诉之。（参见《法国民法典》，罗结珍译，北京大学出版社 2010 年版，第 1 页）1965 年 3 月 18 日签订的《国际复兴开发银行公约》第 42 条第 2 项强调：法庭不得以法律没有规定或暧昧不清为借口而拒绝裁判。

④ 参见牟某 1 等与牟某 3 等法定继承纠纷上诉案（山东省青岛市中级人民法院（2017）鲁 02 民终第 10630 号）。

⑤ 参见 2008 年 12 月 15 日北京市高级人民法院通过的《关于〈北京市高级人民法院审理买卖合同纠纷案件若干问题的指导意见（试行）〉的说明》第八条的理解与适用：在不能因此拒绝裁判的情况下，法院应从交易方式和交易习惯出发。

法官应当优先适用习惯;其二是在法官发现没有合适的法律规则的情况下,应当适用习惯。① 第三,法律规定可以适用习惯。② 例如在有法律规定或没有法律规定的情况下,如果有相对应的习惯,那么法官可以适用习惯,当然也可以不适用习惯。③ 第四,法律规定参照适用习惯。例如法律规定在没有或者有法律规范的情况下,参照习惯裁判案件。在当下,更多的情形是在没有法律规范的情况,司法解释要求法官参照习惯裁判案件。④ 对于涉外案件,没有法律规范,当然要参照国际惯例或者习惯做法进行裁判。⑤ 即使有法律规范,通常法律规定也要参照国际惯例或者习惯做法予以裁判,目的是为了实现中国法律及司法与国际接轨,更是使法院裁判能够得到外国法院的承认及执行。⑥

在当下中国还存在一类比较特殊的、虽然不属于法律规定适用,但是与法

---

① 例如 2015 年 10 月 12 日通过的《最高人民法院关于在人民法院工作中培育和践行社会主义核心价值观的若干意见》第 10 条规定:在处理相关案件中,要按照意思自治、法律规定、交易习惯和公序良俗等不同效力和习惯顺序进行裁判。

② 例如 1992 年 11 月 7 日通过的《中华人民共和国海商法》第 268 条第 2 款、2004 年 8 月 28 日修正的《中华人民共和国票据法》第 92 条第 2 款、2021 年 4 月 29 日修正的《中华人民共和国民用航空法》第 184 条第 2 款均规定:中华人民共和国法律和中华人民共和国缔结或者参加的国际条约没有规定的,可以适用国际惯例。2017 年 3 月 15 日通过的《中华人民共和国民法总则》第 10 条(现《民法典》第 10 条)规定:处理民事纠纷,应当依照法律;法律没有规定的,可以适用习惯,但是不得违背公序良俗。

③ 但是此处的"可以适用",表面上是赋予法官以自由裁量权,但根本的目的却是为尊重当事人的选择权及意思自治。

④ 例如最高人民法院分别于 1951 年 1 月 1 日作出的《关于收养关系诸问题的几点意见》第 1 条和 1951 年 5 月 17 日作出的《关于收养诸问题的复函》。在这两件回复中,由于当时收养法尚未出台,而民间收养行为及其纠纷又不断发生并诉诸法院,为此,最高人民法院通过发布司法解释性质文件的形式,确认了根据民间收养习惯成立的收养契约的合法性。又如,1963 年 8 月 28 日最高人民法院通过的《关于贯彻执行民事政策几个问题的意见》第一(一)3 条要求参照历史习惯解决水利和水上资源的纠纷。

⑤ 例如 1993 年青岛海事法院在受理的广州海事局申请海事赔偿责任限制案中,参照国际习惯做法审结了该案。参见 2006 年 10 月 26 日发布的《最高人民法院副院长万鄂湘在全国海事审判工作会议上的讲话》。1986 年 1 月 31 日最高人民法院通过的《关于诉讼前扣押船舶的具体规定》(已废止)、《关于涉外海事诉讼管辖的具体规定》(已废止)、1987 年 8 月 29 日最高人民法院通过的《关于强制变卖被扣押船舶清偿债务的具体规定》(已废止)、1989 年 5 月 13 日最高人民法院通过的《关于海事法院收案范围的规定》(已废止)均提出要参照国际习惯做法受理、裁判和处理海事纠纷。

⑥ 例如 1992 年 11 月 7 日通过《中华人民共和国海商法》第 49 条、第 53 条、第 268 条第 2 款。

律规定适用类似的情形,即司法机关通过发布诸如两高工作文件、司法解释性质文件的形式要求法官从事司法确认活动,审查人民调解协议的合法性,或者审理特殊地区、特殊群体的案件时,要以习惯作为审查、裁判和执行标准之一。① 两高工作文件和司法解释性质文件与司法解释具有一定的家族相似,显然不是司法解释,也不属于广义的法律,因而通过此种文件实现的习惯适用严格地讲不属于习惯的法律规定适用。

3.法律变通适用。由于特殊情况的存在,使得全国统一的法律在特定地区、行业、领域、人群中难以甚或无法得到全部适用,只有根据该特殊情况对法律作出变通,才能得到适用,称为法律的变通适用。典型的就是法律在民族自治地方难以得到全部适用,必须根据当地民族的特殊情况,尤其是文化传统和风俗习惯予以变通,才能得到适用,因而通过法律的变通适用,习惯也就得以进入法律,得到适用。严格地讲,此种习惯适用形式,也属于习惯的法律规定适用。因为习惯得以进入法律,仍然要通过民族自治地方的自治机关根据法律中的授权条款制定自治条例或单行条例,才能得以适用,法官并无根据法律中对于民族自治地方的自治机关之授权条款直接变通法律,从而使习惯进入法律,最终得到适用的权力。此种变通法律的授权条款在立法法、民法、行政法和刑法中都存在,只是根据对公民权利义务影响之轻重不同,受权主体之立法权力级别也相应地有所不同。②

习惯借助法律的变通规定得以适用之情形,在民事诉讼、行政诉讼和刑事诉讼中都普遍存在,只是在刑事诉讼中更加隐秘和引起的理论争议更大而已。

---

① 参见《最高人民法院审判委员会委员、民事审判第一庭庭长杜万华在成都、汕头召开的民事审判专题座谈会上的讲话——加强监督指导,促进司法和谐,努力推动民事审判工作新发展》第4条;2008年12月3日最高人民法院印发的《关于为推进农村改革发展提供司法保障和法律服务的若干意见》。

② 参见2015年3月15日修正的《中华人民共和国立法法》第75条、2009年8月27日修正的《中华人民共和国民法通则》第151条、2009年8月27日修正的《中华人民共和国森林法》第48条、2020年12月26日修正的《中华人民共和国刑法》第90条、2021年12月24日修正的《中华人民共和国民事诉讼法》第17条等。

4. 法律默许适用。习惯在法律默许的情况下得到适用，这是我国法律适用的一个特殊现象。严格地讲，司法权作为一种公权力，非得法律授权不得行使，而且还必须在法律授权的范围内依规定的程序行使。但是在现代中国，尤其是新中国成立之初，由于法制未得完善，法官如果完全根据法律行使裁判权，将使大量的纠纷无法得到解决，或者无法得到妥善的解决。在此种情况下，法律往往默许法官行使一些自古以来就享有的惯例性或传统性权力，根据非国家法规则解决纠纷。这样，习惯就可能在法律默许的情况下，借助法官"便宜行事"的惯例性权力得到适用。① 此种现象不仅在新中国成立初期曾在局部地区大面积地发生过，而且在当下亦不罕见。也不仅在民族地区仍然存在，而且在汉族地区也被当作成功的司法试验加以宣传。②

当然，在这种情况下，为了获取其裁判行为及其结果的正当性甚或合法性依据，法官及其法院也可以援引一些国家制定法上的规则或原则作为间接依据。③ 同时，法院也可能有意识地避免以裁判而是尽量以调解的方式适用此种习惯规则。

5. 法律解释适用。法官在处理手头案件时，发现与其对应的法律规定有模糊、冲突或不正义之处，于是借助特定的法律解释方法以消除该法律的上述缺陷，而恰好发现习惯可以作为澄清、协调、校正该法律的制度性资源。例如

---

① 例如1951年4月13日最高人民法院作出的《关于各地人民法院婚姻案件陪审情况的综合通报》中，法律就默许民族地区的法官依离婚习惯裁判离婚案件；1958年1月27日最高人民法院作出的《关于已出嫁女儿赡养父母和媳妇赡养婆婆问题的批复》(已废止)"附"中就默认法院适用媳妇扶养婆婆的传统习惯以解决赡养纠纷。

② 例如在江苏省姜堰市人民法院等法院试行的、将民俗习惯引入法院的做法，直至今日仍在进行中。参见2007年3月6日姜堰市人民法院通过的《关于将善良风俗引入民事审判工作的指导意见(试行)》；张宽明：《57件彩礼案零上诉——姜堰法院引入善良风俗处理彩礼返还纠纷调查》，《人民法院报》2007年4月15日，第4版。

③ 例如上注通报中的法官及其管理者就可能援引前述1950年3月3日通过的《中华人民共和国婚姻法》(已废止)第27条第2款的下述规定：在少数民族聚居的地区，大行政区人民政府(或军政委员会)或省人民政府得依据当地少数民族婚姻问题的具体情况，对本法制定某些变通的或补充的规定，提请政务院批准施行。在1952年5月8日最高人民法院作出的《有关婚姻问题的复函》第3条中，作为法院管理者的最高人民法院就暗示承审法院援引上述条款以为合法性依据。

前述 1948 年颁布、2004 年修订的《意大利民法典》第 12 条第 2 款规定："无法根据一项明确的规则解决歧义的,应当根据调整类似情况或者类似领域的规则进行确定。"①如果习惯刚好是此种"类似规则",那么就有机会得到适用。因此,在遇到有缺陷的法律时,借助特定的法律解释方法,例如文义解释、体系解释、目的解释、限缩解释、扩张解释、历史解释、合宪性解释等狭义的解释方法,习惯得以适用到司法裁判中。

在前述原告李某某、李某一诉被告李某二抚养费纠纷案中,法官发现 2001 年 4 月 28 日修正的《中华人民共和国婚姻法》第 21 条第 1 款及第 2 款、2001 年 12 月 24 日最高人民法院通过的《关于适用〈中华人民共和国婚姻法〉若干问题的解释(一)》第 20 条对权利主体的教育阶段限制过于狭窄,有违社会正义及传统习惯,②于是借助目的性扩张的解释方法,将该主体之教育阶段扩张至"在校接受高等学历教育",从而使社会中既存的"没能经济独立的子女就读大学(含各类职业技术学校)的费用,由有经济能力的父母支付"之习惯得到了适用。③

对与手头案件对应的法律规定进行解释以适用习惯外,法官还可以借助与手头案件对应的立法文本中的其他与案件事实并非直接相关的不确定概念及一般条款进行扩张解释,以达到最终适用习惯之目的。例如,法官可以借助对"公共秩序""善良风俗""公共利益""社会公德"等不确定概念及

---

① 《意大利民法典》,费安玲译,中国政法大学出版社 2004 年版,第 5 页。

② 2001 年 4 月 28 日修正的《中华人民共和国婚姻法》第 21 条第 1 款(现民法典第 26 条)规定:父母对子女有抚养教育的义务。第 2 款规定:父母不履行抚养义务时,未成年的或不能独立生活的子女,有要求父母付给抚养费的权利。2001 年 12 月 24 日最高人民法院通过的《关于适用〈中华人民共和国婚姻法〉若干问题的解释(一)》(已废止)第 20 条规定:婚姻法第 21 条规定的"不能独立生活的子女",是指尚在校接受高中及其以下学历教育,或者丧失或未完全丧失劳动能力等非因主观原因而无法维持正常生活的成年子女。

③ 参见最高人民法院公布 49 起婚姻家庭纠纷典型案例之三十四:原告李某某、李某一诉被告李某二抚养费纠纷案。

一般条款的扩张解释，以达到承接、适用习惯之目的。① 在前述原告李某某、李某一诉被告李某二抚养费纠纷案中，法官也采取此种解释策略，以达到适用习惯的目的。

如果将法益衡量、利益衡量和价值衡量也视为法律解释的话，那么法官也可以借助此三种中义的法律解释方法，以达到间接适用习惯的目的。② "其中价值衡量就是法官在司法活动中根据案情对法律、对适用于个案的规则的处理方式之一。在该处理方式中，法官进行价值衡量的根据既可以是国家法律的原则精神，也可以来自民间规范。"③

6. 法律修辞适用。即使与手头案件对应的法律没有缺陷，法官也可以基于诸如增强裁判的合理性、正当性和可接受性等法律修辞的需要，适用习惯解释法律及案件事实，以强化裁判结论的修辞效果。例如，法官可以在司法活动中引入"情理"，以增强裁判结论的感染力等修辞效果，而此种"情理"可能恰好与习惯相对接或吻合，从而也就达到了间接适用习惯的目的。"所谓'情理入法'恰恰根据的是某种民间规范———约定俗成的民间心理、民间规范文化而处理案件的方式。"④

例如在张某与蒋某婚姻家庭纠纷案中，虽然与该案对应的 2001 年 4 月 28 日修正的《中华人民共和国婚姻法》第 4 条、2001 年 12 月 24 日通过的《最高人民法院关于适用〈中华人民共和国婚姻法〉若干问题的解释（一）》第 28

---

① 例如 1999 年 3 月 15 日通过的《中华人民共和国合同法》（已废止）第 7 条规定：当事人订立、履行合同，应当遵守法律、行政法规，尊重社会公德，不得扰乱社会经济秩序，损害社会公共利益。2009 年 8 月 27 日修正的《中华人民共和国民法通则》第 7 条要求：民事活动应当尊重社会公德，不得损害社会公共利益。2017 年 3 月 15 日通过的《中华人民共和国民法总则》第 132 条（现民法典第 132 条）强调：民事主体不得滥用民事权利损害国家利益、社会公共利益或者他人合法权益。

② 参见李可：《法学方法论原理》，法律出版社 2011 年版，第 248—283 页。

③ 谢晖：《初论民间规范对法律方法的可能贡献》，《现代法学》2006 年第 5 期。

④ 谢晖：《初论民间规范对法律方法的可能贡献》，《现代法学》2006 年第 5 期。

条等没有缺陷,①但法官为了增强裁判的社会认同度和败诉方的接受度,仍然可以适用中国社会传统的"被戴绿帽者可以要求过错方给予赔偿"之习惯来解释上述法律。当然,法官可能考虑到裁判书的官方公文性质而没有援引该习惯。②

又如,在"北雁云依"诉济南市公安局历下区分局燕山派出所公安行政登记案中,在适用于本案的 2009 年 8 月 27 日修正的《中华人民共和国民法通则》第 99 条第 1 款和 2001 年 4 月 28 日修正的《中华人民共和国婚姻法》第 22 条、2014 年 11 月 1 日全国人民代表大会常务委员会通过的《关于〈中华人民共和国民法通则〉第九十九条第一款、〈中华人民共和国婚姻法〉第二十二条的解释》并无缺陷的情况下,③法官在裁判理由部分肯定了被告提供的"新生儿随父或母姓"之汉族传统习惯,引入了与该习惯暗合的"公序良俗",尤其是姓氏文化,以强化裁判的合理性及权威性。从反面解读,法官其实是在间接批评原告凭个人喜欢给子女取姓的行为违反该传统习惯。

7. 法律漏洞填补适用。从历史上看,无论是新旧政权交替之际,还是新政

---

① 2001 年 4 月 28 日修正的《中华人民共和国婚姻法》第 4 条(现民法典第 1043 条第 2 款)规定:夫妻应当互相忠实,互相尊重;家庭成员间应当敬老爱幼,互相帮助,维护平等、和睦、文明的婚姻家庭关系。2001 年 12 月 24 日通过的《最高人民法院关于适用〈中华人民共和国婚姻法〉若干问题的解释(一)》(已废止)第 28 条规定:婚姻法第四十六条规定的"损害赔偿",包括物质损害赔偿和精神损害赔偿。涉及精神损害赔偿的,适用最高人民法院《关于确定民事侵权精神损害赔偿责任若干问题的解释》的有关规定。

② 参见最高人民法院公布 49 起婚姻家庭纠纷典型案例之三十六:张某与蒋某婚姻家庭纠纷案。

③ 2009 年 8 月 27 日修正的《中华人民共和国民法通则》(已废止)第 99 条第 1 款强调:公民享有姓名权、有权决定、使用和依照规定改变自己的姓名,禁止他人干涉、盗用、假冒。2001 年 4 月 28 日修正的《中华人民共和国婚姻法》(已废止)第 22 条规定:子女可以随父姓,可以随母姓。2014 年 11 月 1 日全国人民代表大会常务委员会通过的《关于〈中华人民共和国民法通则〉第九十九条第一款、〈中华人民共和国婚姻法〉第二十二条的解释》(已废止)指出:公民依法享有姓名权。公民行使姓名权,还应当尊重社会公德,不得损害社会公共利益。公民原则上应当随父姓或者母姓。有下列情形之一的,可以在父姓和母姓之外选取姓氏:(一)选取其他直系长辈血亲的姓氏;(二)因由法定扶养人以外的人扶养而选取扶养人姓氏;(三)有不违反公序良俗的其他正当理由。少数民族公民的姓氏可以遵从本民族的文化传统和风俗习惯。

权已经稳定之时，法律都有这样那样的欠缺，或大或小的疏漏，但是如前所述，法官又不能拒绝裁判。如此，在法律存在漏洞的地方，习惯也就获得适用的机会。

前文已述及，新中国成立之初，废除了旧中国的"六法全书"，但是又未能迅速建立健全相应的法律制度，因而有大面积的社会生活领域处于"没有法律规定，只有习惯调整"的状态。例如，1950 年 3 月 3 日通过的《中华人民共和国婚姻法》没有对子女的命名及变更事项作出规定，导致实践有因此而发生纠纷诉诸法院时，法官因于法无据难以作出裁判。① 又如，该法也没有对赘婿的财产继承事项予以规定，也导致了法官陷入同样的司法困局。② 还如，该法没有对配偶被剥夺继承权，但又无父母子女的人之财产应由谁继承作出规定，导致法官难以作出裁判。③ 再如，1980 年 9 月 10 日通过的《中华人民共和国婚姻法》没有对夫妻一方死亡另一方将子女送他人收养是否应征得有抚养

---

① 很显然，这是立法者未预期的漏洞，因为在正常的夫妻关系或者旧中国宗法及夫权制下，这种子女更名权争议极少发生且解决方案非常明确。1980 年 9 月 10 日通过的《中华人民共和国婚姻法》第 16 条及 1986 年 4 月 12 日通过的《中华人民共和国民法通则》（已废止）第 99 条第 1 款对该漏洞予以了填补，但仍未杜绝夫妻及其各自家族之间有关子女命名及更名权之争议的法律漏洞（参见 1981 年 8 月 14 日最高人民法院作出的《关于变更子女姓氏问题的复函》）。2006 年 9 月 28 日公安部发布的《关于父母一方亡故另一方再婚未成年子女姓名变更有关问题处理意见的通知》，则加剧了夫族与妻族之间有关子女姓名变更权的争夺。在此背景下，2014 年11 月 1 日全国人大常委会不得不通过《关于〈中华人民共和国民法通则〉第九十九条第一款、〈中华人民共和国婚姻法〉第二十二条的解释》（已废止），试图彻底填补因法律及社会变革带来的上述法律漏洞。这些也可视为法律对传统习惯的抛弃所导致的一系列制度及社会后果。

② 同样，这也是立法者未预期的漏洞，因为在正常的夫妻关系或者旧中国宗法及婚姻制下，这种赘婿要求继承岳父母财产问题的争议极少发生且解决规则非常明确。1980 年 5 月讨论《中华人民共和国婚姻法》时论及这个漏洞（参见武新宇：《关于〈中华人民共和国婚姻法（修改草案）〉和〈中华人民共和国国籍法（草案）〉的说明》，《人民司法》1980 年第 10 期），留到了 1985年 4 月 10 日通过的《中华人民共和国继承法》（已废止）第 12 条给予填补，但后者也仍未杜绝赘婿对于岳父母财产的争夺。因为根据该条，赘婿的财产请求权之事实基础是"对岳父、岳母尽了主要赡养义务"，而根据旧中国或传统习惯，赘婿的财产请求权之事实基础是"对女方家庭履行的劳动生产义务"。从继承发生的时间上来看，新中国的继承法舶自西方，将继承发生的时间定在被继承人死亡之时，而根据旧中国或传统的继承习惯，继承是发生在被继承人年老或者赘婿与其配偶离婚之时。

③ 同样，这也是立法者未预期的漏洞，因为在旧中国宗法及婚姻制下，此种财产无主的情况极少发生且解决规则也相当明确。1985 年 4 月 10 日通过的《中华人民共和国继承法》（已废止）第10 条对该漏洞进行了填补，但仍未彻底堵塞被继承人夫族或妻族谁应为合格继承之争议的法律漏洞。

能力的祖父母或外祖父母同意的事项作出规定,导致实践中争议不断但法官又难以作出裁判。① 如果此时法官不通过逐级请求最高人民法院的话,可以援引民间习惯填补该法律漏洞,从而使民间习惯得到适用。②

如果法官在司法过程中发现属于受案范围的手头案件缺乏对应的法律时,或虽然存在对应的法律,但该法律是残缺的,此时假若同时存在可以作为补漏洞工具的习惯、法律原则、法律原理、相似规范、法律政策等时,那么法官应当基于保护当事人可预期性及限缩自身自由裁量权空间的考虑,优先适用习惯补漏。不过在强调"调解优先"的今天,同时也是为了规避裁判带来的司法风险,法官通常倾向于在此种情况下调解结案。当然,即便在调解结案的情况下,习惯也通常能够得到适用。③

8.法官裁量适用。其实在上述诸种适用场合,都或多或少地存在法官自由裁量权的运用,只不过习惯得以被适用的主要或起始原因不是取决于法官的自由裁量权。

在"事实论"及当下我国国家制定法上,习惯被当作事实或证据予以处理,而作为事实的习惯是否已为当事人证明并成为法律事实,或者为对方当事人否证从而不存在或不合法、不合理,除了当事人提供的客观证据及主观陈述后,还在一定程度上取决于法官对该习惯之积极品格(例如与案件的密切相

---

① 这也是立法者未预期的漏洞,理由同上,即在旧中国宗法及家庭制下,此种夫妻一方死亡,有抚养能力的祖父母或外祖父母健在,另一方将子女送他人收养的情况极少发生,且解决规则也十分确定。1991 年 12 月 29 日通过的《中华人民共和国收养法》第 17 条(现民法典第 1107 条)对该漏洞予以了填补,同样也未彻底堵塞被收养人父族或母族谁应为合格收养人之争议的法律漏洞。

② 参见 1951 年 2 月 28 日最高人民法院作出的《关于子女姓氏问题的批复》;1951 年 7 月 18 日最高人民法院西南分院作出的《关于赘婿要求继承岳父母财产问题的批复》;1952 年 10 月 13 日最高人民法院作出的《关于高春荣虐待其妻致死高妻的财产应由何人继承的问题的解答》;1989 年 8 月 26 日最高人民法院民事审判庭作出的《关于夫妻一方死亡另一方将子女送他人收养是否应当征得愿意并有能力抚养的祖父母或外祖父母同意的电话答复》)。

③ 例如厦门立德置业管理有限公司诉江群如物权确权纠纷案(福建省厦门市海沧区人民法院(2009)海民初字第 1969 号)。

关性、当事双方的知悉及实践程度)和消极品格(例如不违反法律的强行规定及底线道德)的主观认识。作为证据的习惯具有多大程度的证明力,及其与所要证明的事实主张之间具有多大程度的相关性等,都需要法官运用自由裁量权予以判断。

在作为事实的习惯客观上为公众及法官所普遍知悉的情况下,从理论上讲将限制法官自由裁量权的运用,但是从实践上看,下述问题仍得依赖法官的自由裁量权,即习惯被知悉的程度。即便是那些进入国家立法、判例、司法解释及指导性案例中的习惯,是否能够得到最终适用,仍得通过法官的自由裁量权这道门槛。尤其是,当载于指导性案例中的习惯是否应当适用手头案件,在相关性、证明力的判断上,法官仍有自由裁量的空间。而且,对于同级法院甚或下级法院作出的指导性案例中的习惯,其是否应当适用于本案,更是取决于法官的自由裁量权。

由以上分析可见,习惯得以通过当事人约定、法律规定、法律变通适用、法律默许、法律解释、法律修辞、法律漏洞填补、法官裁量等八种途径得到适用。一些法律实务工作者认为习惯只有在拥有法源地位的情况下,才可具有被适用的资格。[①] 此种观点似乎落入严格规则主义的窠臼,不利于习惯在司法过程中充分发挥其正当化裁判的功能。

(二)习惯适用的目的

习惯适用的目的在于证明法官对证据、事实、协议之性质及其内容认定的正确性和客观性,司法裁判结论的合理性和正当性,以增强裁判文书的权威性和可接受性。

在立法文本中,习惯也常常充当着类似的角色或发挥着类似的功能。例如在民法总则中,习惯主要是作为当事人作出意思表示的方式、意思表示解释

---

① 参见徐清宇、周永军:《民俗习惯在司法中的运行条件及障碍消除》,《中国法学》2008 年第 2 期。

的标准;①在婚姻法中,习惯主要是作为给付行为发生的依据之一;②在物权法中,习惯主要是作为法官处理相邻关系、法定孳息归属、认定受让人具有重大过失、合理的价格等方面的依据;③在合同法中,习惯主要是作为承诺生效、附随义务履行、合同内容补充或认定、后合同义务履行、合同条款确定、卖方义务履行、合同成立、保管人义务履行、买方义务履行、合理期间的确定等方面的标准;④在海商法中,习惯主要是作为承运人履行义务的标准;⑤在消费者权益保护法中,习惯主要是作为确定消费者权利、经营者义务等依据;⑥在专利法中,习惯主要是作为确定专利产品有合法来源的依据。⑦ 有时在刑法中,习惯也作为认定某种行为明显异常的标准之一。⑧

---

① 分别参见 2017 年 3 月 15 日通过的《中华人民共和国民法总则》(已废止)第 140 条第 2 款、第 142 条。

② 参见 2017 年 2 月 20 日最高人民法院修正的《关于适用〈中华人民共和国婚姻法〉若干问题的解释(二)》(已废止)第 10 条的规定:当事人请求返还按照习俗给付的彩礼的,如果查明属于以下情形,人民法院应当予以支持:(一)双方未办理结婚登记手续的;(二)双方办理结婚登记手续但确未共同生活的;(三)婚前给付并导致给付人生活困难的。适用前款第(二)、(三)项的规定,应当以双方离婚为条件。

③ 分别参见 2007 年 3 月 16 日通过的《中华人民共和国物权法》(已废止)第 85 条、第 116 条第 2 款,2015 年 12 月 10 日最高人民法院通过的《关于适用〈中华人民共和国物权法〉若干问题的解释(一)》(已废止)第 17 条、第 19 条。

④ 分别参见 1999 年 3 月 15 日通过的《中华人民共和国合同法》(已废止)第 22 条、第 26 条、第 60 条第 2 款、第 61 条、第 92 条、第 125 条、第 136 条、第 293 条、第 368 条,2012 年 3 月 31 日最高人民法院通过的《关于审理买卖合同纠纷案件适用法律问题的解释》第 1 条、第 8 条第 2 款、第 17 条、第 18 条;2015 年 6 月 23 日最高人民法院通过的《关于审理民间借贷案件适用法律若干问题的规定》第 16 条第 2 款、第 25 条第 2 款。

⑤ 分别参见 1992 年 11 月 7 日通过的《中华人民共和国海商法》第 49 条第 1 款、第 53 条第 1 款。

⑥ 分别参见 2013 年 10 月 25 日修正的《中华人民共和国消费者权益保护法》第 14 条、第 22 条。

⑦ 参见 2020 年 12 月 29 日最高人民法院通过的《关于审理侵犯专利权纠纷案件应用法律若干问题的解释(二)》第 25 条第 3 款。

⑧ 例如 2012 年 2 月 27 日最高人民法院、最高人民检察院通过的《关于办理内幕交易、泄露内幕信息刑事案件具体应用法律若干问题的解释》第 3 条:本解释第 2 条第 2 项、第 3 项规定的"相关交易行为明显异常",要综合以下情形,从时间吻合程度、交易背离程度和利益关联程度等方面予以认定:……(五)买入或者卖出证券、期货合约行为明显与平时交易习惯不同的。

在司法实践中,习惯更是具体地发挥着上述功能。例如在前述"闫某某与朱某某技术转让合同纠纷上诉案"及"申请再审人闫某某与被申请人朱某某技术转让合同纠纷案"中,法院就适用该行业内众所周知的技术转让之交易习惯,确定了当事人双方合同条款的真实意思及合同的性质。[①] 在王某某诉孙某丽、孙某明买卖合同纠纷案中,法院根据当事双方之间的特殊交易习惯及两被告之间的兄妹关系等因素,认定被告孙某明出具债权凭证的行为系履行职务的行为。[②] 在刘某某与重庆瑞恩农业有限公司公司利益责任纠纷上诉案中,法院采用"起诉之日即为磋商失败之日"的商业惯例,以该日作为认定增资款占用损失之起算点。[③] 在张某某与赵某婚约财产纠纷案中,法院根据证人证言,并结合当地风俗习惯,确认了原告在订婚时给付彩礼的事实。[④]

(三)习惯适用的限制

习惯的适用不是无条件的,如前所述,在有合理的、明确的法律规则的情况下,习惯没有适用的机会;即使没有合理、明确的法律规则,如果习惯本身与法律的强行性规则及公序良俗相抵触,也无法得到适用;即使习惯为良习但不与本案密切相关,仍然无法得到适用;即使习惯为良习且与本案密切相关,如果习惯的内容过于模糊且正在变化应当被谨慎适用;即使是与本案关系密切、内容清晰稳定的良习,如果加重相对人的行政责任,尤其是被告人的刑事责任,那么也被禁止适用。同时,仅适用于当事双方的特殊习惯,或者仅适用于本地、本领域、行业或团体的习惯,除非经过提供方或法官的可普适化论证,且

---

① 参见闫某某与朱某某技术转让合同纠纷上诉案(江苏省高级人民法院民事判决书(2007)苏民三终字第 0144 号);申请再审人闫某某与被申请人朱某某技术转让合同纠纷案(最高人民法院(2009)民申字第 159 号)。

② 参见最高人民法院发布 19 起合同纠纷典型案例之六:王某某诉孙某丽、孙某明买卖合同纠纷案。

③ 参见在刘某某与重庆瑞恩农业有限公司公司利益责任纠纷上诉案。

④ 参见张某某与赵某婚约财产纠纷案、2015 年 12 月 4 日最高人民法院公布的《10 起婚姻家庭纠纷典型案例(山东)》。

此种论证得到法庭的认可,否则也无法适用到发生在其他地区、领域、行业或团体的类似案件中。最后,对于并非当事人自认的,或者众所周知的,或者已为官方文件确认的习惯,如果没有经过前述查明、认定程序,也不能被适用,否则法官就有恣意司法之嫌。

例如在陈某某、陈某祥与陈某英等遗嘱继承纠纷案中,当事人陈某英提出"当地民间传统中房产只传男不传女"的习惯,法院认为该习惯违背"公序良俗"和继承法上的男女平等原则,损害公民法定的个人财产处分权和继承权,故不予以采纳和适用。①

对于习惯是否为良习,在职权主义诉讼模式下可以为法官主动予以审查,而在当事人主义诉讼模式下则应当为提供方所证明,对方当事人还拥有抗辩的权利。如果对方当事人的抗辩不成立,那么法官就可以认定该习惯为良习。不过,即使当事双方皆认为该习惯为良习,由于各国法律上普遍存在的"公序良俗"条款,法官仍可以之对该习惯予以审查,从而有可能判定其不是良习,最终导致其无法被适用。

当然,在司法实践中,习惯之适用在客观上还受到法官规避诉讼风险、偏好适用法律规范、向一般条款逃逸,以及法院所处的政治、经济、文化环境等因素的限制。

从理论或规范层面上看,习惯之司法运行通常须经历查明、认定和适用三个前后联系的三个阶段,其中每个阶段的义务主体、作用对象、运行程序、操作技术或方法等又有各自相应的要求或规定。值得注意的是,在现代各国法律上,习惯之司法运行中始终贯穿着如下总体性原则或理念,即依习惯之具体类型予以区别对待。与此同时,习惯之司法运行也受到不同时代、国家和地区的司法体制、诉讼模式、当事人能力,以及司法环境、法院层级、法官总体偏好等因素的潜在影响,而表现出相当大程度的多变性和复杂性。

---

① 参见最高人民法院公布 10 起残疾人权益保障典型案例之五:陈某某、陈某祥与陈某英等遗嘱继承纠纷案。

由于当代中国立法对于习惯之司法运行规定得过于简约，加之习惯本身的多样性、复杂性及其在司法裁判中扮演的多重角色，所以只能由司法在已有实践的基础上进一步小心尝试和不断摸索，待积累足够的经验后方可上升为司法解释，进而选择恰当的时机沉淀到立法文本之中。总之，相对于法律之司法运行，习惯之司法运行更加复杂、精细，带给法官及法院的挑战及风险也更大。因此，当下我国应当结合自身政治、经济、文化和法律等方面的具体情况，选择或改进适合自身的习惯之司法运行模式及制度。

第二节 "习惯"司法适用的程序规则

我国《民法典》第 10 条规定"处理民事纠纷，应当依照法律；法律没有规定的，可以适用习惯，但是不得违背公序良俗"。此条款是第一次以法典的形式明确地予以表述习惯可以作为我国民法的法源，在我国法治发展中具有里程碑式的进步意义。"法律的生命力来自于社会需要的契合，法律的权威性来自于深厚的实践基础，法律的科学性来自于对客观规律的尊重"[1]。相比先前《民法通则》第 6 条将"国家政策"作为民事裁判依据，《民法典》将"习惯"明确引入民法渊源，正是符合社会需要、践行实践基础、尊重客观规律的表现。

本书着重结合民事诉讼程序对我国当下《民法典》司法适用中存在的有关"习惯"的界定以及举证质证等程序规则进行法理上的梳理及分析，进而完善习惯的司法适用程序。

《民法典》将 2017 年出台的《民法总则》第 10 条的内容全数保留，其从法典形式对习惯作为民法渊源予以"官方确认"。当然在此之前习惯其实早已介入当事人的法律关系调整中，甚至在某些时候比制定法更深入地调整人们

---

[1] 高其才：《法律应重视对习惯的认可》，《学习时报》2017 年 1 月 25 日，第 7 版。

的日常生活。在立法层面尚未出台认可习惯作为民法渊源之前,学界更多呼吁和讨论的是如何在立法层面对于习惯进入司法程序的认可。[①]

《民法典》颁布后从立法层面明确了习惯的法源地位,具有时代和民族性。当下对《民法典》的进一步研究以及科学阐述成为使习惯能切实具有可操作性地进入司法程序,发挥其应有之义的重要任务,从而构建习惯的司法适用程序机制成为当务之急。相关研究的方向、重点和目标也将从"应然"转为"实然",从呼吁立法转为司法适用,从纯粹理论转为理论引导实践。[②] 诚然,虽《民法总则》已出台多年,《民法典》也已适用,围绕习惯司法适用的具体问题仍存在许多。尤其是作为民法渊源的"习惯"该如何界定其含义和范围?包括对"习惯"应作法律认定还是事实上的认定?《民法典》规定"可以"适用与"应当"适用又存在何区别? 如法官具体适用习惯裁判对习惯的举证又由谁肩负? 以及证明对象、证明责任、质证程序等又如何操作?

本书立足《民法典》适用的背景,结合社会主义法治建设的国情,梳理学界对"习惯"的认定观点,对当下习惯的具体司法适用现状及存在的问题进行归纳总结,在此基础上构建适应我国法律文化背景的习惯司法适用程序性机制,结合诉讼法的相关证据规定,给出完善和解决的路径。

一、"习惯"的界定

习惯对于法的产生至关重要,它在任何民族的法律体系中,都是最古老而且也最普遍的法律渊源。[③] 我国现行《民法典》除了在总则中将习惯规定为法源外,在物权篇、合同篇等篇章中也规定了民事习惯的适用。这些分篇中的民

---

① 此处所说立法层面确立习惯,特指在《民法总则》法源中确立习惯的法源地位,并非指散见于原《物权法》《合同法》《消费者权益保护法》等具体的裁判规则条文规定。

② 参见黄蕴蕊:《〈民法总则〉第十条"习惯"的司法适用研究》,海南大学硕士学位论文,2018 年。

③ 参见[美]H.W.埃尔曼:《比较法律文化》,贺卫方、高鸿钧译,生活・读书・新知三联书店 1990 年版,第 43 页。

事习惯大多是从《民法通则》中沿用而来,那么对于《民法典》第10条"习惯"是否可以扩展到分篇中已列入条文的诸多民事习惯的范围以外? 对《民法典》第10条的"习惯"定位是习惯还是习惯法? 成为构建习惯司法适用程序必先解决的概念。

对于习惯与习惯法的讨论以及《民法典》第10条"习惯"的定位至今一直成为学界争论的焦点,大多研究者都是站在不同的学说立场所产生的理论分歧,对于结合目前司法适用实践进行的分析和界定,尚未被研究者们所重视。理论界认为《民法典》第10条"习惯"的理解大致归纳为以下几种:

(一)习惯说

持该说者大多认为习惯与习惯法在表述上内容相似,在法理上强行区分无实际意义。尤其是在去除"国家承认"这一条件后,二者的界限难以厘清,也不便划分。① 在讨论"民法典与民事习惯"这对关系范畴时,二者本质并无区别。支持此说的学者大多从法律的历史发展出发,考虑到在成文法出现之前习惯与习惯法实际混同的状况,以及对比英美法系对二者概念的同一化,得出二者的区分无实际意义。也有学者在肯定二者存在区分的同时,又认为由于二者的共性远大于特性,共性相比特性微乎其微,甚至可以忽略不计。② 或直接否定习惯法这一概念,认为其实际就是习惯的另一种叫法,就是习惯规范。③

(二)习惯法说

此说主要以德国的法学研究出发,在大陆法学的学者中有主导之趋势。

---

① 该观点以刘作翔为代表。参见刘作翔:《习惯与习惯法三题》,《哈尔滨工业大学学报(社会科学版)》2012年第1期。
② 参见王洪平、房绍坤:《民事习惯的动态法典化——民事习惯之司法导入机制研究》,《法制与社会发展》2007年第1期。
③ 参见田成友:《"习惯法"是法吗?》,《云南法学》2000年第3期。

根据胡长清在其《中国民法总论》①（1997 年版）中对两种"习惯"的总结可以用下表体现德国对习惯与习惯法的主要区别：

表 4-1　德国"习惯"与"习惯法"的主要区别

	习惯	习惯法
属性	事实	法律
来源	社会上实际通行	获得国家的承认
司法适用	当事人自己援用	审判官有适用之义务

该说认为作为民法渊源的"习惯"应是具有法律价值的习惯，即习惯法，而非单纯事实上的习惯。这也与《瑞士民法典》第 1 条第 2 款"无法从本法得出相应规定时，法官应依据习惯法裁判……"的表述意思一致。

（三）折中说

近来越来越多学者开始从"国家认可说"②"社会认可说"③之外的多元、多维度探讨关于习惯与习惯法的关系以及其发展路径。该说倾向于将《民法典》第 10 条的"习惯"理解为既包括事实上的习惯，也包括习惯法在内。也有一概而论归纳为适用民事习惯的概念，其本质上其实还是倾向"习惯说"，只是对习惯的外延进行了扩充。"许多相关规范本质上应是习惯的都用习惯法。把两者上升为'法律'，与对抗国家法中心主义带来的专横与滥用，也许是现在学术界的基本目的。然而这种学术进路，好像带来的是更大的混乱，而

---

①　参见胡长清：《中国民法总论》，中国政法大学出版社 1997 年版，第 29—30 页。

②　国家认可说，认为法必须由国家制定、认可，这种认可可以是通过立法的明示或司法中实际作为裁判依据，从而习惯发展为习惯法。

③　社会认可说，认为习惯法有权利义务内容，且具备法的确信，无需得到国家的认可。其强调的是社会自治的自生自发秩序观。参见李可：《习惯如何成为习惯法及其方法论意蕴——两种认可说的比较分析》，《甘肃理论学刊》2014 年第 1 期。

不是实现目标。"①

近来有学者从习惯是否包含一种评价性的行为模式为标准进行区分:作为行为之习惯与作为规则之习惯②。其作为行为之习惯大多是个体的、无意识的、连续性的长时间的特定动作的重复,大致对应于个人习惯、本性、习性。作为规则之习惯则在某种意义上与习惯法类似。③

本书认为,要厘清我国《民法典》第 10 条的"习惯"之内涵,从法学角度需要注意以下几点:

1. 作为法源的习惯要与行为之习惯进行区分。在日常生活中个人的习性、本性和诸如饮食、阅读、穿着等生活中的习惯,其并不具有法律上的权利义务内容,不能作为法官在司法程序运用中裁判和评价的依据,当然也不在所讨论的《民法典》第 10 条"习惯"的范围内。

2.《民法典》第 10 条所含"习惯"应该是在国家认可和由国家强制力保证实施的习惯之外,即尚未由国家制定及国家强制力保障,但被公众认可并在生活实践中起到约束作用的行为规范。

3. 作为法源的习惯与社会伦理道德并不等同。本书所讨论的能成为法源的"习惯",应是起到规范作用的行为规则,不包括不良的风俗习惯及恶习。伦理道德本身是衡量善恶的标准,但道德本身并未有善道德、恶道德一说。而习惯中只有不违背公序良俗(道德)的那部分行为规则能成为我国《民法典》第 10 条的"习惯",即作为法源的习惯。

4. 作为民法法源的习惯应该包含了一定的民间善良习俗。除了规范层面的、现代意义上的习惯,诸如行业通行的惯例、交易习惯等,还涵盖了观念层面

---

① 胡兴东:《习惯还是习惯法:习惯在法律体系中形态研究》,《东方法学》2011 年第 3 期。

② 参见李可:《习惯法——一个正在发生的制度性事实》,中南大学出版社 2005 年版,第 86—87 页。

③ 参见李可:《习惯如何成为习惯法及其方法论意蕴——两种认可说的比较分析》,《甘肃理论学刊》2014 年第 1 期。

上、文化传承的良俗,诸如婚丧嫁娶等善良风俗。①

综上,"习惯是一种不仅最古老而且最普遍的法律渊源。"②作为我国《民法典》第10条的"习惯"应被认为是:特定群体长期共同生产生活中自发形成,一直流传沿用至今,以权利义务为主要内容,调整相互之间利益关系,并为该特定群体共同认可、得到普遍适用的习俗和惯例。

二、"习惯"的司法适用现状

虽在《民法典》出台之前,第10条"习惯"的适用已经在《民法总则》列明,但鉴于是在《民法典》适用的大背景下讨论"习惯"的司法适用,仅对《民法典》实施后的习惯适用数据进行分析。根据作者通过中国裁判文书网数据库,输入"民法典""习惯"关键词后,检索到从2021年1月《民法典》适用起截至2021年8月的相关案例数据显示:民事案由案件共计61253件,其中基层法院审理56934件,在总案件数量中占比92.9%;从地域来看湖南省14898件,位列各省最高;从案件关键字搜索来看,绝大多数集中在合同类型案件。在上述关键字基础上加入"习俗"后检索得到:民事案由案件463件,案件集中在彩礼返还、婚姻婚约、扶养赡养类具有家庭和身份关系的纠纷,尤其以彩礼返还类案件居多。

(一)"习惯"的司法实践特征

经过对《民法典》适用大背景下"习惯"的司法实践适用数据分析,结合我国目前的法治环境和法理论证,现就我国《民法典》第10条"习惯"的司法适用特征进行梳理:

---

① 参见王庆丰:《民俗习惯的司法适用研究——以民事诉讼为视角》,西南政法大学博士学位论文,2011年。

② [美]H.W.埃尔曼:《比较法律文化》,贺卫方、高鸿钧译,生活·读书·新知三联书店1990年版,第43页。

1.在审级上,目前我国的习惯司法适用多集中在基层人民法院审理的案件

从中国裁判文书网检索的数据来看,基层法院适用习惯的比率远超过中级人民法院、高级人民法院与最高人民法院习惯适用案件之和,占到了总案件数量的92.9%。出现这一显性特征的原因:一方面,由于基层法院接手着绝对多数的一审案件,从案件的整体数量上就占有绝对的优势,大多数案件一审结案并不再进入二审;另一方面,习惯的地域性使得基层法官更熟悉、更易接触和适用习惯,当事人也更容易接受当地"习惯"的说服。

2.在适用主体和范围上,习惯的司法适用存在特定的群体性和地域性

从前述对习惯的内涵界定来看,习惯是特定的群体所认同,通行的习俗、惯例,其存在于特定群体、特定区域,故一个习惯并不具有全国范围的普适性。通过对比以上检索的相邻省份甘肃和宁夏的习惯适用案件数量,宁夏1217件,甘肃418件。宁夏回族自治区多以回族聚集,案件多有民族特性,故适用民族特有的习惯、习俗解决为妥。相较于甘肃民族较为杂居,以汉族为主,回、藏均有一定比例,习惯的适用率较宁夏要低。另外,根据对甘肃和宁夏案源的分析,习惯适用上农村、乡镇纠纷较城市多。以"习俗"加入关键字检索后,习惯的适用案件多属于婚约彩礼类型。可以推断,在群体较为稳固,人员流动不大的区域及民族特征地区,习惯有更高的适用率;而人员复杂,流动性强,人口杂居地区,习惯的适用更谨慎和局限。

3.在案件类型上,习惯的司法适用案件多集中在传统合同类型和彩礼返还纠纷

在《民法典》出台之前,《合同法》中有许多诸如"有约定从约定,无约定、无法律规定的可以依据交易习惯"的规定,另外就是在《物权法》上相邻关系的处理,《婚姻法》司法解释中关于彩礼返还的处理均有"可以按照当地习惯"处理的法律规定。这些规定在《民法典》出台后相应的分篇中也予以了保留,故从检索结果来看,大多数法官还是局限于在有相关明确规定的法律适用中适用习惯。当然,随着《民法典》第10条明确习惯的法源地位,相信后续法官在司法实践中适用习惯的范围将会进一步扩大,适用案件类型将会丰富,适用方式上也会较之前更多样。另外,期待在传统的民事案件类型外,能有更多的适用习惯的成功案例,从而更好发挥习惯的司法适用效率。

4. 在结案方式上,多数案件以调解方式结案,裁判案件较少

不管是非诉案件还是诉讼案件,在实践中绝大多数适用到习惯的,都以调解的方式结案。与之相一致的是,习惯多以法官或调解人说服当事人的说理性理由出现在司法实践中,而少以裁判依据进行司法适用。一方面,这是当下中国民事案件大调解背景下法治政策所致;另一方面,也有法官司法实践中规避裁判文书上习惯适用的论证不当引发更大矛盾的因素。法官更愿意选择习惯作为说理性依据,而非裁判依据,有多方面的原因,从其自身出发主要是我国法官案多人少的事实,使得法官更愿意选择调解方式结案,减少上诉率,息诉止讼。

5. 在适用的样态上,习惯的司法适用样态较为笼统

目前,法官在裁判文书上所出现的习惯适用大多是以当地习惯、交易习惯或风俗习惯等一笔带过,对于习惯的论证上较少阐述,即使进行阐述也是适用制定法的诚实守信、公序良俗等原则进行释明。而在调解过程的说理性司法适用中,对于习惯的司法适用也往往是根据双方当事人的妥协情况和调解空间含糊适用,并无明晰的界定。故总体上习惯的司法适用样式多以抽象的、笼统的、原则性的形式出现。

6. 在适用的功效上,习惯的司法适用发挥能力有限

诚如张晋藩所述,民事习惯在司法审判中的作用消极方面表现在,"就其消极作用而言,存在于内容与适用程序两方面。在内容上,民事习惯基本体现了中国传统法律注重秩序和谐的总体精神,而缺乏对个体利益的保护。在程

序上,在制定法没有明文规定的情况下当事人可以根据民事习惯主张权利,但是民事习惯运用起来需要审判官调查、认证,不如制定法那样便利。"①目前习惯的司法适用过程中同样存在上述对制定法补充功能的局限性和程序上不易统一掌握的多变性。

(二)"习惯"的司法适用现存问题

不可否认我国近现代立法存在较重的法律移植痕迹,本土固有的传统法律文化并未得到立法者的重视。这导致习惯的适用空间会在无形中受到法律成文化的挤压,尤其在制定法日益全面完善的情况下,势必与习惯所调整的社会关系重叠,甚至出现冲突。本书通过对检索得到的裁判文书进行整理和分析,结合对基层法院法官适用习惯进行裁判和调解的现状,对目前习惯的司法适用存在问题进行归纳和整理:

1."习惯"的识别标准模糊

习惯司法适用的特定群体性和地域性,使其与法律的全国普适性有别,加之习惯自身的抽象性和良莠不齐,故在习惯进入司法适用前应对习惯本身进行识别甄选。但实际上在《民法典》的编纂过程中,我国并未启动民事习惯的调查活动,目前我国也并未有专门的习惯甄别机构和机制。这使得目前识别的重任落在一线的法官身上,而不同法官对习惯的识别和裁判也是根据其自身的感官和领悟各不相同,在没有系统化的识别甄选标准下,很容易出现同案不同判的问题。

2."习惯"的司法审查标准和范围不清晰

目前,在司法实务中,由法官来对习惯进行审查和识别,但对于审查的标准不同法官有不同的理解。即使目前主流的观点:习惯应不违背公序良俗、应以法律没有规定为前提的审查标准当中也存在一些争议。例如在"依法律没

---

① 张晋藩:《中国民法通史》,福建人民出版社2003年版,第1153页。

有规定"中对"法律"的理解应从狭义的定义还是广义的定义？是否仅包含法律的强制性规定？对"法律"范围界定不一致时，将会导致对习惯的司法适用范围发生完全不一样的理解。

3.适用的理论基础界定不明

对于习惯的属性是事实还是法律？抑或不进行区分直接归为事实适用？这些问题在目前一直未有定论。按照现阶段的民事诉讼程序规则，若将习惯归属于一般性的事实，则应遵守"谁主张，谁举证"的举证责任制度。但倘若将习惯界定为具有法律属性的规则，那法官作为适用法律的主体，被默认为是对法律应知应用的。但在司法实践中，往往法官对习惯并不是完全确定、也并非就能按照其理解直接适用。这使得在司法实践中缺少一套如制定法般明确并甄别习惯进入司法适用的程序性机制。

4.举证、质证程序不健全

习惯司法适用的基础理论缺失会导致习惯司法适用的举证责任不明。对于习惯的证明对象、证明标准，以及习惯究竟应由当事人举证，还是由法官如同法律般在司法中直接主动适用？这些在目前的诉讼规定中并未设置其程序规则，导致在实践审判中出现法官根据法理和案情进行自由发挥的情况，这也容易造成法官自由裁量权的滥用。

5.法官的裁判说理论证不充分

从裁判文书的搜索整理，在文书内容上"法院认为"之后的法官论证部分，明显存在论证缺失。按理法官应当在文书中先列明对所适用习惯的识别甄选和查明论证，并阐明其论证的过程和逻辑，明确该案所适用的习惯的合理性，以及习惯本身的真实存在性，最后还要论证该习惯案具有的关联性，以及案件事实在习惯中的分析运用过程，并以此得出裁判结果。但是鉴于前述习惯司法适用的识别审查机制、程序机制以及属性等问题的不清晰，使得法官在司法实践运用中也不敢太多进行论述，能进行详细论证的更是凤毛麟角。这也进一步掣肘了法官在司法实践中适用习惯进行裁判。

6.习惯本身的抽象性和良莠不齐

除了上述关于习惯司法适用中基础理论和程序设置等的外在因素，习惯本身良莠不齐，尤其是不符合现代文明的一些风俗习惯，在《民法典》的习惯法源中应当予以排除。当然习惯的抽象性也使得它并不能像法律一般明确清晰，在司法适用过程中也会造成许多方面的模糊性和不确定性。

三、构建"习惯"的司法适用程序规则

随着《民法典》对习惯法源地位的确认，司法实践中将会越来越广泛地适用习惯进行裁判，为使习惯在司法适用中更加规范和发挥其作用，在适用的程序和方式上需要构建相应的规则。

（一）"习惯"司法适用的前置程序：识别和审查

1.识别甄选标准

对于进入司法适用的所有风俗习惯，在司法适用之前应进行筛选和甄别。由于我国并没有全国性习惯甄别的机构，故在法官适用习惯时，应尤其注意以下几个方面，从而严格把握习惯的司法适用，防止权利的滥用和习惯司法适用的泛滥。

第一，习惯在客观上，长期稳定地存在并适用于社会关系中。进入司法程序被适用的习惯不能是暂时地存在，或者曾经存在现在已摒弃、搁置的。当然更不能是法官或当事人想象、臆断、推测的，应当是在客观上真实存在于社会关系当中，并一直被人们流传下来调整着一定的权利义务关系。当习惯在传承中发生了内部变化和衍生时，法官依据裁判的习惯应当遵从纠纷发生时对应的行为规范、规则，而非刻板地适用最古老、最源头的习惯规则。当然这种变化已经能反复适用并长期存在具有了特定区域的普适性，而非短期内的呈现。习惯必须长时间积累而成，只是短暂偶尔出现的行为，不是习惯。①

---

① 参见王利明：《论习惯作为民法渊源》，《法学杂志》2016年第11期。

第二,习惯在表现形式上,能够以规范的形式进行司法适用。作为民法法源的习惯应当是能够进行司法适用的,且具有行为规范性,能够产生当事人之间的民事法律关系。尤其要与作为个人习性的行为习惯进行区分,与日常性不能产生法律意义的惯行进行区别。

第三,在主观心态上,已形成对"习惯"的内心确认。此处对习惯的内心确认是将习惯作为"法的内心确信",即习惯不仅仅是客观存在的,在人们的主观内心它已经形成了与制定法一样能约束和规范并发挥一定强制效力和结果的准则或惯行。这种确信分为两个阶段:第一阶段,特定群体将该习惯作为规则、约束自身行为的"内心法则",并在民众心中产生一种这就是法律的心理确信。第二阶段,人们心中对习惯的"法的确信"上升为审判者心中对该习惯的"法的确信"。[1]

第四,在司法适用功能上,能实际以调整一定的社会权利义务关系为内容。习惯作为民法渊源进行司法适用的目的是解决涉案纠纷、化解矛盾,进一步说是为了弥补制定法的不足,更好地发挥实现公平合理解决问题的司法遵旨。故该习惯应当具有调节权利义务的功能,并对案件的审理和解决有帮助,排除了单纯的日常个人习性。

2. 司法审查要素

目前主流的观点,司法审查机制的建立主要以"法律无规定""公序良俗"为切入点,本书认为在此两点的基础上,习惯的司法适用审查还应具有一定的结果导向,注重习惯司法适用的结果功能逐利性[2]。

(1)"习惯"的正当性审查:不得违背公序良俗

前述习惯的特征中已阐明,由于习惯自身良莠不齐,诸如"结冥婚""童养媳"等风俗在识别时一定要注意与作为法源的习惯进行区分。中国文化传承悠久,传统习惯与近代文明之间不乏冲突,但在尊重现代文明的基础上,适用

---

[1]　参见姜欣:《论习惯作为法律渊源的司法适用》,西南政法大学硕士学位论文,2018年。

[2]　此处的逐利并非经济利益,而是指对案件解决结果的公平公正有利性。

习惯促进现代社会关系的和谐发展是习惯作为法源的一大目的，故作为法源的习惯应首先符合公序良俗的要求。公序良俗原则内含公共秩序和善良风俗两大部分。所以公序良俗涉及公共利益和社会的最基本道德准则，即使是制定法的司法适用也不得违背公序良俗原则。作为比制定法更抽象，需要提前识别甄选的习惯更要在适用时加以注意。

（2）"习惯"的司法适用空间：法律无规定

司法适用习惯时，首先应是法律在此处系留白，没有相应的法律强制性规定，习惯的适用不得违反现有的法律强制性规定。其次，此处的"法律"应作扩大解释，属于广义上法律含义，包括狭义上的法律、法规、司法解释和相关的强制性法律政策。再次，《民法典》第 10 条明确规定了"法律无规定的，可以适用习惯，但不得违背公序良俗。"即从法律上已经规定习惯的补充性适用特性，以及习惯和法律重叠时的先后选择适用顺序。最后，正确理解"应当"适用法律的强制性和"可以"适用习惯的选择性。对于有法律规定的应当适用法律，不得以习惯的适用来规避法律适用；对于习惯的适用法官有权选择是否适用。综上，我国法律并未确定第三法源，故习惯的司法适用空间应是在"法律"进行扩大解释后作广义定义外的领域。

（3）结果导向实效：确有助于解决案件纠纷

以往的司法审查都只注意到了上述两个方面，忽视了习惯司法适用的结果导向性。从《民法典》第 10 条明列习惯作为法源，取代《民法通则》使用国家政策作为裁判依据的立法来看，除了国家政策自身的弊端外，还有在实践适用中习惯实际发挥的功效作用。其实在《民法典》明列之前，习惯已经在实际结果中发挥解决纠纷的功能，而立法将其纳入法源地位，也是立法进步的一大体现。那么在具体适用习惯时，应当注意具体习惯与具体案件纠纷的关联性，以及适用习惯达到的解决结果是优于其他方式。一旦发现习惯的适用可能存在无法解决纠纷，反而使其矛盾激化和复杂化，那就说明选择适用的习惯不当或存在规避法律规定的危险。故在习惯的司法适用中应坚持习惯的适用效果原则,保证习惯扬其利、避其弊。

(二)"习惯"司法适用的准入程序:启动

1."习惯"的诉权保障

在习惯的司法适用中目前学者们更多的是讨论"习惯作为裁判依据"的相关问题,但对于由习惯引发的诉权是否应支持和进入诉讼程序,鲜有论述。这与目前讨论习惯法源大多系法理学者、民法学者和民族法学者居多有关,相对来说诉讼法学者们似乎对这一问题并未表示足够的兴趣,但在《民法典》适用背景下,引发的相关诉讼程序改革中必将会成为下一步需要研究的课题。在这里需要明确的是,权利义务(尤其是经常出现在社会关系中的权利义务)虽大多数是以法定权利、法定义务的形式存在,但除此之外还包括法定权利以外的广泛的非法定权利,例如人之为人的应有权利,虽未被现存法律予以规定,但却真实存在于实际生活中,或者将来应当纳入法律予以明确。

由于公民的诉权并不依赖于国家是否以法律形式将其确定,而是产生于特定的社会物质生活条件并客观存在。[①] 所以,诉权本身并不一定依附于制定法,其自身也具有独立的法律价值。既然经过识别、审查的习惯能够作为法律裁判的依据,那因习惯引发的诉讼其诉权也应得到保护。诸如死者亲属对于死者的祭奠权这类在现有成文法中不能找到相应的规定,一方当事人以其诉请未有法律规定进行答辩时,可以引入《民法典》第10条习惯法源作为反驳。

2.当事人主导准入

习惯属性归属问题是启动习惯司法适用的关键,也是实践中争议比较大的问题。对习惯的定性不同,将直接影响习惯司法适用的举证程序规则,习惯作为一般客观事实将意味着当事人要进行证明,法官只是根据证据和调查被动去进行查明,而无权主动启动,查明后的习惯也需要依据制定法的

---

① 参见田平安主编:《民事诉讼法原理》,厦门大学出版社2005年版,第319页。

规定进行裁判；习惯作为"法律"一般的规范准则，那将默认法官对习惯的应知应用，当事人免去了证明责任，法官直接可以依据应知的习惯进行裁判。但关键是我国并未进行相关习惯的调查和系统归类，所以应知的习惯是不明确的。

本书认为，在我国尚未进行习惯的系统化和明确前，习惯是否在司法实践适用的启动应由当事人主导，法官辅助证明，结合法官对查明事实的依职权调查、取证权进行司法适用。

（三）"习惯"司法适用的举证程序：举证、质证

结合前述习惯的属性认定的不同，对习惯的举证责任分配也会不同。从主张当事人主导习惯的启动，法官辅助的角度出发，习惯属性具有事实和法律的混合属性，且在具体案件中可能出现两种属性的流变。但就我国司法实践来看，在没有进行习惯系统调查和规范化前，认定习惯属于案件待证事实，需要当事人遵从民事证据"谁主张、谁举证"的一般规则下，法官在个案中能积极适用已知的或是已有典型案例的同类习惯规范进行法理裁判。再者利用法官依职权进行调查走访，对涉案习惯进行核审。另外，我国虽然并非判例法国家，但最高院每年编撰的典型案例在习惯的司法适用中能够成为法官裁判的一个参照。习惯的事实存在及真实与否应由当事人承担举证责任，而对习惯是否具有"法"的等效性规范应由法官予以认定。

在习惯的质证程序上，对于双方当事人均认可的习俗，法庭及对此知悉并不违反公序良俗的，法官可以直接适用。对双方存疑的习惯的认定，法庭无法确认的，可以申请专家辅助人进行习惯证据的查证，比如宗族长老、宗教人士代表、习俗研究专家等。

（四）"习惯"司法适用的论证程序：法官论证

在裁判文书中"法院认为"后面的部分，即法官在文书中的说理论证部

分,被认为是整个文书的精华和最能体现裁判是否公正合理的关键部分。要构建习惯的司法适用程序,该部分的论证说理决不能少,甚至应该比适用法律的论证说理更加充分和详细才适宜,以体现适用习惯的正当性和加强司法公信力。

一般裁判文书的法律论证是按照三段论的形式进行,即大前提、小前提、结论。大前提指现行的法律一般性规定,小前提是当事人的个案具体行为,最后依据法律规定寻找到个案行为在大前提中的具体处理结果。法官的说理论证就是按照这三者间的关系进行的一系列法律逻辑关系的推演和阐释。但由于习惯不像法律已经明确地以成文形式呈现,习惯在司法适用前还须进行识别甄选和审查,所以习惯的司法适用论证要比法律的适用多一个前置程序。法官在进行习惯司法适用的说理论证需要注意把握以下几点:第一,应当说明适用习惯的必要性和正当性,包括已经穷尽法律,但并不能找到相应的裁判依据,以及习惯本身的正当性。第二,对所适用习惯的识别甄选和审查过程应当进行说明,包括适用习惯的提出主体、举证责任和质证过程。第三,对所适用的习惯内容应进行准确规范的表述,以及习惯的适用方式和查明路径。第四,阐明所适用习惯与个案行为的关系,以及适用该习惯的合理性、合法性等。第五,论述对所选择适用习惯的结果是有利于解决纠纷,为公众接受的结果有效性。

综上,在《民法典》适用的大背景下,习惯的司法实践将会比以往越来越广泛地进入司法程序,对于规范习惯的司法适用程序将会成为多学科的交叉研究的内容。习惯的司法适用程序只有进一步规范和确定,其司法实践的适用才能走得更长远。

第五章　习惯法司法适用的运行机制

当习惯被持久的、规范的、普遍的适用到司法过程中时,就逐步形成了习惯司法适用机制。习惯司法适用机制具有规范性,在习惯适用过程中发挥着重要作用。

需要注意的是,在民法典实施前后,习惯司法适用机制所发挥的作用并不完全一致。由于习惯司法适用机制所发挥的职能有所差异,因而习惯在民法典实施前后的适用范围、适用方式也有所不同。因此,笔者以民法典第10条为研究对象和研究依据,充分考察习惯司法适用机制在民法典实施前后的不同,在对民法典第10条进行梳理的基础上,分析"习惯"在家事审判中的现实状况,并从程序和实体角度提出民俗习惯在家事裁判中适用的规范化建议。

第一节　"习惯"司法适用的具体机制

《中华人民共和国民法典》(以下简称民法典)历经五次编纂,于2020年5月28日十三届全国人大三次会议通过,2021年1月1日起施行。其中,民法典第10条规定"处理民事纠纷,应当依照法律;法律没有规定的,可以适用习惯,但是不得违背公序良俗",很多学者认为这一条文从国家法意义上正式认可了习惯的法源地位。① 本书关注的焦点并非在此,当然首先是认可习惯的法源地位。众所周知,"法律的生命不在于逻辑,而在于经验",法律的生命在于执行,笔者关注的焦点是这一规定在司法实践中的法律适用尤其是民事纠纷案件的司法适用问题。在民法典颁布实施前,学者们针对民事习惯的司法适用困境已有论述,有学者在某一地区做田野调查后针对该地区具体的民俗习惯适用问题及原因进行分析;②有学者对习惯在我国司法实践中适用的状况进行总结归纳;③也有学者针对民事习惯具体该如何适用和识别的问题进行论述;④当然有学者针对民事习惯适用及相关问题进行一系列论述。⑤ 但

① 参见王利明:《论习惯作为民法渊源》,《法学杂志》2016 年第 11 期。其中论述了确认习惯作为重要的民法渊源,作为民法渊源的习惯应当具有长期性、恒定性、内心确信性及具体行为规则属性,且不违反法律的强制性规定和公序良俗。在法律适用方面,习惯应当优先于民法的基本原则,但在具体的法律规则之后。李可:《中国习惯之法源地位的发生条件、应然顺序及模式选择》,《江苏社会科学》2019 年第 1 期。该文认为习惯作为一种规范要件存在于法律当中,在现代法律中居于次位及末位法源地位,例外地居于首位,当下,"无规则则依习惯"的法源模式既体现了一种"法律穷尽逻辑",也体现了一种"规则优先"倾向,是当代中国法治进步的重要体现。其他诸如彭诚信、陈华彬均认可习惯的民法法源地位,习惯仅限于习惯法。张志坡:《民法法源与法学方法——〈民法总则〉第 10 条的法教义学分析》,《法治研究》2019 年第 2 期。陈本寒、艾围利:《习惯在我国民法体系中的应有地位》,《南京社会科学》2011 年第 6 期。汪洋:《私法多元法源的观念、历史与中国实践——〈民法总则〉第 10 条的理论构造及司法适用》,《中外法学》2018 年第 1 期。孟强:《民法总则中习惯法源的概念厘清与适用原则》,《广东社会科学》2018 年第 1 期。王洪平、房绍坤:《民事习惯的动态法典化——民事习惯之司法导入机制研究》,《法制与社会发展》2007 年第 1 期。

② 参见郭剑平:《治理视野下民俗习惯与新农村建设研究》,中国政法大学出版社 2017 年版,第 181—191 页。

③ 参见高其才、陈寒非:《调查总结民事习惯与民法典编纂》,《中国法律评论》2017 年第 1 期;董淳锷、陈胜男:《放宽法律的视野——民俗习惯在我国审判中运用的现状研究》,《西部法学评论》2008 年第 6 期;眭鸿明等:《江苏民俗习惯司法运用的调查报告》,社会科学文献出版社 2012 年版,第 10—50 页;广东省高级人民法院民一庭、中山大学法学院:《民俗习惯在我国审判中运用的调查报告》,《法律适用》2008 年第 5 期;陈建华:《论习惯在民事司法适用中的现状、困境与出路——基于我国司法实践的视角》,《民间法》2016 年第 17 卷;姚澍:《"民法典时代"民事习惯司法运用的隐忧与应对》,《大连海事大学学报(社会科学版)》2018 年第 3 期;刘作翔:《传统的延续:习惯在现代中国法制中的地位和作用》,《法学研究》2011 年第 1 期。

④ 参见郭剑平:《治理视野下民俗习惯与新农村建设研究》,中国政法大学出版社 2017 年版,第 194—196 页。王林敏:《民间习惯的司法识别》,中国政法大学出版社 2011 年版,第 133 页。

⑤ 参见高其才:《论人民法院对民事习惯法的适用》,《政法论丛》2018 年第 5 期。

是针对民法典实施后民事习惯的司法适用工作机制的论述，尤其是关于实施前后民事习惯在实践中运行的对比情况、适用标准及具体适用情况是否发生变化和发生了怎样的改变问题着墨不多。基于这一考虑，笔者从民法典实施前后的对比问题着手，以民法典第 10 条的司法适用问题为落脚点，梳理了民法典第 10 条司法适用的历史沿革、实践运行现状及工作机制，厘清了民法典第 10 条司法适用工作机制存在的障碍，并积极构建有利于民法典第 10 条司法适用顺畅运行的工作机制，以期对民法典第 10 条在实践中的良性、有序发展提供有益的思路和参考。

不言而喻，民法典第 10 条的规定并非凭空创造，一蹴而就。就其实质内容而言，肇始于《周礼》中"礼俗从驭其民"、《曲礼》中"礼从宜，使纵俗"，战国时期代慎所提出的"礼从俗，政从上"等内容；①及至唐代时期《唐律疏议》内容；乃至清末变法时期，编纂民律草案时期，所开展的民商事习惯调查，专门制定的《民事习惯调查章程》十条和《调查民事习惯问题》二百一十三问等内容；②抑或是南京国民政府所编纂而成的《民事习惯调查报告录》；③当然，还包括陕甘宁边区搜集和形成的《边区各县有关风俗习惯的调查材料》④，均与民法典第 10 条内容有直接或间接的联系。其中，值得一提的是，中华民国《民律草案》中所确立的"本律所未规定者，依习惯法；无习惯法者，依条理"内容，与当下民法典第 10 条之内容有相似之处。⑤

毋庸置疑，我国民法典第 10 条内容与《民法总则》第 10 条内容一脉相

---

① 参见王庆丰：《民俗习惯的司法适用研究——以民事诉讼为视角》，西南政法大学博士学位论文，2011 年。
② 参见孙明春：《中国近代以来民事习惯调查》，《中国社会科学报》2016 年 11 月 23 日，第 2 版。
③ 参见孙明春：《中国近代以来民事习惯调查》，《中国社会科学报》2016 年 11 月 23 日，第 2 版。
④ 参见孙明春：《中国近代以来民事习惯调查》，《中国社会科学报》2016 年 11 月 23 日，第 2 版。
⑤ 参见孙明春：《中国近代以来民事习惯调查》，《中国社会科学报》2016 年 11 月 23 日，第 2 版。

承,《民法总则》第 10 条内容则植源于《民法通则》第 7 条"民事活动应当尊重社会公德,不得损害公共利益,扰乱社会秩序",虽然该条文强调从公序良俗角度处理问题,但是为适应经济、社会发展需求,《民法总则》第 10 条之内容正是在此基础上形成并完善的。《法国民法典》第 372 条、429 条承认了习惯的地位,①可以说法国的普通法就是"由不同习惯法所表达的法律观念的整体组成的"②。根据德国通说,对于习惯的确认一般只能以法源适用的方式体现出来,并为人所认识。③《日本民法典》总则第 92 条、《日本商法典》第 553 条均承认了习惯的地位。④

　　针对民事习惯司法适用的调查研究,最高人民法院曾经开展过重点调研,并组织部分省市开展了试点调研,被试点的地区高院还出台了相关指导意见。⑤ 关于习惯法的司法适用等问题,有学者通过田野调查、文献分析、整理相关文件资料等方式,借助多学科方式进行定向、定性分析调查。⑥ 也有学者针对民事习惯、民俗习惯的司法适用问题,在民法典实施之前,根据中国裁判文书网以"民事习惯""民俗习惯"等关键字筛选案例,从而对司法适用状况进行思考、总结。⑦ 也有人从中国裁判文书网中针对民法典实施前的民事案例进行分年定量对比观察,从而对司法适用中的案件类别、案件数量、案件区域

---

① 参见金秀丽:《论习惯的司法适用问题》,《学术交流》2017 年第 11 期。

② 《比较法纵论》,潘汉典、米健、高鸿钧等译,贵州人民出版社 1992 年版,第 149 页。

③ 参见彭诚信、陈吉栋:《〈论民法总则〉第 10 条中的习惯》,《华东政法大学学报》2017 年第 5 期。

④ 参见金秀丽:《论习惯的司法适用问题》,《学术交流》2017 年第 11 期。其中,《日本民法典》总则第 92 条规定:"惯习如与法令中无关公共秩序之规定有异,关于法律行为,依其情况,得认当事人有依惯习者,从其惯习"。

⑤ 参见王庆丰:《民俗习惯的司法适用研究——以民事诉讼为视角》,西南政法大学博士学位论文,2011 年。

⑥ 参见王庆丰:《民俗习惯的司法适用研究——以民事诉讼为视角》,西南政法大学博士学位论文,2011 年。

⑦ 参见林兴勇:《民事习惯司法适用现状及思考——基于 222 份裁判文书的实证分析》,《河北科技师范学院学报(社会科学版)》2021 年第 2 期。

分布等问题进行分析。①

可以看出,探讨、研究民事习惯的司法适用问题已有历史,无论是十余年前最高人民法院自上而下轰轰烈烈的民事习惯司法适用调研活动,还是学者、专家及法学研修者对这一问题的持续关注,都有了一定的深度和广度。令人遗憾的是,虽然也有论文发表在民法典实施后,但针对民法典第 10 条在现行司法实践中的具体适用问题却并未列明,对民法典第 10 条内容的司法适用工作机制的完善及改进仍然亟须关注。

一、民法典实施前后"习惯"司法适用机制总体分析

(一)民法典实施前"习惯"司法适用机制

2017 年 3 月 15 日,第十二届全国人民代表大会第五次会议审议通过了《中华人民共和国民法总则》(以下简称《民法总则》),自 2017 年 10 月 1 日起施行。民法典涵盖了《民法总则》的内容,所以两个文件中第 10 条的内容基本一致,为了更好地梳理民法典第 10 条习惯的司法实践状况,我们应当关注并深入了解《民法总则》第 10 条的实践运行情况,并仔细总结《民法总则》第 10 条习惯司法适用过程中的经验及障碍,以构建更为顺畅的司法适用工作机制。需要说明的是,此次梳理以《民法总则》实施后的 2018 年至 2020 年为时间节点,主要梳理这三年间《民法总则》第 10 条的司法适用情况。

表 5-1　2018—2020 年以"习惯"为关键字的民事案件案由分布

年份＼案由	人格权纠纷	婚姻家庭、继承纠纷	物权纠纷	合同、无因管理、不当得利纠纷	知识产权与竞争纠纷	劳动争议、人事争议	海事海商纠纷	与公司、证券、保险、票据等有关的民事纠纷	侵权责任纠纷	适用特殊程序案件案由	合计
2018 年	1222	6658	6101	277563	1786	2373	250	8168	4844	2617	311506

---

① 参见谢卓然:《论民事习惯的适用——以〈民法总则〉第 10 条为视角》,华南理工大学硕士学位论文,2019 年。

续表

案由 \ 年份	人格权纠纷	婚姻家庭、继承纠纷	物权纠纷	合同、无因管理、不当得利纠纷	知识产权与竞争纠纷	劳动争议、人事争议	海事海商纠纷	与公司、证券、保险、票据等有关的民事纠纷	侵权责任纠纷	适用特殊程序案件案由	合计
2019 年	1307	7028	6186	345059	2466	3052	375	9903	4783	3297	383398
2020 年	1325	6911	6098	334909	3238	3117	362	9841	4650	3230	373635
合计	3854	20597	18385	956671	7490	8542	987	27912	14277	9144	1068539

《民法总则》通过后,2018 年以"习惯"为关键字搜索的案例共有 311506 件,其中 9 种民事案由的分布见表 5-1,民事案由中"合同、无因管理、不当得利纠纷"以 277563 件案例的数据居于首位,占比 89%;在审理案件的法院层级上,最高人民法院审理了 461 例案件(占比 0.14%),高级法院审理了 4735 例案件(占比 1.52%),中级法院审理了 54661 例案件(占比 17.55%),基层法院审理了 251819 例案件(占比 80.8%)。从文书类型上来看,判决书类型的案件为 304261 例(占比 97.67%),裁定书案件为 7607 例(占比 2.44%),调解书案件 76 例(0.02%),决定书案件 8 例,通知书案件 24 例,其他 61 例。在案件的地域分布上看,湖南省仍然占据首位(35380 例案件),安徽省仍居第二位(28961 例案件)。

2019 年以"习惯"为关键字搜索的案例共有 383398 件,其民事案由的分布见表 5-1。民事案由中"合同、无因管理、不当得利纠纷"以 345059 件案例的数据领先,占比 90.00%;在审理案件的法院层级上,最高人民法院审理了 471 例案件(占比 0.12%),高级法院审理了 6419 例案件(占比 1.67%),中级法院审理了 63178 例案件(占比 16.48%),基层法院审理了 313282 例案件(占比 81.71%)。从文书类型上来看,判决书类型的案件为 373410 例(占比 97.39%),裁定书案件为 10099 例(占比 2.63%),调解书案件 126 例(占比 0.03%),决定书案件 21 例,通知书案件 22 例,其他 69 例。从案件的地域分布上看,湖南省仍然占据首位(51525 例案件),安徽省仍居第二位(34859 例案件)。

2020 年以"习惯"为关键字搜索的案例共有 373635 件,其民事案由的分布见表 5-1。民事案由中"合同、无因管理、不当得利纠纷"以 334909 件案例的数据居于首位,占比 89.64%;在审理案件的法院层级上,由最高人民法院审理了 545 例案件(占比 0.15%),由高级法院审理了 6316 例案件(占比 1.69%),由中级法院审理了 65697 例案件(占比 17.58%),由基层法院审理了 300947 例案件(占比 80.55%)。从文书类型上来看,判决书类型的案件为 363555 例(占比 97.30%),裁定书案件为 10012 例(占比 2.68%),调解书案件 118 例(占比 0.03%),决定书案件 21 例,通知书案件 21 例,其他案件 53 例。从案件的地域分布上看,湖南省仍然占据首位(44276 例案件),安徽省仍居第二位(38699 例案件)。

通过对 2018—2020 年间以"习惯"为关键字搜索的案例分析,就民法典实施前习惯司法适用机制,基本可以得出以下结论:

第一,民法典实施之前,已有大量的民事案例适用"习惯",共计 1068539 例案件。这也就意味着,如此数量众多的民事习惯适用案例中,司法适用的部分问题已在民法典实施前充分暴露,虽然民法典对民法总则部分内容进行了修改,但就民事习惯这一方面而言,整体影响较小,可以通过习惯司法适用情况的前后对比得出有益性结论。

第二,从审理法院的层级来看,基层法院审理的案件占比均超过了 80%,是适用民事习惯的主力军;从判决文书的类型来看,判决书类型占据首位,占比均超过了 97%。换言之,在司法实践中,民事案例以判决庭审认定习惯为主。

第三,从案件的地域分布来看,湖南省在 2018—2020 年间居于首位,安徽省均居于第二位。

(二)民法典实施后"习惯"司法适用机制

为更为直观清晰地探讨民法典第 10 条中司法适用状况,笔者通过中国裁判文书网中,对 2021 年 1 月 1 日至 2021 年 7 月 16 日的所有案例,以"习惯"为全文关键字进行搜索,具体情况如下:

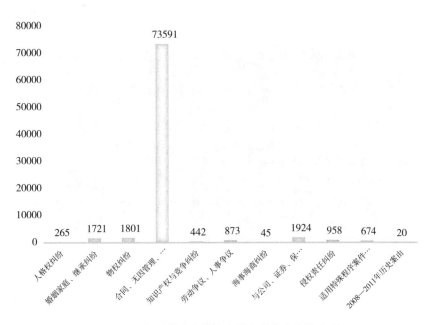

图 5-1 以"习惯"为关键字的案件案由数量分布

截至 2021 年 7 月 16 日,以"习惯"为全文关键字搜索的案件共有 82374 例,具体数据见图 5-1,其中案由最多的为合同、无因管理、不当得利纠纷案件,占比 89.34%。在这 82374 例案件中,最高法院审理案件为 69 例(占比 0.08%),高级法院审理的为 837 例(占比 1.02%),中级法院审理的为 18142 例(占比 22.02%),基层法院审理的为 63271 例(占比 76.81%),据此可以看出,以"习惯"为关键字的案件基本以基层法院的案件为主;在这些以"习惯"为全文搜索字的案例中,12 种民事案由中,35 组具体关键字为代表,以"合同"为具体关键字的案例最多,为 42871 例,排在前 5 位的关键字为"合同""利息""利率""合同约定""违约金",排在后 5 位的关键字为"债权人""所有权""全面履行""变更""赔偿损失"。

在这 82374 例案件的数量分布上,各省市案例的分布情况如图 5-2 所示,

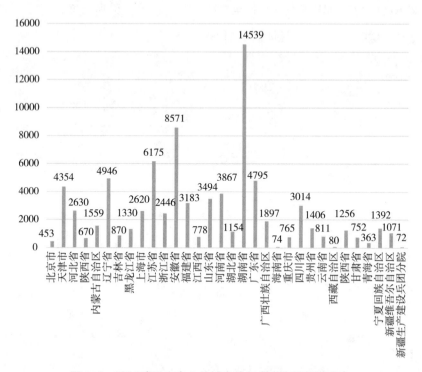

图 5-2 以"习惯"为全文关键字的各省市案例数量分布

从地域分布来看,除最高人民法院审理的 69 件案件外,湖南省最多,安徽省居于第二位;在这些案件的裁判文书类型中,判决书案件 80172 例(占比 97.33%),裁定书案件 2092 例(占比 3.52%),调解书案件 90 例(占比 0.11%),决定书案件 6 例,通知书案件 6 例,其他案件 8 例。据此可以看出案件多以判决为主,法官们逐渐开始直接援引"习惯"作为裁判的依据,在判决书的文书说理中开始将"习惯"作为主要判决理由。

从上述图表的对比,就民法典实施后习惯司法适用机制,我们基本可以得出以下结论:

第一,自民法典正式实施后的 7 个多月时间,民事司法案例中已经有大量涉及以"习惯"为内容的案例,有 82374 件之多。

第二,以"习惯"为内容的司法案例中,虽然也有刑事、行政诉讼案件,但民事案件居多,因此,民事案件确实是运用民法典第 10 条之中的"习惯"内容主要的领域。

第三,运用"习惯"的民事案例多以判决书为主,据此可以看出,民事案例中内容多以"习惯"进行判决认定。当然,这些大量案例中,基层法院审理的案件比例均在 64% 以上,说明民事习惯多适用一审程序的案件。

第四,在以"习惯"为关键字搜索的案例中,民事案由最多的为合同、无因管理、不当得利纠纷案件,占比均在 60% 以上,这与民法典的具体规定有关。民法典条文表述中带有"习惯"的条款有 2 个,"当地习惯"的条款有 1 个,"交易习惯"的条款有 33 个,"风俗习惯"的条款有 1 个,可见,"交易习惯"的条款最多,[①]在民事司法实践中适用"交易习惯"作为判决书的习惯认定也居于首位。此外,以"风俗习惯"为关键字搜索的案例,进一步限缩了案例的内容和范围,其民事案由中占据首位的是婚姻家庭、继承纠纷。

第五,从民事案例的地域分布上来看,湖南省适用"习惯"的民事案例最多,安徽省居于第二位。以"风俗习惯"为关键字进行搜索,人口基数较大的山东省适用民俗习惯的案例最多,辽宁省居于第二,还有部分省市没有适用民俗习惯的案例。从这些案例总结中,我们基本可以勾勒出民法典第 10 条内容司法适用的整体轮廓。

(三)民法典实施前后"习惯"司法适用机制相似分析

通过对比民法典实施前后第 10 条内容实证运行情况,可以发现,在民事"习惯"的司法适用方面,探讨民法典第 10 条习惯司法适用工作机制的研究,不能抛开依据《民法总则》第 10 条内容实施期间的大量案件及工作机制,这也是本文进行前后对比实证研究的目的。总的来说,民法典第 10 条"习惯"司法适用中相似情况表现为以下五点:

---

① 参见高其才、陈寒非:《调查总结民事习惯与民法典编纂》,《中国法律评论》2017 年第 1 期。

1.民事案由的集中性

通过考察民法典实施前后的实证运行情况,我们可以发现,民事案例中适用"习惯"的民事纠纷以"合同、无因管理、不当得利纠纷"居多;从案件的具体适用来说,与"合同"有关的案例居于首位,这应当与我国经济高速发展、民商事生活日益丰富有关,尤其是交易习惯适用方面逐渐增多的现象,相较而言,交易习惯的适用案例远超于民俗习惯等民事传统领域。

2.适用范围的有限性

虽然 2018 年至今已有大量案件适用"习惯"处理民事纠纷,也完全覆盖了民事诉讼的各个程序及执行等领域,但总体而言,民事习惯的适用在全部的民事案件中占比仍然较小。民法典实施以来,虽然适用"习惯"案件有 82374例,但全部的民事案件有 4188326 例,适用"习惯"的民事案件只占 1.97%左右。即使是适用"习惯"比例最高的湖南省,自民法典实施以来,适用"习惯"的案例也仅占全部民事案例的 6.89%,适用范围相对有限。①

3.审理层级以基层法院为主

从上述表格和论述中,我们看到适用法院层级上,以基层法院为主,无论是民法典实施前后,基层法院所占比例都居于首位。例如,民法典实施后,基层法院适用"习惯"的比例达到 76.81%,一般以一审程序为主,基层法院的法官确实需要灵活把握适用"习惯",处理大量的民事纠纷时,需要平衡"习惯"与"具体的法律条文""指导性案例"等关系;②中级人民法院适用"习惯"的比例为 22.02%,无论是一审程序还是二审程序,中级人民法院适用"习惯"的案例相较于基层法院的案件更为复杂,争议更大,严格按照法律规定办理案件的要求更高,依据法律规定和法律条文说理法律效果高于援用

---

① 参见 https://wenshu. court. gov. cn/website/wenshu/181217BMTKHNT2W0/index. html? s8=03&pageId=0. 2950835021897801,最后访问日期:2021 年 7 月 16 日。
② 参见王庆丰:《民俗习惯的司法适用研究——以民事诉讼为视角》,西南政法大学博士学位论文,2011 年。

"习惯"进行文书说理和裁判,因此,中级人民法院适用"习惯"的比例相对较低。

4.适用地域的限制性

民法典实施之前,适用"习惯"的民事案例地域排在前两位的为湖南省、安徽省;民法典实施后,从适用"习惯"的民事案例地域分布来看,湖南省、安徽省、江苏省、辽宁省、广东省的案例数量排在前五名,排在前两位的地域分布保持一致,排在首位的案例案由均为"合同、无因管理、不当得利纠纷",这说明民事习惯的适用具有明显的地域性。这一现象与这些地区的经济发展与商事发展程度相关,在这些地区形成了稳固的交易习惯、风俗习惯、当地习惯等交易规则,民事习惯具有地域性得以证成。

5.适用方式上,以裁判说理为主

"法院不只是做判决而已,他们还必须解释其判决,解释的目的是在说明判决的正确理由如何,因为法官的判决是一个合理的陈述,它有充分的理由,而且显示出判决理由的相关的或逻辑的结构。"①事实上,民事习惯在具体运用上,多以裁判说理为主,较少直接作为援引条款。虽然民事习惯对具体的法律条文有三个方面的具体作用,②但基于现代系统法治教育,经过公务员考试选拔,从事一线办理案件的员额法官多为年轻人,并且多数为异地就业,对当地风俗习惯的了解确实不够,所以适用这些"习惯"的案件也十分有限;还有在是不是适用"习惯"方面,也存在犹豫不决的情况,甚至干脆就不用,完全依照法律规定或者参考最高法的司法性指导案例。当法官碰到不得不用"习惯"的情况时,直接绕开,采用其他法律原则及法律兜底性条款进行判决,对"习惯"的适用主要是进行裁判文书说理。

---

① 王庆丰:《民俗习惯的司法适用研究——以民事诉讼为视角》,西南政法大学博士学位论文,2011年。

② 参见金秀丽:《论习惯的司法适用问题》,《学术交流》2017年第11期。该文认为,习惯具有对制定法的补充功能、对司法审判的调节功能以及社会秩序的稳定功能。

（四）民法典实施前后"习惯"司法适用机制差异分析

民法典实施前后"习惯"的司法适用机制虽然存在总体的相似性，但通过严格仔细的实证观察后，可以看到，存在以下三个方面的差异性：

1.审理层级上的具体差异

民法典实施前后，"习惯"适用案例的多为基层人民法院。需要强调的是，回顾适用"习惯"案例的审理具体层级，可以发现，民法典实施后，最高人民法院审理的适用"习惯"案例比例降低；与之相反，中级人民法院审理的"习惯"适用案件比例增加。据此可以看出，"习惯是重申关于个人权利行使的伦理和公益限制"之理念的裁判文书样本除了多数由基层人民法院作出外，[1]民法典实施后，这一理念由中级人民法院贯彻并适用的案例比例增加。根据《人民法院组织法》第10条第2款，最高人民法院有权监督全国各级地方法院和专门法院。[2] 一般而言，最高人民法院主要通过二审程序、审判监督等程序，以民事判决书、决定书等形式对地方各级人民法院作出的裁判予以认可。其中，最高人民法院审理的民事案件中多数为知识产权纠纷与竞争纠纷。由此可以推论，民法典实施后，适用"习惯"的案例纠纷复杂、影响力较大随之增多，这在一定程度上反映了我国民事习惯适用的普及度提高，适用率提高。

2.具体适用方式上的差异

还有必要指出一点，民法典实施后，在适用"习惯"的民事案例法律文书形式上，裁定书和调解书的案例比例增加。在这些案例中，适用裁定书的案件适用程序以审判监督程序为主，案例的案由居于首位的是"合同、无因管理、

---

① 参见李可：《现行民商法中"习惯"分布规律与功能特征》，《暨南大学学报（哲学社会科学版）》2020年第3期。

② 参见季卫东：《通往法治的道路——社会多元化与权威体系》，法律出版社2014年版，第112页。

不当得利纠纷"案件,适用调解书的案件适用程序主要为一审程序,案件案由居于首位的是"婚姻家庭、继承"类案件。概括地说,民法典正式实施后,随着婚姻家庭类案件占比的增加,民事案例在一审程序中援引习惯时,适用调解程序的案例也随之增加。这与民俗习惯案例数量(截止到2021年7月16日共计43例)和案由相互印证。(见表5-2)

表5-2　民法典实施后以"民俗习惯"为搜索关键字的民事案由分布

以"民俗习惯"为搜索关键字的民事案由	案件数量	占比
人格权纠纷	2	4.65%
婚姻家庭、继承纠纷	20	46.51%
物权纠纷	8	18.60%
合同、无因管理、不当得利纠纷	2	4.65%
劳动争议、人事争议	4	9.31%
与公司、证券、保险、票据等有关的民事纠纷	1	2.33%
侵权责任纠纷	6	13.95%
总计	43	100%

3.适用地域性差别

通过检索发现,2018年至2020年,民法典第10条司法适用过程中,案件数量地域分布上,排在前四位的分别为湖南省、安徽省、福建省、广东省;民法典实施后,案例数量排在前四位的为湖南省、安徽省、江苏省、辽宁省。由此可见,案件数量排列靠前的地域分布发生了变化。总的来说,江苏省、辽宁省适用民法典第10条案件的数量增多,排名随之提升,而福建省、广东省适用习惯的案例数量减少,排名下降。众所周知,司法适用活动绝非是真空地带,法律案件事实往往与社会生活息息相关,与民生经济现象挂钩,那么法律研究也应关注社会生活的方方面面。本书认为,由于新型冠状病毒肺炎疫情的暴发,受疫情影响较大的广东省和福建省,经济活动和商业竞争力有所下降,合同类案件纠纷也随之降低,这在一定程度上影响了适用交易习惯的司法案例,致使案件数量减少。

二、民法典第 10 条司法适用机制的实践障碍

（一）民事习惯自身的固有缺陷

"习惯"一词也有"习于旧贯"之说，如今泛指一切地方的风俗、社会习俗和道德传统等，当然《中国民事习惯大全》一书中认为：习惯是"人们在处理债权、物权、亲属、婚姻和继承等方面约定俗成的行为"①。虽然民法典第10 条从内容上认可了"习惯"的法源地位，但从另一个角度来说，缜密的逻辑思维及系统规范的民法典及其他成文法一定程度上反而挤压了"民事习惯"的适用空间，②证实了"在法典背景下民事习惯式微是一种必然宿命"的论断。

1. 民事习惯内源的传统性

民事习惯是我国民众在生产、生活中自然形成的行为规范，有其存在的合理性。③ 另外，民事习惯往往是得到人们普遍遵守，其效力在长期历史发展中得到了社会公众认可，长期约束人们行为的规范。④ 据此可以看出，民事习惯在内源上具有传统、保守的特性，相较于随着社会不断发展进步的成文法，民事习惯良莠不齐，还是存在不适应社会发展需求的内容，在被采用作为民事裁判内容时，不符合中国特色社会主义法治思想的习惯须予以剔除。

2. 民事习惯的地域性与环境有限性

习惯尤其是地域性习惯在长期日积月累的生活中被人们所接受并遵守，由于受特定的环境、经济、社会等物质条件影响，所以统一性、普适性不够。针对同一个具体的案件，不同的地域性习惯予以适用，往往产生不同的

---

① 金秀丽：《论习惯的司法适用问题》，《学术交流》2017 年第 11 期。
② 金秀丽：《论习惯的司法适用问题》，《学术交流》2017 年第 11 期。
③ 参见高其才：《民法典编纂与民事习惯研究》，中国政法大学出版社 2017 年版，第118 页。
④ 参见韩富营：《习惯司法适用的本体、主体和规则问题研究》，《民间法》2019 年第 1 期。

结果,这就十分考验司法裁判者的法律素养、社会知识、人文关怀及司法技术等综合能力。对当下多数从事一线司法审判工作的年轻法官是一大挑战。

3.民事习惯的不确定性与模糊性

从民事习惯自身角度分析,虽然相较于成文法,更为分散和灵活,但民事习惯的内容是不确定的,甚至是模糊的。囿于民事习惯自身的不确定性和模糊性,我们可以看到在民事裁判中,对民事习惯的适用往往因人因事而异,这与民事判决书中,大多按照规范的《中华人民共和国民事诉讼法》《中华人民共和国民法典》等统一、普遍适用的法律条文,严格按照三段论的行文要求,大不相同。需要重点强调的是,正是囿于民事习惯本身所固有的缺陷才导致这一局面。

(二)民事习惯外在的要件认定机制欠缺

习惯一旦作为判决援引内容,必须应当具有符合法律效力的要件。当下,针对习惯的生效要件有"两要件说""四要件说"。① 其中"四要件说"得到了主流学者们的认可和理解,"四要件说"中的"法令所未规定之事项""无背于公共之秩序及利益"两个要件与我国民法典第 10 条内容基本一致,所以笔者也赞同"四要件说"。

1.民事习惯的确认工作机制欠缺

就民事习惯要件内容来讲,民事习惯"四要件"中的"人人确信以为法之心""一定时期内反复为同一之行为"缺乏外在的识别要件,如何对这两个要件进行识别与认定工作机制欠缺。在实践中,司法裁判者如何对民事习惯进

---

① "两要件说"是指既要有客观的习惯事实的存在,又要有主观的法的观念,代表学者为王泽鉴、史尚宽;"四要件说"最开始由北洋政府时期提出,大理院通过实践的方式将这种认知应用到了判例中,四要件分别为"人人确信以为法之心""一定时期内反复为同一之行为""法令所未规定之事项""无背于公共之秩序及利益"。

行识别和认定,缺乏明确的识别和认定标准。不同的司法裁判者对民事习惯有不同的认定标准。事实上,将民众日常生活中的习惯转换为司法裁判者所适用的"习惯",除了已有民法典及相关法律文件的确认外,更重要的是在司法实践中裁判者的识别与认定。而裁判者的识别与认定前提是涉事当事人举证证明民事习惯第一、二要件的内容。换言之,涉事当事人需要证明民事习惯的存在并长期适用和遵守,这两个要件在实践中的确难以证实。

2. 民事习惯审查机制欠缺

对于具体案件中的民事习惯适用的内容是否不背于公序良俗,是否属于法律未规定事项,也都需要进行审查,采用怎样的审查标准,是按照证据的标准进行审查还是依据审查法律的合宪性标准进行司法性审查,这些要件的审查机制欠缺导致民事习惯的司法适用存在障碍。

（三）民事习惯适用程序化、规范化障碍

民事习惯一旦进入司法程序,就应当严格按照司法程序进行审查和认定,那么民事习惯的程序化、规范化就是前提。

1. 民事习惯的规范化存在障碍

虽然民法典第10条原则性规定可以适用民事习惯,也有其他条文规定了不同类别的民事习惯实体法内容。但就民事习惯的规范化司法适用却没有规定,无论是民事习惯司法适用时坚持怎样的基本原则、适用在哪些方面、如何适用、不同的诉讼程序中采用怎样的适用方式以及适用的效力原则都没有提及,这些都是司法实践中亟须解决的问题。

2. 民事习惯的适用规则和适用方式有待完善

针对民事习惯的程序化规定,首先应当明确民事习惯涉事当事人双方的证据规则,建立司法裁判者的审理程序及规则,这些都是需要提前建立的程序化规则,但是目前司法实践中并未建立上述规则和程序。当下,民事习惯的适用方式多采用在判决书及其他法律文书中以间接地援引说理及法律援引等形式出现。我们高度重视民事习惯的过程中,是否可以在司法裁判结果中直接予以明确民法典第10条的地位。

(四)民事习惯适用监督机制不健全

考察民事习惯适用的司法实践,可以发现,专门的民事习惯适用监督机制尚未建立。"宪法把我国检察机关定性为法律监督机关正是揭示了检察机关的本质特性,体现了对检察职能的内涵及其发展规律更深刻的认识和把握。"①目前来说,依据法律授权,检察机关主要通过对诉讼活动的监督,其以事后纠正性监督和建议请求权为主,②且主要聚焦于诉讼程序事项。总的来说,检察机关的法律监督主要针对有错误、违法情况进行事后发现、纠正性的法律监督。在实践中,检察机关为了履行法律监督职责,创造了多种形式的、内容丰富的检察建议,对于监督纠正违反法律的情况,发挥了很好的作用。③这也就意味着,在普通民事案件中,法律监督机制为纠错式法律监督机制。换言之,无错即不存在监督。

事实上,新中国成立至今,七十多年来我国法治建设进程不断加快,尤其是改革开放后,受到我国经济政治体制改革影响,经过多次通过自我修复的司法体制改革和建设取得了可喜的进展,多数接受过体系化法律教育和现代化法治思维方式熏陶的法学毕业生投入司法事业中去,法律职业伦理的专业化、职业化程度大大提升,法律职业共同体已然建立。长期以来,检察机关的法律监督工作,在预防犯罪、参与社会综合治理、防止违法情况再次发生等方面发挥了很好的作用。④ 这也说明了人民群众和有关机关对检察机关的法律监督方式的期待较为广泛。因此,对司法案件的监督就不应仅仅聚焦于纠错式法

---

① 漠川:《法律监督与检察职能的辩证统一》,《检察日报》2011年11月25日,第3版。
② 参见张智辉主编:《检察权优化配置研究》,中国检察出版社2014年版,第285—286页。
③ 参见张智辉主编:《检察权优化配置研究》,中国检察出版社2014年版,第86页。
④ 参见张智辉主编:《检察权优化配置研究》,中国检察出版社2014年版,第114页。

律监督机制，检察机关在实践中可以不断延伸法律监督触角，拓展民事行政检察监督范围，着手建立完善式法律监督机制。当然，考虑到法治建设与政治经济社会息息相关，当下我国地区经济发展不平衡，仍然存在各地法治建设状况不平衡的状况，基于这一现状，我们建议探索在经济发达，尤其是民事习惯适用较为丰富的地区建立健全民事习惯适用完善式监督机制。目前，在民法典第 10 条法律适用方面，我国并未建立完善式法律监督机制。

三、完善民法典第 10 条"习惯"司法适用机制的建议

"民间规范的司法运用始终是一项需要持续推进的未完全理论化的事业。"①本书前文论述了民事习惯在司法实践中适用的特点和存在的障碍，为了解决这些问题及障碍，保证民事习惯在司法实践中顺畅适用，在已有的工作机制上，建议从以下四项工作机制着手完善和提升。

（一）构建民法典视野下的民事习惯查验机制

囿于民事习惯自身固有的缺陷，导致民事习惯司法适用不力，故此可以考虑建立民事习惯的调查、收集、筛选和整理机制。回顾历史，我们发现清末民初共经历两次大规模的民事习惯调查活动，第一次民事习惯调查形成了民事调查草案初稿；②第二次民事习惯调查，1923 年由施沛生等人编纂了《中国民事习惯大全》，北洋政府司法部编纂了《民商事习惯录》，1930 年 5 月南京政府增纂的《民商事习惯调查报告录》。③ 虽然这两次民事习惯调查活动因局势动荡等因素潦草收尾，但所形成的民事习惯调查成果及民事习惯调查的程序设置，可以为我们的民事习惯调查活动提供参考。我们可从调查机构设置、调查章程、调查人员、调查经费、调查程序、调查内容及期限等方面大体勾勒出民事

---

① 贾焕银：《民间规范司法运用研究》，法律出版社 2015 年版，第 52 页。
② 参见施沛生编：《中国民事习惯大全》，上海书店出版社 2002 年版，第 14 页。
③ 参见眭鸿明：《清末民初民商事习惯调查之研究》，法律出版社 2005 年版，第 38—65 页。

习惯调查的总体方案。① 在民法典的视野下，本书侧重于在以下三个重点方面提出改善措施。

1. 调查机构及人员

我们可以借鉴清末民事习惯调查中专门的调查机构，"清末的民事习惯调查在中央由修订法律馆负责，地方省成立调查局，各府县成立调查法制科，配专职调查员，各地方官、社会团体以及个人也都积极参与"②，成立专门的民事习惯调查小组，调查小组办公室设在全国人大法工委，开展自上而下的民事习惯调查活动。其中，中央部门建立由全国人大法工委牵头并统筹，中央政法委主抓，从司法部、公安部、最高人民法院、最高人民检察院及各政法院校、事业单位中抽调专业的民事习惯研究人员，派驻到各省市进行专门的民事习惯调查指导，同时开展调查提纲制定、调查内容和方向拟定等活动。在地方上，同样建立地方民事习惯调查小组，调查小组负责上传下达，构建由人大法制办组织并统筹、政法委主抓，公、检、法、司四机构的派驻基层机构共同参与的民事习惯调查活动，将中央调查小组的民事习惯调查要求传达给各个参与部门，并广泛动员基层政府及基层治理机构参与到民事调查活动，积极为参与民事调查的机构提供涉及本地区的民事习惯内容。

2. 调查规则与程序

"为使习惯调查有序进行，修订法律馆拟定调查规则，规范调查事项，保障习惯调查进行。"③有鉴于此，我们在调查民事习惯过程中，可以先由全国人大法工委领导下的调查小组先行制定《民事习惯调查章程》、制定详细的民事习惯调查规则和统一的调查文件格式，调查小组的人员指导各省市制定本省市的调查规则和调查内容，层层下发至各市、县，再由各市、县下发至基层治理

---

① 参见陈寒非:《民法典编纂中的民事习惯调查:历史、现实与方案》,《福建行政学院学报》2015 年第 3 期。

② 高其才:《民法典编纂与民事习惯研究》,中国政法大学出版社 2017 年版,第 184 页。

③ 高其才:《民法典编纂与民事习惯研究》,中国政法大学出版社 2017 年版,第 184 页。

机构,涉及流传下来的乡规民约等内容,全文直接上传至各省市人大法制办,由调查小组的人员直接斟酌、决定。当然,允许各省市有一定的自主权,决定适合本地区的调查题目。最重要的是,搜集整理成册的民事习惯最终都要汇总到全国人大法工委,由人大法工委统稿。民事习惯的调查可以分为以下流程:第一,自下而上全国范围内调查、梳理;第二,在省市范围内初步筛选;第三,上报中央调查小组,由中央调查小组组织专家学者论证进行二次筛选;第四,筛选完毕后,民事调查小组将成果上报全国人大立法委员会的专家委员会进行审定;第五,将民事习惯调查成果征求意见稿广泛发布讨论;第六,将修改完成后的民事习惯调查稿再次上报专家委员会审定通过;第七,汇编成册;第八,不断持续更新民事习惯。

3.调查内容及期限

针对民事习惯的调查内容,我们除了采用统一的调查提纲和调查问卷外,还应当采取开放式、兜底性访谈,对访谈记录和笔记也要加以整理,当然这项整理工作内容巨大,建议在进行民事习惯调查时,为参与调查的每名工作人员配备电脑和录音笔,以电子数据记录为主,方便整理所有的民事习惯调查成果。当下,进行民事习惯调查的条件已经十分成熟,设备技术比较先进,人力、物力、财力都足以支撑开展全国地毯式民事习惯调查活动,这项惠及后世、传承后代的民事习惯成果,为我国民俗文化的发展夯实根基,同时也为我国民法典的司法适用提供不可替代的理论基础,助推民法典全面实施。

民事习惯的调查期限为三年,第一、二年全国范围内征集、整理民事习惯,第二年年底可以上报全国人大法工委统稿,第三年进行筛选、专家学者论证、专家委员会审定、征求意见稿、再次审定并汇编成册的工作。

(二)完善民事习惯识别机制

民事习惯识别机制是指首先确认习惯事实之存在,然后按照"四要件说"对民事习惯的适用进行——对照识别,从而精准适用民事习惯的工作机制。

1.适用民事习惯事实的审查

"适用民事习惯时,首先应确认习惯事实之存在,后始有习惯效力成立的问题。"①一般而言,对民事习惯进行判断审查主要有以下两方面:事实判断和价值判断。当然,一旦民事习惯汇编成册完成,那么直接按照民事习惯成果的内容进行审查和判断。只有超出民事习惯编纂册范围外的民事习惯,才能就该习惯的事实判断重点从稳定性、确定性、拘束性、现时性特征进行判断。② 一旦此习惯在民事案件经过事实判断可以适用,法官可以将该民事习惯上报至最高人民法院,由最高人民法院报至全国人大法工委进行判断,增补新的民事习惯内容。从民事习惯的价值判断方面来看,对超出民事习惯汇编成册范围的习惯内容是否正当合理,以及是否能予以承认和适用进行判断。③

2.剔除不符合规则的民事习惯

第一,违反法律规定的民事习惯予以剔除。民事习惯汇编成册并不能穷尽所有的民事习惯内容,因此,我们在适用这些编外民事习惯时,第一基本原则是排除违反法律规定的民事习惯,也即是"恶习"。

第二,按照"四要件说",排除损害公序良俗的民事习惯。根据"四要件说",民事习惯适用的标准之一即是不得背于公共秩序及利益,所以在适用编外民事习惯时,排除适用损害公序良俗的民事习惯。

第三,违反公共政策、互相冲突的民事习惯予以排除。编外的民事习惯有

---

① 王庆丰:《民俗习惯的司法适用研究——以民事诉讼为视角》,西南政法大学博士学位论文,2011年。

② 参见王庆丰:《民俗习惯的司法适用研究——以民事诉讼为视角》,西南政法大学博士学位论文,2011年。

③ 参见王庆丰:《民俗习惯的司法适用研究——以民事诉讼为视角》,西南政法大学博士学位论文,2011年。

与经过汇编的民事习惯相冲突的,针对这些有冲突的民事习惯,排除适用编外的民事习惯。当然,编外的民事习惯相互之间存在冲突,两个都排除适用。对于违反国家公共政策的民事习惯,在司法适用时,绝对予以排除。

(三)构建民事习惯适用细化机制

在民事习惯适用过程中,应当细化以下工作机制:

1.坚持补充原则与审查原则并重

在民事习惯司法适用过程中,坚持以习惯补充法律之适用,只有在法律未规定之事项方面,才能适用民事习惯。反之,民事习惯的适用也不能挤压成文法律的适用。虽然我们建议要梳理、整理民事习惯,但是最终还是应当坚持以法律适用为主、民事习惯为辅的原则。对于民事习惯的适用,无论是编纂成册的民事习惯还是尚未被收编在册的民事习惯,均不能直接适用,还是要坚持审查原则,对民事习惯进行识别判断,根据"四要件说"对民事习惯识别判断。当然,这也极其考验民事法官的司法能力,所以对法官适用民事习惯的能力培养也至关重要。

2.调解和裁判中分别适用的原则

民事习惯的司法适用建立民事调解中和民事裁判中分别适用的工作机制。毫不讳言,民事调解中适用民事习惯相较于民事裁判具有先天优越性。当下,基层法院的民事案件进入司法审判程序时,一般法官都会先进行民事调解,只有双方当事人不愿意民事调解或者民事调解失败,才会搁置民事调解。民事调解中,民事法官根据民事习惯进行调解是必然的选择,民事纠纷的处理最终目的是定纷止争,"纠纷的解决不在于追求绝对的对与错,而是在合理的情况下,让双方能够接受妥协的结果"①,而运用涉案当事人均同意适用的民事习惯具有修复双方当事人之间关系的有利条件。

---

① 容绍武:《文化、调解与策略:乡镇调解过程研究》,《台湾社会学刊》2007年第10期。

3.优化民事习惯的举证责任

"谁主张,谁举证"是民事诉讼的举证基本原则,对于"民事习惯"坚持证据的举证基本原则,正如上文所述,一旦民事习惯调查成果编纂成册,主张适用民事习惯的当事人可以将所需适用的民事习惯连同其他证据材料一并提交,并在民事起诉书或答辩状中予以说明;针对尚未被编在册的民事习惯,可由主张适用民事习惯的当事人按照民事习惯"四要件"证明民事习惯的存在,由法官进行司法审查和判断是否适用该习惯,或者由主审法官直接适用民事习惯。该民事习惯应当接受原被告双方当事人的质证程序,如在质证中,提出有与该民事习惯相冲突、抑或民事习惯符合排除范围的内容,可以予以排除适用,具体判断和识别由法官进行审查,当然需要制定民事法官适用民事习惯的若干意见等文件,为同案同适用标准提供参考。

4.培养法官专业化的适用能力

"近年来,社会纠纷的日益复杂、法律体系的日渐精密、案件类型的日趋新颖,对审判活动的专业化提出了现实需求。"[1]司法体制改革后,《关于司法体制改革的试点若干问题的框架意见》及相关文件对员额法官的素质提出了专业化、职业化的要求。因此,在司法裁判中,学会巧用民事习惯进行裁判工作的能力无疑成为法官的基本素养,建立民事法官特有的人才培养模式,并加强符合民事法官培养规律的培训。在民事习惯司法适用方面,只有不断进行法官适用民事习惯裁判的培训,提升法官适用民事习惯审判案件的能力,才能使习惯的司法适用真正落到实处,否则即便编纂了民事习惯适用手册,也会被束之高阁,陷入"虚无主义"。

(四)建立民事习惯监督机制

严谨而缜密的成文法适用尚且需要接受监督,建立了一系列的监督机制。

---

① 张勇利:《论基层人民法院法官养成机制的构建与完善》,《中共郑州市委党校学报》2018年第1期。

就法官有充分自由裁量权的民事习惯而言,更需要建立监督机制。笔者认为,主要从以下方面着手:

1. 民事习惯的适用全过程公开

现在民事诉讼案件均适用以公开为原则,以不公开为例外,在适用民事习惯的案件同样坚持这一原则,除存在法定情形外,一般均坚持公开,无论是裁判过程还是裁判文书均进行公开。当下,基本所有的民事案件在中国裁判文书网均做到了公开。此外,对适用民事习惯的案件还应当进行公开司法论证,在尚未制定统一的民事习惯适用手册之前,民事法官需要对于适用民事习惯与否的重大争议案件,均进行司法论证,邀请专家、学者等各领域人员参与到论证中去,对是否适用民事习惯进行讨论,为民事法官提供必要的参考。

2. 建立完善式法律监督机制

对适用民事习惯的案件,除了实行一般的民事案件监督外,笔者建议可以构建检察机关的完善式法律监督机制。回顾检察机关内设机构改革的历史可以发现,检察机关的法律监督权自机构成立时就已经存在,如1956年最高人民检察院8个内设机构,其中就包括4个监督厅,分别为一般监督厅、侦查监督厅、审判监督厅与劳改监督厅;[①]1978年恢复重建并经过调整后,于1982年确定了有法律监督权限的一厅(负责刑事检察业务)、二厅(法纪和经济检察业务)和三厅(监所检察业务),[②]而在省级检察院有的设刑事审判监督处或二审监督处。从检察机关的具体职权配置来看,法律赋予了检察机关对审判权实行法律监督,其中就包括对民事审判权的监督,从传统角度来说,检察机关的民事裁判监督主要通过对已经生效的判决、裁定,包括民事调解在内的民事审判权的监督,主要通过监督民事案件事实认定和民事案件适用法律。[③]

---

① 参见孙谦主编:《人民检察八十年图说历史》,中国检察出版社2011年版,第90页。
② 参见孙谦主编:《人民检察制度的历史变迁》,中国检察出版社2009年版,第325页。
③ 参见张智辉主编:《检察权优化配置研究》,中国检察出版社2014年版,第295页。

检察建议权属于检察机关法律监督权的一种,①检察机关一般可以通过检察建议的方式向有关机关就在办理检察业务中发现的问题提出纠正建议,检察建议与抗诉权紧密结合,对于发挥检察机关的法律监督权起到了积极作用。虽然检察机关法定监督方式和手段具有多样性,但具有两大共性:一是以法定检察职能为轴心,在法定职能的轨道上运行,二是各种职能和手段统一于法律监督职能,以实现法律监督职能所需为限度。② 总体而言,对民事习惯司法适用的法律监督也是合适的。

检察体制改革过程中虽然不断完善检察机关内部的分工问题,但这些问题的实质,正是检察职权的内部配置尤其是强调同一检察系统内部不同业务部门之间的职权配置问题,其最终目的是强化法律赋予检察机关的法律监督职能。③ 检察机关机构改革后,原民事行政检察部门的主要精力和精英人员力量拆分并投入到公益诉讼中去,虽然这对于公共利益的维护和检察机关法律监督职能发挥起到了举足轻重的作用,但回归到检察机关监督职能本原,还应聚焦于民事行政监督主业。因此,对民事习惯司法适用监督成为题中应有之义。事实上,在各项具体职能的履行过程中,检察机关也通过不断创新与完善制度和工作机制来深化检察职能。④ 那么,检察机关拓展民事行政检察工作的监督深度,主动建立法检两家办理适用民事习惯案件的协同沟通机制就值得鼓励和提倡。

具体而言,检察机关的民事行政检察部门对所有的民事案件进行监督的

---

① 参见张智辉主编:《检察权优化配置研究》,中国检察出版社 2014 年版,第 36—37 页。

所谓检察建议权是指,检察机关发现有碍法律统一正确实施的情况后,向相关的机关和单位提出改进措施和建设性意见的权力。一般检察建议包括:纠正性检察建议、整改性检察建议、处置性检察建议和预防性检察建议。一般表现为三种方式:一是针对不当执行发出的纠正违法通知书;二是针对违反法律的情况提出纠正意见;三是违反法律的情况发出检察建议,所指的实际上都是检察机关针对有关机关的违法情况提出的监督纠正的建议。

② 参见谢鹏程:《检察规律论》,中国检察出版社 2016 年版,第 3 页。

③ 参见张智辉主编:《检察权优化配置研究》,中国检察出版社 2014 年版,第 20—21 页。

④ 参见宋英辉:《论检察》,中国检察出版社 2014 年版,第 533 页。

过程中，针对案件中具备适用民事习惯的条件或者已经适用民事习惯的案件，与法院民事审判庭法官会签相关文件，通过探索向同级人民法院发出民行检察工作通报的监督方式，形成个案、类案、整体监督三位一体的新型监督模式，通过依托受案数据、典型类案、法律法理为依托，提出有针对性的意见建议，①借助人工智能、大数据平台，对案件进行分类对比，以法律法理为依托，立足于审判和监督实务，以法律为依据，解读检法两家之间的观点争议。"假使受领表示者对表示的理解，与表示者所意指者不同，在法律上既非当然取决于事实上所意指者，亦非当然取决于实际上所理解者"②。为了避免缺乏充分的说理和充分解释而导致法检两家对于民事习惯适用问题产生的理解偏差或认知错误，结合理论研究将司法实务问题上升为理论问题，提出检方意见，以期促进法院完善裁判说理，提高民事习惯适用率。双方在磋商一致的基础上，适用民事习惯的，对民事行政检察部门的这一"完善式监督"行为予以考核激励。当然，建立的法律监督机制可以先在民事习惯适用较多的地区予以试行，如若法律效果取得较为明显，建议将这一工作机制逐渐推广至其他地区甚至全国。

不难看到，民事习惯的司法适用顺畅进行并非仅靠司法适用机关一方之力就能完成，而是需五方合力。建议做到以下五点：第一，民事习惯查明机关的基础工作。我们主张构建的由全国人大牵头统筹、多方合力的民事习惯查明机关，只有这些机关通力合作，积极参与，最终将民事习惯汇编成册，才能为民事习惯的下一步顺畅、高效适用提供基础性前提。第二，民事习惯协调机构的上传下达。民事习惯即使编纂完成后，也需要与之相关的机关对民事习惯成果进行上传下达，既需要对编纂的习惯进行宣传，使广大民众对之有清晰认识，又要对新出现的民事习惯及时传达，以便识别和判断是否被纳入民事习惯适用手册。第三，民事习惯当事人的举证责任。民事案件当事人在对民事习

---

① 参见广东省中山市人民检察院编：《2012—2017 民事行政检察实践与研究》，中国检察出版社 2018 年版，第 103—104 页。

② ［德］卡尔·拉伦茨：《法学方法论》，陈爱娥译，商务印书馆 2003 年版，第 179 页。

惯充分了解的基础上,发生民事纠纷时,树立运用习惯解决纠纷的意识。在民事诉讼中,学会运用民事习惯作为证据连同其他证据一起提交,并有接受质证的能力。第四,民事习惯司法适用主体的积极参与。民事习惯司法适用的主体是民事法官,是否适用、如何适用、适用标准的主体也是法官。所以在民事习惯适用过程中,民事法官责任重大,这是重要一环。第五,民事习惯监督机关的职能发挥。民事习惯公平公正地适用,除了民事法官的公开适用外和法院审级监督外,还需要民事行政检察机关尽职尽责地履职,开展法律监督工作。正是参与到民事习惯法律适用的所有机构、力量积极参与,才能保证民法典第 10 条的顺利适用。

第二节　"习惯"在家事裁判中的规范化适用

《民法总则》第 10 条(现《民法典》第 10 条)的出台说明民俗习惯在民事纠纷中可以作为法官的裁判依据。不过,对于民俗习惯的法源地位,在理论上仍存在一定争议;对于民俗习惯的司法适用,在实践中也存在一定问题,尤其在与民俗习惯密切相关的家事领域。

从理论角度讲,诸多学者认为《民法总则》第 10 条(现《民法典》第 10 条)承认了民俗习惯的法源地位,[①]但刘作翔却认为该条赋予民俗习惯的并不是法源地位,而只是将其作为规范渊源的一种形式而已。[②] 因此,本书需解决的理论问题是:应将民俗习惯赋予什么样的地位? 民俗习惯的司法适用必要性何在?

从司法实践角度讲,笔者以"民俗习惯""民俗""婚姻""继承"等为关键

---

① 参见彭诚信:《论〈民法总则〉中习惯的司法适用》,《法学论坛》2017 年第 4 期;于飞:《民法总则法源条款的缺失与补充》,《法学研究》2018 年第 1 期。

② 参见刘作翔:《"法源"的误用——关于法律渊源的理性思考》,《法律科学》2019 年第 3 期。

字检索相关家事领域案件后,发现法官在适用民俗习惯的程序和实体方面均存在不小的问题。

程序方面的问题大体有以下几点:在启动方面,由于家事领域涉及人格利益,而相关立法又有空白,因此在启动主体和时间上存在一定问题。在证明方面,由于民俗习惯有别于单纯的法律事实,再加上家事纠纷的强道德性和伦理性,因此在证明标准、证明责任等问题上,法官需考虑与一般民事案件的区别。在查明和确认方面,考虑到家事领域的私密性极强,法官在进行查明时可能会侵犯当事人的隐私。

实体方面的问题主要体现在以下几个方面:在规范识别和效力识别方面,鉴于法官的主观价值判断各异,对于民俗习惯并无具体的识别标准,因此各地区法院有关家事纠纷的裁判亦有所差,极易造成同案不同判。在适用方式方面,法官需在适用法律和民俗习惯之间作出抉择,以求法律效果和社会效果的兼容。在说理论证方面,由于家事领域当事人之间关系紧密,且民俗习惯对其影响根深蒂固,若法官仍像处理其他民事纠纷一样单纯从法律角度说理论证,其社会效果可能有所欠缺,因此法官需在法理论证之外,进一步拓宽论证思路。

本书着眼于民俗习惯在家事纠纷司法实践中出现的上述适用问题,力求在对民俗习惯理论定位的基础上,从程序和实体两方面进行规范化,使得民俗习惯真正在家事裁判中发挥应有的作用,实现家事诉讼维护家庭和谐的诉讼目的。

一、民俗习惯在家事裁判中适用的理论基础

(一)相关概念界定

1. 民俗习惯的概念

对"民俗习惯"进行概念界定是研究适用问题的逻辑起点,也是行文的基

础所在,必须予以明确。本书所讲的"民俗习惯"由"民俗"和"习惯"两个子概念组成,它们分别具有不同的意义。

(1)"民俗"的概念

关于"民俗",高丙中认为其是正确的生活策略,它告诉人们在什么情况下怎样正确的做人处世,并赋予生活以规律。① 叶涛则认为"民俗"概念主要有四种理解:"一是认为民俗为文化遗留物,是已经发展到较高文化阶段的民族中所残存的原始观念与习俗的遗留物;二是认为民俗就是精神文化;三是认为民俗为民间文学;四是认为民俗就是传统文化。"②综上,"民俗"指的是民间文化,即一个民族或社会群体在长期的社会生产活动中逐渐形成的社会习俗。

(2)"习惯"的概念

"习惯"在日常生活中,指的是人们长时间形成的一种习以为常的行为倾向。正如沈宗灵所讲,习惯是指人们在长时期逐渐养成的,一种不易改变的思维倾向、行为模式和社会风尚。③ 王利明指出,"习惯"是一个事实概念,是人民日常生活经过反复实践交往的规则。④ 高其才则认为:"习惯是指人们在长期的生产、生活中俗成或约定所形成的一种行为规范。"⑤

综上,"习惯"有两层含义:一为人们日常生活中的一种惯性的行为方式,二为一定群体共同遵守的行为规则。本书借鉴有的学者的观点,将前者称之为"作为行为之习惯",后者称之为"作为规则之习惯"。⑥

(3)"民俗习惯"的属性及概念

①"民俗习惯"的属性分析

通过分析上述"习惯"的概念,可以看出"作为行为之习惯"是属于事实层

---

① 参见高丙中:《民俗文化与民俗生活》,中国社会科学出版社 1994 年版,第 6 页。
② 叶涛:《中国民俗》,中国社会科学出版社 2006 年版,第 6 页。
③ 参见沈宗灵:《法理学》,北京大学出版社 2014 年版,第 269 页。
④ 参见王利明:《论习惯作为民法渊源》,《法学杂志》2016 年第 11 期。
⑤ 高其才:《法理学》,清华大学出版社 2011 年版,第 90 页。
⑥ 参见李可:《习惯法:理论与方法论》,法律出版社 2017 年版,第 2—6 页。

面的表述,"作为规则之习惯"则属于规范层面的表述。之所以出现这两种层面的概念描述,是学者对于"习惯"的事实属性和规范属性认识不同所导致的。"民俗习惯"与"习惯"相似,学界关于其属性问题亦有争议。

根据罗马法的注释法学以及19世纪初的相关学说,民俗习惯仅为一种事实。持这种观点的学者认为,民俗习惯在司法纠纷中的作用就是作为单纯的待证事实存在,需当事人举证证明。

19世纪中叶,逐步兴起的历史法学派学者将民俗习惯与法律进行对比,提出民俗习惯具有一定的规范属性。其代表性人物萨维尼便认为:"法官如不知有习惯,可以命当事人举证,当事人亦得自动主张而举证,法官可以自由地凭其意识取得心证,以定取舍。"[①]根据其中"法官心证"的表达,可以看出萨维尼已经将民俗习惯作为法官的裁判依据来看待,这从侧面证明了民俗习惯的规范属性存在。

还有学者认为,民俗习惯主要用于事实判断,但同时也涉及法律适用问题,因此兼具事实和规范双重属性。以王伯琦的观点来看,习惯法的积极要件有二:一是必须有经久的惯行,二是必须为社会一般人所确信。前一要件,全是事实问题,当事人应负举证责任。后一要件,则为惯行之事实所以能发生法的效力的基本要素,法院应当依职权调查。[②] 本书认同这一观点,即民俗习惯首先应被作为事实问题来对待,而其最终规范属性的呈现,则取决于法官的查明、确认和识别。

②"民俗习惯"的概念

结合以上关于"民俗"和"习惯"的概念和内涵,本书所确定的"民俗习惯"是指:特定社会群体(如国家、民族、地区、行业等)在长期生产生活过程中自发形成的、影响其日常行为模式的习俗、习惯或惯例的统称。需要强调的是,本书所讲的"民俗习惯"总体上涵盖"事实上的习惯"和"习惯法"。不过

---

① 王伯琦:《近代法律思潮与中国固有文化》,清华大学出版社2005年版,第283页。
② 参见王伯琦:《近代法律思潮与中国固有文化》,清华大学出版社2005年版,第283页。

对于进入家事纠纷领域的某一具体的"民俗习惯"来说,只有经过法官的识别,才可判断其属于"事实上的习惯"还是"习惯法"。若法官识别后认定该"民俗习惯"为"事实上的习惯",则其只能被当作事实依据;若法官认定该"民俗习惯"为"习惯法",则可径直根据《民法总则》第 10 条(现《民法典》第 10 条)将其作为裁判依据。

2.家事裁判的概念及目的

(1)"家事裁判"的概念

"家事裁判"指的是法官对涉及家事纠纷的案件进行裁判。需要明确的是,首先,此处的"裁判"主要指判决,而不包括裁定、决定和调解。其次,"裁判"不只是法官撰写和宣读判决书的单一节点,而是包含当事人启动"民俗习惯"到法官裁判说理的整个过程。最后,"家事纠纷"是指涉及婚姻家庭,包括离婚、亲子关系、继承、家庭财产等方面的纠纷。①

(2)"家事裁判"的目的

家事纠纷因涉及与人身关系极为密切的领域,故其中所涉及的道德性和伦理性远远超出一般的民事纠纷,故法官在家事裁判中不仅要考虑法律因素,还要考量情理因素。正如习近平总书记所指出的那样:"家庭和睦则社会安定,家庭幸福则社会祥和,家庭文明则社会文明。"②由此来看,家庭的和睦、幸福和文明才是家事裁判的目的所在。本节对于民俗习惯在家事裁判中适用的规范化研究便是紧紧围绕这一目的,以求发挥民俗习惯在维护和稳定家庭关系中的积极作用。

3.规范化的界定及意义

(1)"规范化"的界定

关于"规范化"这一概念,在设计、管理等相关领域被更多提及,但在法学领域,"规范化"则大多出现在司法机关的官方文件中,学界对此并没有具体

---

① 参见范愉:《非诉讼纠纷解决机制研究》,中国人民大学出版社 2000 年版,第 208 页。
② 《习近平谈治国理政》第二卷,外文出版社 2017 年版,第 353—354 页。

的定义。笔者在查阅《商务国际现代汉语词典》后得到一简单的描述,即"使符合规定的标准"①。对于该表述,本书的拓展理解是"在社会实践中,对重复性事物和概念,人们通过制定、发布和实施特定标准来获得最佳效益。"结合民俗习惯在家事裁判中的适用情况,本节对"规范化"的界定是:在家事领域的司法实践中,对于民俗习惯在裁判中的适用,通过启动、证明、查明和确认、识别等一系列流程,帮助法官确立相对统一的裁判标准,真正发挥民俗习惯的作用,维护家庭和谐稳定。

(2)"规范化"的意义

本书对于民俗习惯在家事裁判中适用的规范化研究,其意义主要在于实践层面。对于法官来说,鉴于司法实践中并没有明确的适用程序和标准,如若有一整套相对规范的流程帮助其裁判案件,其现实意义自然不言而喻。而在法官之外,"规范化"对于当事人以及习惯群体也是有一定意义的。

对于当事人来说,民俗习惯能否适用以及如何适用将直接关系到其自身利益,从这个角度出发,若没有规范的流程让其参与到纠纷过程中,那么势必会影响其诉讼参与的积极性,滋生更多的程序问题,进而影响最终的裁判结果。对于特定的习惯群体来讲,法官依据民俗习惯作出的裁判是有引导作用的。在特定的区域内,若法官通过严格的识别在裁判中适用了某一民俗习惯,那么这无疑会极大增强习惯群体对于该民俗习惯的认同感,有利于内部的和谐稳定,其社会意义自不必说;但若法官在裁判中未适用某一民俗习惯,而是对其进行批驳,那么基于司法裁判的权威性,也有利于消除该民俗习惯带来的负面影响,增强习惯群体的法治观念。

(二)民俗习惯作为次位法源之理论依据

1. 基于司法立场的法律渊源

关于法律渊源这一问题,学者一般基于两种立场提出自己的观点,一种是

---

① 朱洪军、金春梅等主编:《商务国际现代汉语词典》,商务印书馆 2014 年版,第 389 页。

立法立场,一种是司法立场。

　　基于立法立场的学者探讨的是立法之法,即一般规范的来源;基于司法立场的学者研究的是司法之法,即个别规范的来源。立法之法是一般规范,即"以某些抽象地决定的后果赋予某些抽象地决定的条件的这种规范"①;而司法之法是个别规范,即"抽象的一般规范的必要的个别化和具体化。"②"与法律的'约束力'或'效力'内在地联系着的,并不是法律的可能的一般性,而只是法律作为规范的性质。既然法律按其本性来说是规范,那就没有理由问为什么只有一般规范才能被认为是法律。如果从其他方面看,个别规范体现了法律的主要特征,这些规范也必须被承认为法律。"③

　　由于本节所关注的是家事裁判中民俗习惯的司法适用问题,所以本书的研究是基于法律渊源的司法立场展开的。其内涵在于:一方面,法官必须严格遵守立法规定,按照立法者创制的一般规范裁判案件;另一方面,当面临一般规范未予规定的问题时,法官则需要到个别规范——民俗习惯等非正式渊源中寻求解决途径。

2.关于民俗习惯法源地位的分析

（1）否定说

　　这一学说主要为法律实证主义者所倡导,他们将法律渊源的范围局限于国家法,从根本上否定民俗习惯的法源地位。其中约翰·奥斯丁认为:"从起源的角度来看,一个习惯,是经由被统治者日积月累的遵守而形成的行为规则,与人们追求的经由政治优势者制定法律这一活动,没有任何关系。这一习惯,当其被法院所适用的时候,而且,当其被司法判决作为根据,并被国家权力

----

　　① ［奥］凯尔森:《法与国家的一般理论》,沈宗灵译,中国大百科全书出版社1996年版,第153页。

　　② ［奥］凯尔森:《法与国家的一般理论》,沈宗灵译,中国大百科全书出版社1996年版,第153页。

　　③ ［奥］凯尔森:《法与国家的一般理论》,沈宗灵译,中国大百科全书出版社1996年版,第41页。

所强制实施的时候,也就自然转变为了实际存在的由人制定的法的一部分。但是,在法院适用之前,当其还没有法律制裁的外在形式的时候,习惯,仅仅是实际存在的社会道德的一种规则。"①这样的观点笔者并不认同,因为社会矛盾纷繁复杂,国家法无论完善到何种程度,也无法穷尽解决。而我国目前大力倡导的多元化纠纷解决机制,正是对国家法功能的有效补充,这其中适用民俗习惯便是一种可行性选择。

(2)优位法源说

这一学说主要为部分法社会学家所提出,这主要因为:一方面,民俗习惯等在民事纠纷中已经被法官作为裁判依据适用;另一方面,他们认为民俗习惯和制定法本质上是一样的,只要符合社会发展趋势,便可以作为法官优先适用的法源。例如,萨维尼虽然认为习惯要进化成法律,但是仍然奉习惯为至尊之法源。② 埃利希则认为:"每一种制定出来的规则,从本性上说是不完整的,一当它被制定,就已过时了,它既难管现在,更不用说管将来。负责适用法律的人是本民族和本时代的人,他将根据本民族和本时代的精神,而不根据'立法者的意图',依以往世纪的精神来适用法律。"③在他看来,立法者制定的法律不可能涵盖所有的纠纷,注定会存在与社会脱节的部分,因此法官的适用必定具有局限性。鉴于此,他极力主张到社会生活中发现与时俱进的"活法",并将其置于优位法源地位。此外,法国民法学者 Francois Geny 在其著作中也提出,突破制定法,习惯、司法判例等均可成为民法渊源。④ 对于这一学说,笔者亦难全盘接受。尽管民俗习惯在某些地区、某些领域的确发挥着积极作用,但其本身确实具有模糊性,且适用面相对狭窄。相比来看,国家法明显具有民俗习惯不可比拟的强制性和规范性,适用面也宽泛许多。对于现代化的法治国

---

① [英]约翰·奥斯丁:《法理学的范围》,刘星译,中国法制出版社 2002 年版,第 38 页。
② 参见李可:《习惯法:理论与方法论》,法律出版社 2017 年版,第 143 页。
③ 转引自沈宗灵:《现代西方法理学》,北京大学出版社 1996 年版,第 275—276 页。
④ 转引自张民安:《〈民法总则〉第 10 条的成功与不足》,《法治研究》2017 年第 3 期。

家来讲,将民俗习惯作为优位法源是不科学的,也是不现实的。

(3)次位法源说

相比于上述两种有着明显欠缺的观点,我国学者大多支持民俗习惯的次位法源说,并且《民法总则》第10条(现《民法典》第10条)也采纳了这样的观点。梁慧星对此的解读是:"我国《民法总则》第10条所言之习惯,系指习惯法而言,而习惯唯经国家有关部门以正规文件等形式认可者,方可被提升至习惯法之地位。"①这从侧面证明其否定民俗习惯直接作为法源,而是将其置于次位法源地位的态度。另外,也有学者将《民法总则》第10条(现《民法典》第10条)在性质上定位为"寻法指南",它的作用在于指引法官应当从"何处"入手,去寻求可能适用于审判之规则的线索②,并从规范适用的顺位上看,习惯仅次于法律。③ 由此可见,本条很明显是在法律之外为法官提供解决民事纠纷的又一途径——"习惯"。

本书采取的便是这一观点,即民俗习惯在家事裁判中的适用规范化是在强制性法律之外领域进行的探索:当强制性法律有明确规定时,应优先适用强制性法律;强制性法律未有明确规定时,才有民俗习惯适用的空间。

(三)民俗习惯适用必要性之理论依据

如上所述,《民法典》第10条为民俗习惯的适用合法性奠定了基础。而在合法性之外,在家事裁判中适用民俗习惯也是具有一定必要性的。关于这一点,本书将根据梁治平、苏力以及郑永流等学者关于民俗习惯适用的三种学说加以阐述。

1. 知识传统说

梁治平认为:"习惯法无论成文与否,它们或多或少都建立在习惯的基础

---

① 梁慧星:《民法总论》,法律出版社2017年版,第28页。
② 参见李适时:《中华人民共和国民法总则释义》,法律出版社2017年版,第32—36页。
③ 参见李适时:《中华人民共和国民法总则释义》,法律出版社2017年版,第34—35页。

上。而不论在多大程度上获得国家的认许,它们都不是国家授权的产物。无论如何,它们首先出自民间,乃是人民的创造物。在中国传统语汇里,与'官府'相对应的正是'民间',而'官'与'民',这一对范畴,适足表明中国传统社会结构的特殊性。"①

梁治平从中国传统社会"官"与"民"相对应的传统社会结构出发,揭示了国家法和民俗习惯不同的创造途径。在他看来,民俗习惯即使经过国家的认可和授权上升到国家法的层面,也改变不了由民间创造的本质。在进一步深究梁治平的观点之后,笔者认为,民俗习惯由立法者认可上升至国家法,似乎只是一个形式过程,其解决社会矛盾的内核仍然是由"民人"而非"官府"创造的。因此,对于国家法影响相对微弱的乡土社会来说,用"民人"所创造的民俗习惯解决社会矛盾是有必要性的,只不过法官需要对解决纠纷的"民俗习惯"进行价值判断,只有那些具有法治精神和理性内涵的"民俗习惯"才能被适用,这一点后续会作出说明,此处不赘。

2. 本土资源说

苏力在研究不同地区社会群体生活习惯的基础上,提出"作为法律和法学工作者,更应当重视研究和发展中国社会中已有的和经济改革以来正在出现和形成的一些规范性的做法,而不是简单地以西方学者的关于法治的表述和标准否认中国社会中规范人们社会生活的习惯、惯例为法律"②。

对于民俗习惯的适用,苏力从中西对比的角度进行说明,认为我国目前仍应立足于自身的习惯、惯例,而不是一味认同西方的法治标准。在这一点上,本书表示认同。从世界范围看,西方的法治建设走在我国前列,因此向其学习毋庸置疑。而且改革开放以来,我国借鉴西方的相关经验,也已经形成一整套相对完善的法律规范。但不可否认的是,由于中西方社会现状、文化理念等各方面的差异,西方所遵从的法治理念被移植到国内时明显有"水土不服"的迹

① 梁治平:《清代习惯法:社会与国家》,中国政法大学出版社1996年版,第34—35页。
② 苏力:《法治及其本土资源》,中国政法大学出版社2004年版,第22页。

象,这一点在乡土社会表现得更为显著。所以仅仅依靠单一的西方式的法治思维模式,忽略乡土社会中像民俗习惯这样的本土法治资源,必然会在一定程度上导致矛盾纠纷与解决方式之间的脱节。究其原因,可能正如张洪涛所讲,"西方社会的发展是一个不断去家庭化、去身份化的过程,中国社会则是一个不断家庭化、身份化的过程"①。这两种社会发展的不同趋向,才是中西方法治观念有所冲突的根本所在。从这个角度讲,在重亲情、重人伦的乡土社会中,适用民俗习惯是有必要性的。

3.行为规则说

关于民俗习惯,郑永流从法的有效性角度提出行为规则说:"意指一种存在于国家之外的社会中,自发或预设形成,由一定权力提供外在强制力来保证实施的行为规则。"②这类民俗习惯的范围主要包括家法族规、乡规民约等。公丕祥也认为:"在氏族社会,人们行为的依据只有习俗,它是氏族成员在长期的生产劳动和生活实践中逐步形成的共信共行的行为规范。"③范愉则用"民间社会规范"来界定"民俗习惯"。在她看来,"民间社会规范作为事实的法秩序的一部分,属于法社会学研究中的'非正式的法''活的法'或'行动中的法'的范畴,这些在民间社会中自然形成并长期得到遵从的原则和规则,经常被作为一种社会控制机制,应用于纠纷解决和确认事实上的权利和义务。"④

根据前述学者的观点,民俗习惯可以作为国家法之外的纠纷解决方式,一个重要原因便在于其具有实际影响当事人权利义务关系的"规则性"。对于民俗习惯的适用必要性来讲,"知识传统说"以及"本土资源说"只是基于外部因素作出的考量,而民俗习惯本身所内含的"规则性"才是关键。因为在国家

---

① 张洪涛:《何谓中国法治的中国因素》,《法律社会学评论》2016 年第 1 期。
② 郑永流:《法的有效性与有效的法》,《法制与社会发展》2002 年第 2 期。
③ 公丕祥:《法理学》,复旦大学出版社 2016 年版,第 71 页。
④ 范愉:《纠纷解决的理论与实践》,清华大学出版社 2007 年版,第 578 页。

法之外,似乎找不到比民俗习惯更具有"规则性"的纠纷解决方式。考虑到国家法解决纠纷的局限性,在乡土社会适用有"规则性"的民俗习惯是必要的。不过在判断某一民俗习惯是否具有"规则性"时,法官需经过规范识别,至于具体的识别标准后续将详细说明。

二、民俗习惯在家事裁判中适用的现状

(一)民俗习惯在家事裁判中的功能发挥

通过在北大法宝及中国裁判文书网上检索家事领域相关案件之后,发现法官在适用民俗习惯时,对于其功能的发挥主要集中于以下三个方面:

1. 作为案件证据适用

表5—3　作为案件证据适用的民俗习惯

案件名称	民俗习惯表述
杨某1与杨某2等法定继承纠纷案①	"根据子女意见,并结合民俗习惯,可以认定该分家单系当事人真实意思表示,合法有效。"
岳某1诉孟某1等婚约财产纠纷案②	"关于2000元购买衣服款、红包款1000元,这是依据民俗在婚姻缔约过程中产生的习惯性开支,应属于赠与性质,不应返还。"
朱某诉王某1等婚约财产纠纷案③	"另查明,原告朱某与被告王某1之间未办理结婚登记手续,也未依照民俗举办结婚仪式。"
郭某1等诉程某1等继承纠纷案④	"按照民俗郭某1于2003年10月6日在见证人程某2、买某、程某3等人见证下立下遗嘱将房产作了分配:南十一米归郭某某、中间十一米归郭某2、北十一米归郭某3。"

① 参见北京市第二中级人民法院(2018)京02民终1319号民事判决书。
② 参见河南省方城县人民法院(2018)豫1322民初66号民事判决书。
③ 参见河南省泌阳县人民法院(2018)豫1726民初601号民事判决书。
④ 参见河南省焦作市中站区人民法院(2018)豫0803民初19号民事判决书。

续表

案件名称	民俗习惯表述
丁某1诉屈某等分家析产纠纷案①	"1990年8月31日原告与丁某4签订的《分居协议书》载明,丁某4已将该房屋确权给原告,该行为实质上属于丁某4依照民俗对原告的赠与行为。"

在杨某1与杨某2的继承纠纷中,法官将民俗作为证据的一部分证明当事人分家的意思表示。在岳某1与孟某1的婚约财产纠纷中,法官把民俗当作间接证据证明3000元属于赠与性质。而在朱某与王某1的纠纷中,法官提出双方未按民俗举行婚姻仪式,以此反向证明双方夫妻关系不成立。对于郭某1和程某1的继承案件,法官参照民俗这一间接证据证明郭某1已对房产做了分配。法官在裁判丁某1诉屈某的分家析产案件时,亦是以民俗证明丁某4对于原告的赠与行为。

在这五个案件中,法官是将民俗习惯作为证明当事人意思表示或者法律关系的关键证据来看待的,并使其直接或间接作为证据链条的一部分,这样可以提升整个裁判过程的逻辑性和说服力,从而更好地维护当事人的合法权利。

2.作为案件事实适用

表5-4　作为案件事实适用的民俗习惯

案件名称	民俗习惯表述
张某1与张某2等分家析产纠纷上诉案②	"虽然各方均称当时已参加工作,具备收入能力,但结合民俗常理,该院认定张某1出资比例较高,张某2出资比例较低为宜。"

---

① 参见天津市武清区人民法院(2017)津0114民初7112号民事判决书。
② 参见北京市第三中级人民法院(2019)京03民终3426号民事判决书。

续表

案件名称	民俗习惯表述
华某某与艺某某等继承纠纷上诉案①	"安葬费应该按民俗所做事实,应按实际开支计算,原审判决3万元不合实际。"
曹某与赵某婚约财产纠纷上诉案②	"经双方当事人确认,赵某给付曹某90600元,其余为举行结婚仪式过程中按民俗给的礼金。"
涂某1等诉李某2等婚约财产纠纷案③	"本案原、被告在按民俗办酒结婚后就居住在一起至被告离开原告家,对外也是以夫妻名义相处。"
王某1等诉攸某继承纠纷案④	"攸某2生前已经分家析产,根据民俗,只给儿子分家,老人将涉案宅院分给了被告丈夫王某5,另一处院分给了另一儿子王某7。"

在张某1与张某2的分家析产纠纷中,法官在认定双方出资比例这一问题上,结合当地的民俗习惯和常见做法,认定张某1的出资比例更高。在华某某与艺某某的继承纠纷中,法官在计算安葬费时,参考民俗以认定该笔费用应按实际开支计算。在曹某与赵某的婚约财产纠纷中,法官在认定礼金数额时亦是以民俗为依据作出的判断。而在涂某1与李某2的婚约财产纠纷中,法官则根据该地区办酒的民俗并结合同居、以夫妻名义相处等事实来认定双方成立夫妻关系。在涉及攸某继承这一纠纷时,法官确定被告人攸某的财产处分事实的方式也是通过民俗途径。

通过对这五个案件的大体分析,可以明显看出:法官在对家事纠纷中某些事实(尤其是涉及婚姻、继承纠纷中的金额)认定有困难时,参考当地的风俗习惯可能会起到意想不到的效果,可以说是一条认定案件事实的便捷小径。

---

① 参见湖南省湘西土家族苗族自治州中级人民法院(2018)湘31民终5号民事判决书。
② 参见天津市第一中级人民法院(2018)津01民终6号民事判决书。
③ 参见贵州省安顺市中级人民法院(2018)黔04民终45号民事判决书。
④ 参见山西省太原市晋源区人民法院(2017)晋0110民初1315号民事判决书。

3.作为裁判依据适用

表 5-5　作为裁判依据适用的民俗习惯

案件名称	民俗习惯表述
蒋某某诉徐某 2 等赡养纠纷案①	"本院尊重当事人的意愿并适当考虑民俗,酌定由被告徐某 2 每年轮养 6 个月,徐某轮养 3 个月,徐某 3 等各轮养一个月。"
徐某与张某 1 同居关系子女抚养纠纷上诉案②	"一审法院认定 96000 元属于彩礼范畴,并结合当地民俗习惯,判决上诉人酌情返还被上诉人 60%,即 57600 元并无不当。"
武某某诉周某某继承纠纷案③	"因原、被告均为周某某的至亲,且均为周某某的遗产继承人,基于亲情、民俗、道义、法理均应对周某某进行安葬,故应均等承担被继承人周某某丧葬费用。"
熊某与杨某 1 等婚约财产纠纷上诉案④	"基于当地民俗,彩礼及嫁妆的给付是以缔结婚姻关系为条件,一旦双方婚约关系解除,一方对另一方彩礼的取得,即丧失了民事习惯上的合理性。"
周某诉陈某 1 等婚约财产纠纷案⑤	"依据当地民俗,涉及彩礼的问题,多由父母参与并主导,故将陈某 2、张某列为被告适当,三被告的该项抗辩,本院不予采纳。"

从这五个案件法官的裁判来看,这些判决确实是以民俗习惯作为裁判依据,这一点在判决书中明确可寻、无可争议。但值得注意的是,当笔者想要深入其中的裁判说理时,看到的只是法官"蜻蜓点水"、浅尝辄止式的阐述,其并未将民俗习惯作为裁判依据加以实质论证,这一点从其中"适当考虑民俗""结合当地民俗习惯""基于民俗""依据当地民俗"等表述中可见一斑,这是法官适用民俗习惯裁判家事案件在实体方面的一个重大缺陷,后续将详细阐

---

① 参见江苏省海安县人民法院(2017)苏 0621 民初 8103 号民事判决书。
② 参见河南省安阳市中级人民法院(2017)豫 05 民终 5376 号民事判决书。
③ 参见辽宁省昌图县人民法院(2018)辽 1224 民初 138 号民事判决书。
④ 参见贵州省安顺市中级人民法院(2018)黔 04 民终 36 号民事判决书。
⑤ 参见安徽省濉溪县人民法院(2018)皖 0621 民初 740 号民事判决书。

明，此处不赘。

（二）民俗习惯在家事裁判中的适用问题

1. 程序问题

《民法典》第 10 条虽为法官在家事案件中适用民俗习惯奠定了明确的法律基础，但却缺乏具体的程序流程，因此导致各地方法院操作不一，出现一系列问题，这些问题体现在启动、证明、查明与确认三个方面。

（1）民俗习惯启动中面临的问题

以苏力的观点来看，当事人在纠纷中依据习惯规则提出诉讼请求，是习惯进入司法的首要条件。[①] 在本书看来，这便涉及民俗习惯进入司法领域的启动问题。针对这一问题，苏力似乎已经给出"由当事人提出"这一明确答案。但在现实的家事纠纷领域中，问题其实并不这么简单，尤其是在启动主体和启动时间上，存在一些争议。

从原告的角度出发，搜索相关案例后发现：在一些有关祭奠权、悼念权的案件中，法院会以找不到相应案由为理由拒绝受理，但在这些涉及强烈人身性、道德性的案件中，民俗习惯其实扮演着十分重要的角色，无论是在事实认定、证据认定，还是在裁判依据方面。法官不予受理此类案件，可以说是从根上掐死了民俗习惯进入家事裁判的萌芽，从源头上断绝了原告通过民俗习惯维护权利的意愿。另外，若原告在起诉时并未提及民俗习惯，那么在其进入家事纠纷中时是否可以再行提出？ 如若可以，原告提出的时间段应是如何？

从被告的角度出发，在家事领域的实践中，由其启动民俗习惯的情况并不多见，那么其是否也可以提出民俗习惯作为反制被告的手段呢？ 假如可行，与原告面临的问题一致，被告在诉讼中的哪一阶段提出最合适呢？

---

① 参见苏力：《中国当代法律中的习惯——从司法个案透视》，《中国社会科学》2000 年第 3 期。

在家事领域的实践中,由于自身法律知识水平的局限性,当事人在立案或者诉讼过程中提出自己的主张时,可能并未意识到该主张已进入"民俗习惯"的范畴。那么从法官的角度来讲,其是否可以提示当事人呢? 法官这样做的话是否违反中立裁判的原则呢? 其提示的尺度范围何在?

（2）民俗习惯证明中面临的问题

在民俗习惯的证明问题上,学界基本达成共识,即只有经过证明的民俗习惯才能得到法官的引用。① 这一观点毫无疑问说明"证明"这一环节对于民俗习惯在家事裁判中适用的重要性。围绕这一环节,司法实践中存在几个难题亟待解决:

关于证明对象,由于民俗习惯兼具事实和规范的双重属性,若当事人提出具有一定规范性的民俗习惯时,他们是否需要初步证明其规范性,抑或是像对待普通案件事实一样,仅证明其客观存在即可呢?

关于证明责任,《民事诉讼法》第 64 条第 1 款②与最高人民法院关于适用《中华人民共和国民事诉讼法》的解释第 90 条③确立了"谁主张,谁举证"的基本分配原则。针对民俗习惯在家事裁判中的适用,高其才也认为:"在证明规则方面,宜采取当事人举证为主法院依职权取证为辅的举证模式。"④但实践中存在的问题是:民俗习惯并不是单纯的法律事实,在这种情况下,当事人应该举证证明什么内容呢?

关于证明标准,最高人民法院关于适用《中华人民共和国民事诉讼法》的

---

① 参见高其才:《论人民法院对民事习惯法的适用》,《政法论丛》2018 年第 5 期;彭诚信:《论〈民法总则〉中习惯的司法适用》,《法学论坛》2017 年第 4 期。

② 当事人对自己提出的主张,有责任提供证据。

③ 当事人对自己提出的诉讼请求所依据的事实或者反驳对方诉讼请求所依据的事实有责任提供证据加以证明。没有证据或者证据不足以证明当事人的事实主张的,由负有举证责任的当事人承担不利后果。

④ 高其才:《论人民法院对民事习惯法的适用》,《政法论丛》2018 年第 5 期。

解释第 108 条①规定了民事诉讼的一般证明标准——高度盖然性标准,第 109 条②规定了特殊证明标准——排除合理怀疑标准。相比于纯粹的法律事实,有些民俗习惯具有一定的规范属性,那么此类民俗习惯进入家事领域中时是否也要严格遵循这两种证明标准? 在涉及继承相关人身关系的民俗习惯时,应遵循哪一种证明标准? 在涉及彩礼有关财产关系的民俗习惯时,又应遵循哪一种证明标准?

关于举证形式,《民事诉讼法》第 63 条明确规定的证据种类有当事人陈述、书证、物证、视听资料、电子数据、证人证言、鉴定意见以及勘验笔录八种。事实上,家事领域中民俗习惯存在的形式五花八门,口头的因为其本身的模糊性使当事人很难举证,书面的又有很多是以石碑等形式存在,留存的典籍文献十分稀少,当事人举证亦十分困难。在这样的情况下,法官是否还要坚持要求当事人按照这几种法定证据形式进行举证? 是否可以在举证形式上进行一定的拓宽?

(3)民俗习惯查明与确认中面临的问题

对于家事领域的案件来讲,在当事人提出民俗习惯并举证证明后,必须经过法官对民俗习惯事实上的查明,确认该民俗习惯实际存在。在这一问题上,法官在实践中也存有一些疑惑。

一方面,在家事纠纷中,法官经常面临以下两种情况:一是有些当事人提供的民俗习惯过于模糊,二是双方当事人提供了不同的民俗习惯。按照《民事诉讼法》举证责任的规定,法官完全可以通过双方的举证证明来确认是否适用民俗习惯,或者说适用哪一民俗习惯。但家事诉讼不同于其他民事诉讼,

---

① 对负有举证证明责任的当事人提供的证据,人民法院经审查并结合相关事实,确信待证事实的存在具有高度可能性的,应当认定该事实存在。对一方当事人为反驳负有举证证明责任的当事人所主张事实而提供的证据,人民法院经审查并结合相关事实,认为待证事实真伪不明的,应当认定该事实不存在。法律对于待证事实所应达到的证明标准另有规定的,从其规定。

② 当事人对欺诈、胁迫、恶意串通事实的证明,以及对口头遗嘱或者赠与事实的证明,人民法院确信该待证事实存在的可能性能够排除合理怀疑的,应当认定该事实存在。

其对于宗族稳定、家庭和谐提出了更高的要求,对于案件客观真实的追求更为强烈,因而应以真实发现主义为基本原则。① 考虑到这一点,法官应如何对待当事人对于民俗习惯的举证证明呢? 在存有疑虑时,法官是否可以直接抛弃当事人所提出的民俗习惯,而直接依职权去查明呢?

另一方面,家事纠纷是一个极度注重私密性的领域,法官在进行民俗习惯的查明工作时,难免遇到一些阻碍,甚至会侵犯相关人员的隐私权,因此法官如何更为合法合理地进行民俗习惯的查明工作才能最大程度保证准确的结果呢?

2. 实体问题

《民法总则》第 10 条(现《民法典》第 10 条)的颁布可以说为民俗习惯在我国目前的裁判体系中奠定了一个次位法源地位,不过在家事领域的司法实践中,其实体适用方面却面临着诸多难题。

(1)民俗习惯的规范识别问题

如前所讲,民俗习惯具有事实和规范的双重属性,而其中规范属性是其可以作为裁判依据的关键所在。但是在家事领域的司法实践中,法官的规范识别并无具体的适用标准,因此在实践中存在一定的问题。在顾某 1 与顾某 2 一般人格权纠纷上诉案②中,便涉及民俗习惯的规范性问题,以下是具体案情介绍:

顾某 1、顾某 2 是亲兄弟关系。他们的父亲于 2014 年 3 月 7 日去世,母亲于 2015 年 12 月 27 日去世。2015 年 8 月,顾某 2 为其父办理碑文刻字及遗像制作,但却未将顾某 1 及其家人名字刻于墓碑上,但在墓碑上预留右下角一块空间。2016 年 5 月 10 日,顾某 2 为其母也办理了刻字及遗像的制作,同样未涉顾某 1 及其家人。2017 年清明节,顾某 1 及家人到父母的

---

① 参见吴明轩:《离婚之诉与一般诉讼程序不同之规定》,《月旦法学教室》2017 年第 172 期。

② 参见上海市第二中级人民法院(2017)沪 02 民终 11086 号民事判决书。

墓地祭奠时发现墓碑上没有篆刻顾某 1 一家的名字。后顾某 1 要求顾某 2 将其与家人的名字刻于墓碑上，顾某 2 未予同意，顾某 1 便向法院提出诉讼请求：（1）判令顾某 2 立即将顾某 1 及家人的名字刻在父母的墓碑上；（2）重新刻字所产生费用由顾某 2 承担；（3）判令顾某 2 承担顾某 1 的误工费损失 600 元。

顾某 1 在事实和理由部分提到一条当地有关祭祀的民俗习惯：墓碑上刻上家庭成员姓名是民风民俗中祭奠父母的具体行为，也是权利。在刻制名字时，应严格按照家庭人员的辈分排列。根据此条民俗习惯，顾某 2 仅在墓碑右下角为顾某 1 预留刻制空间会造成家庭人员的辈分混乱，有辱顾某 1 及家人的尊严，也有悖于民俗常理。

法院经审理后认为，将子女名字刻于父母墓碑之上是依据习俗对父母进行祭奠的一种方式。顾某 2 在其父母亡故后，对其骨灰进行安葬并刻碑祭奠，本无不当之处，也符合入土为安的传统民俗，但其在墓碑上未按长幼次序为顾某 1 及其家人预留出刻写名字的位置，存在一定过错。故支持顾某 1 的诉讼请求，判决顾某 2 依照家庭成员的辈分重新制作墓碑。

从法官适用该民俗习惯的判决结果来看，明显是对该民俗习惯的规范性进行了一定程度上的认可。不过，从该民俗习惯本身的内容来看，其规范性似乎存在不足，特别是并未规定责任后果的承担，即对违反者没有一定的惩戒措施。

（2）民俗习惯的效力识别问题

尽管很多时候民俗习惯可以起到良好的作用，不过在司法实践中其适用结果却存在很大差异，这主要是因为法官对民俗习惯的价值判断存在一定的主观性，或者说其效力识别标准并不一致。笔者以在社会上引起热议的"张某诉蒋某遗赠纠纷案"①为例作出说明。

---

① 参见四川省泸州市纳溪区人民法院（2001）纳溪民初字第 561 号民事判决书。

被告蒋某与丈夫黄某于 1963 年结婚。1996 年,黄某认识了原告张某,并与其同居。之后黄某因为肝癌去世,原告拿出黄某生前所立的遗嘱,称其已经对财产作出明确处理:其中一部分由被告蒋某继承,另一部分作为遗产遗赠给她,且该份遗嘱已由公证机关作出过公证。但遗嘱生效后,被告蒋某却实际控制全部遗产。原告认为被告侵犯自身合法权益,因此按照《继承法》的规定,请求法院判决被告给付遗嘱所属部分的遗产。

法院经审理后认为,遗赠人黄某所立遗嘱是其真实意思表示,并且形式上亦无违法之处。不过遗赠人赠与财产的内容却有不法:住房公积金与住房等属于夫妻共同财产,黄某未经被告蒋某同意即赠与给原告张某的行为,毫无疑问属于无权处分,故赠与行为无效。另外,在黄某与原告张某非法同居的同时,亦处于与原配的夫妻关系存续期间,故其行为明显违反《婚姻法》相关规定,遗赠人所立遗嘱明显违反社会公德。鉴于此,法官以违反公序良俗原则为由判决驳回原告张某的诉讼请求。

案件虽然尘埃落定,但法官群体内部却产生争论,其焦点便在于原告张某的行为是否有违社会公德。关于这一点,主要有三种意见:(1)从张某的角度看,尽管其与黄某的婚外情为社会公德所否定,但其对重病中的黄某悉心照料也应得到社会的认可,因此该遗嘱并未违反公序良俗,应认定为有效;(2)根据《继承法》的规定,黄某有权向第三人遗赠其个人财产,因此该案无需适用公序良俗原则进行处理,而应当依法径直认定遗嘱有效;(3)从公平原则的角度看,张某也对黄某进行了照料,因此可以适当分得黄某的财产。从中可以看出,法官自身的价值判断对民俗习惯的效力识别工作影响巨大,如若更换一个法官来裁判本案件,便很容易出现同案不同判的现象。

(3)民俗习惯的适用方式问题

《民法总则》第 10 条(现《民法典》第 10 条)尽管确定民俗习惯可以作为裁判依据适用,但通过在北大法宝搜索家事领域的案例后,发现在少有的几起纠纷中法官直接适用了该法条。比如在荣某1等诉荣某2一般人格权纠纷案①中，法官提到："根据《中华人民共和国民法总则》第10条的规定，在现行法律没有对安葬权进行具体明确规定的情形下，本院依据习惯处理涉案纠纷。"

除此之外，在更多的家事案件中，法官面临着民俗习惯与任意性法律规范的冲突，特别是在婚姻继承领域。从遵从法律裁判这一角度讲，法官直接适用任意性法律规范是一个不难作出的选择，但从家事诉讼维护家事群体和谐稳定这一诉讼目的出发时，这样的做法无疑是片面注重法律效果、忽略社会效果，不可能从根源上解决当事人的纠纷，甚至可能引发新的矛盾。事实上，对于身处乡土环境中的当事人来讲，民俗习惯对其内心的真正影响力远远超越现有法律。考虑到当事人对于裁判的可接受性，法官是否可以对任意性法律规范作出解释适用，给民俗习惯的适用留有一定的空间呢？

（4）民俗习惯的说理论证问题

在处理涉及风俗习惯的案件时，法官是处于两难境地的。若适用制定法，则可能不合情理，当事人难以接受；若适用风俗习惯，在《民法总则》第10条（现《民法典》第10条）施行之后虽有法条依据，却并无具体的适用标准。在这种情况下，有些法官往往刻意规避民俗习惯，转而将纠纷中涉及的民俗习惯纳入公序良俗的范畴，以法律原则来裁判；另外有些法官则将制定法的规定予以"曲解"，使民俗习惯的有关内容符合法律规定的相关情形；还有些法官使用"民意""风俗"等概括模糊的词汇，避开制定法的相关规定。

本书以撒拉族的弃妻制度"口唤"为例作出说明：这一制度的主要内容是男子若对妻子不满意，只要说三声"我不要你了"，就算宣布离婚。但在司法实践中，即便当事人有相关证据提供，法官也不会以该风俗习惯作为判决离婚的依据，而只是以此证明夫妻感情确已破裂，从而判决准予双方离婚。在这类

---

① 参见北京市朝阳区人民法院（2017）京0105民初30044号民事判决书。

判决中,民俗习惯并未被直接适用,而只是作为案件事实的一部分回归到制定法的规定,最终依据制定法作出判决。由此可以看出,在涉及家事案件时,法官或多或少在刻意规避民俗习惯的适用。在这种情况下,法官说理论证不充分便在情理之中。

三、民俗习惯在家事裁判中适用的程序规范化

程序规范是实体规范的前提,针对上述所讲民俗习惯在家事裁判中适用的程序问题,本书将相应作出规范化的回应。

(一)民俗习惯在家事裁判中的启动规范化

1.提起诉讼时原告的主张

原告在提起诉讼的同时主张民俗习惯,这一点毫无疑问。本书对于此处的规范化重点在于,当涉及家事纠纷中"祭奠权""悼念权"等与民俗习惯密切相关的权利时,应对原告的诉权进行保护。《民法典》第 1024 条第 1 款①、《关于确定民事侵权精神损害赔偿责任若干问题的解释》第 1 条②中都提到对于人格尊严的保护,但"祭奠权""悼念权"与此能否完全等同,学界尚有争议。本书认为,家事领域是一个极度注重人格利益的领域,因而对于原告诉权的保护,不应仅仅局限于"法定权利",而应扩展到"祭奠权"这类"应有权利"中。在司法实践中,法院不应简单以找不到案由之类的理由予以拒绝,这样才能最大限度保证民俗习惯顺利进入到司法程序中。

在王某 1 诉陈某人格权纠纷案③中,法官便依照当地风俗习惯,维护了原

---

①　民事主体享有名誉权。任何组织或者个人不得以侮辱、诽谤等方式侵害他人的名誉权。

②　自然人因下列人格权利遭受非法侵害,向人民法院起诉请求赔偿精神损害的,人民法院应当依法予以受理:(一)生命权、健康权、身体权;(二)姓名权、肖像权、名誉权、荣誉权;(三)人格尊严权、人身自由权。违反社会公共利益、社会公德侵害他人隐私或者其他人格利益,受害人以侵权为由向人民法院起诉请求赔偿精神损害的,人民法院应当依法予以受理。

③　参见北京市第三中级人民法院(2017)京 03 民终 7025 号民事判决书。

告王某1"祭奠和安葬"的权利。其基本案情如下：原告王某1的女儿王某2于2016年9月10日死亡，同年9月12日在八宝山火化。原告与被告（丈夫陈某）双方协商出资购买一处墓穴，但之后被告反悔。在女儿的尸体被火化后，被告拒绝让原告及家属看望骨灰，并拿走骨灰盒与遗像。事后，原告多次提出其拥有和被告平等的祭奠和安葬权利，并一再提出自愿出墓穴钱，让女儿尽早入土为安。但被告称已妥善安置保存王某2的骨灰，并告知原告女儿骨灰的存放地点，并未侵犯原告的相关权利。原告因不知女儿骨灰下落，无处祭奠，精神上又受到打击，因此提出诉讼请求：（1）遵照当地或宗族的风俗习惯，要求被告返还女儿骨灰和遗像，不得妨碍对女儿进行祭奠；（2）被告应支付精神损害抚慰金10万元。

法官经审理后认为，祭奠权是近亲属对于死者进行祭祀的权利。在亲人去世后，家属参加殡葬仪式属于我国传统习俗，也是一种表达哀思的方式。亲属之间应当互谅互让、相互尊重，合法、合情、合理地行使祭奠权。在本案中，原告与被告平等享有对女儿追思、追忆的权利。虽然被告将骨灰安葬于骨灰堂符合传统要求，但其安葬时并未提前通知享有同等权利的原告，且在未告知原告的情况下擅自移走骨灰，这在一定程度上侵犯了原告的祭奠权利，并对其情感造成一定伤害，故支持原告的诉讼请求。

2.诉讼过程中当事人的提出

对于原告来说，变更诉讼请求是其法定诉讼权利，所以本书认为如果其在提起诉讼时未主张民俗习惯的话，在诉讼过程中当然可以提出，并且这样做还可以规避民俗习惯在立案阶段被排除在司法程序之外的风险。

对于被告而言，为了保障其诉讼权利，也应提倡其在诉讼过程中主动提出民俗习惯。在孔某诉胡某1等婚约财产纠纷案[①]中，被告胡某2便在诉讼程序中提出民俗习惯维护自身的权益："我信奉民俗乡规，相信媒妁之言仍是成

---

① 参见湖北省咸宁市通城县人民法院（2017）鄂1222民初2096号民事判决书。

立婚姻的保证,故对胡某 1 与原告的婚姻深信不疑。我为女儿胡某某花
6.645 万元置办了所有的嫁妆,并按风俗把亲戚的散礼都送出去了,回了原告
6600 元置办订婚宴席,亲戚朋友都知道胡某某要出嫁,现原告倒打一耙,毁掉
婚约,这些都应由原告承担。请求法院依法判决。"尽管法官最终未对其请求
予以支持,但却认可其在诉讼过程中提出民俗习惯维护权利的做法,给予其充
分的论证空间。

对于当事人来讲,在诉讼过程中提出民俗习惯是其权利,不过提出的时间
值得斟酌。本书认为当事人应在法庭调查或者取证质证两个阶段提出民俗习
惯。理由在于:(1)民俗习惯具有事实属性,在某些家事纠纷中可以对待证事
实起辅助证明作用。比如在彩礼返还纠纷中,法官可以根据民俗习惯并结合
其他证据来认定当事人是否给付过彩礼的有关事实。(2)由上所述,民俗习
惯在家事裁判中还可作为案件证据存在,考虑到实践中的具体情形,当事人在
举证质证环节提出民俗习惯也是有一定合理性的。

3. 法官基于释明权的阐释

为了实现家事诉讼维护家事群体稳定和谐的根本目的,若当事人没有意
识到民俗习惯的重要性时,法官应视情况行使"释明权"予以提示。"释明权
是指当事人在诉讼过程中的声明和意思陈述不清楚、不充分时,或提出了不当
的声明或陈述时,或所取证据不够充分却以为证据已足够时,法官以发问和晓
谕的方式提醒和启发当事人把不明确的予以澄清,把不充分的予以补充,或把
不当的予以排除,或者让其提出新的诉讼资料,以证明案件事实的权能。"①根
据该观点,释明权是法官在诉讼程序中对当事人的主张和举证活动加以引导
的一种指挥权,但其行使该权利时并不是代替当事人进行主张和举证,否则将
侵犯当事人的处分权和辩论权。

我国《民事诉讼法》并没有明文规定该项权利,不过从最高人民法院 2001

---

① 蔡虹:《释明权:基础透视与制度构建》,《法学评论》2005 年第 1 期。

年公布的《关于民事诉讼证据的若干规定》第 3 条①、第 35 条第 1 款②(已修改)中仍可看出一些端倪。这些规定虽显隐晦,却明确说明法官可以提示当事人恰当地表述自己的诉讼请求,这也间接表明法官可以通过行使"释明权",将民俗习惯纳入司法程序中。不过,法官在考虑行使该项权利时,应保证对家事案件事实有较为详细的了解,并结合案件的实际情况进行综合判断,否则很容易侵犯当事人的诉讼权利。

在我国一些法院的司法实践中,本书已经窥见到"释明权"的运用。比如江苏省姜堰市人民法院《关于将善良风俗引入民事审判工作的指导意见(试行)》第 7 条③以及泰州市中级人民法院《关于民事审判运用善良习俗的若干意见(试行)》中的相关规定。④ 可以说,这些法院的实践经验为法官通过释明权提出民俗习惯这一路径作了正确的注解。

(二)民俗习惯在家事裁判中的证明规范化

1. 证明对象

对于某些民俗习惯来说,其内涵规范性是无可争议的。不过这种规范性是很模糊的,且当事人也无法去证明。因此,在当今许多国家和地区,将民俗习惯首先当作"待证事实"看待是大势所趋。

我国台湾地区司法机关曾在判决中明确指出:"习惯法规之成立,以习惯事实为基础,故主张习惯法则,以为攻击防御方法者,自应依主张事实之通例,就此项多年惯行,为地方之人均认其有拘束其行为之效力之事实,负举证责

---

① 人民法院应当向当事人说明举证的要求及法律后果,促使当事人在合理期限内积极、全面、正确、诚实地完成举证。

② 诉讼过程中,当事人主张的法律关系的性质或者民事行为的效力与人民法院根据案件事实作出的认定不一致的,不受本规定第三十四条规定的限制,人民法院应当告知当事人可以变更诉讼请求。

③ 法官在运用善良风俗时,应当充分行使释明权,并尊重当事人的意愿。

④ 善良习俗所蕴含的规则能够从法律上得到恰当解释时,法官应予以释明,引导当事人提出法律上的请求或抗辩理由。

任。如不能举出确切可信之凭证,以为证明,自不能以为有此习惯之存在。"①在家事领域,民俗习惯也多是以待证事实的角色进入司法实践中。比如在张某与韩某1离婚纠纷案②中,张某在事实与理由部分便提出双方是根据当地"摆酒宴""举行仪式"的风俗习惯确定的婚姻关系,这里"摆喜酒"等民俗便是一种待证事实,法官可以通过走访等方式确定该民俗习惯是否真实存在。

2.证明责任

关于当事人举证责任这一问题,高其才提出:"主张或申请适用民事习惯法的一方当事人应当证明民事习惯法的存在和具体规范内容。"③借鉴该观点,本书认为负有证明责任的当事人至少应证明如下内容:一是证明该民俗习惯本身存在;二是证明该民俗习惯的内容;三是证明自己遵循了该民俗习惯。以一案例④作出说明:

原告程某、被告丁某结婚后不久,原告以被告实施家庭暴力导致夫妻感情破裂为由向人民法院提起诉讼,请求离婚。被告无异议,亦同意离婚。但在分割财产时,双方产生分歧,其争议焦点主要在于被告父母给予的"压箱钱"20万元是否属于夫妻共有财产。对于这20万元,原告提出"根据民俗习惯,压箱钱应当属于家长对夫妻双方的赠与"。不过一方面原告并没能提供充足的证据证明该民俗习惯的存在,另一方面法官经过走访了解到"压箱钱应为出嫁方的个人财产",因而并未认可原告所主张的民俗习惯。考虑到当事人并未完全证明上述内容,故法官的认定应无问题。

3.证明标准

如前所述,我国《民事诉讼法》确立了高度盖然性的一般证明标准以及排除合理怀疑的特殊证明标准。本书认为,在家事纠纷中,有关民俗习惯的证明

---

① 转引自王泽鉴:《民法总则》,中国政法大学出版社2001年版,第57页。
② 参见河北省邢台市广宗县人民法院(2017)冀0531民初970号民事判决书。
③ 高其才:《论人民法院对民事习惯法的适用》,《政法论丛》2018年第5期。
④ 参见江苏省姜堰市人民法院(2007)姜民初字第0104号民事判决书。

标准也应以此为标杆，不过在面对继承等人身案件与彩礼纠纷等财产案件时，证明标准应有所不同。

民俗习惯引起的彩礼纠纷等财产案件在司法实践中确属常见，最高人民法院关于适用《中华人民共和国民法典》婚姻家庭编的解释（一）第5条也专门规定了彩礼返还的相关内容，并且其所涉财产关系与其他相关民事案件并无本质不同，故仍应采用高度盖然性的一般证明标准。

对于继承、离婚等人身案件来讲，因其中涉及的民俗习惯事关公共利益、社会安定、伦理道德等因素，故法官在确认民俗习惯存在可能性时，不应仅仅达到高度盖然性的一般标准。最高人民法院关于适用《中华人民共和国民事诉讼法》的解释第109条规定："当事人对欺诈、胁迫、恶意串通事实的证明，以及对口头遗嘱或者赠与事实的证明，人民法院确信该待证事实存在的可能性能够排除合理怀疑的，应当认定该事实存在。"由此可见，欺诈等事实在《民事诉讼法》的认定上被赋予了排除合理怀疑的更高证明标准。究其原因，是立法者考虑到此类事实在实体法律关系中的重要性。正因如此，考虑到民俗习惯对于家事领域人身案件的重要性，当事人的证明应达到排除合理怀疑的特殊证明标准。

4. 举证形式

根据法定的八种举证形式，并结合当事人在家事领域对民俗习惯的举证情况来看，以物证、视听资料、电子数据以及勘验笔录这四种形式进行举证不甚合适，而当事人陈述虽也是一种举证形式，但却是当事人的一家之言，其实质意义亦不大。因此，除去这五种法定证据形式，当事人的举证方式其实只有书证和证人证言、鉴定意见这三种。

对于书证而言，以下几种方式可资当事人借鉴：一是民俗学者在学术著作中记录的民俗习惯；二是国家在某些特定时期进行的较大规模的民俗习惯调查与汇编，如民国时期南京国民政府编纂的《民商事习惯调查报告》等；三是某些地方法院进行的有目的性和区域性的民俗习惯汇编，如江苏省姜堰市人民法院和泰州市人民法院收集整理的民俗习惯汇编以及案例汇编等。这种证据形式直观而具有操作性,对于当事人举证而言应是最佳选择。

对于证人证言来讲,当事人需要找到熟知该家事领域民俗习惯的地方长老或者民俗专家出面作证,这样可以大大提高民俗习惯的证明力。对于某一民俗习惯而言,其最显著的特征便是历时久远,因此只有寻找到有一定阅历的长者或者民俗专家来作证,才能相对准确地印证民俗习惯的存在。

鉴定意见与证人证言其本质并无差别,当事人也需借助地方长老和民俗专家的意见,其最根本的区别在于这些人员在家事诉讼中的身份由证人转变为鉴定人。根据《民事诉讼法》第76条①有关鉴定人申请的规定,当事人可以就民俗习惯是否存在的问题申请鉴定,法院亦可依职权委托鉴定。

(三)法官的查明与确认规范化

民俗习惯在家事纠纷中历经启动和证明流程之后,便进入到法官的查明与确认流程中。笔者必须强调的是,在这一流程中,法官对民俗习惯是否存在的查明和确认是形式上的,至于实体意义上的识别将在实体规范化部分进行说明。

1.赋予法官查明与确认之职权

对于法官查明民俗习惯的职权问题,我国大陆地区目前尚未明确规定。但从之前的历史以及域外的立法来看,赋予法官该项职权是不容置疑的,特别是对于民俗习惯影响巨大的家事领域来说。

从民国相关历史来看,黄源盛在研习相关案例后便提出:"在大理院与习惯相关的诸多判决例中,亦有认为习惯经当事人主张之后,应由法院调查是否

---

① 当事人可以就查明事实的专门性问题向人民法院申请鉴定。当事人申请鉴定的,由双方当事人协商确定具备资格的鉴定人;协商不成的,由人民法院指定。当事人未申请鉴定,人民法院对专门性问题认为需要鉴定的,应当委托具备资格的鉴定人进行鉴定。

属实者。"①由此可见,那时便已开始确立法官对民俗习惯查明和确认的相关职权。如今在我国台湾地区,这样的传统亦被延续下来,法官的该项职权也日益受到重视。

从域外立法来看,日德两国在家事领域的规定对于我国法官的民俗习惯查明问题可以起到一定的借鉴作用。日本《家事事件程序法》第56条第1款规定:"家事法庭应当依职权进行事实调查,并且依申请或者职权进行必要的证据调查。"德国《家事事件与非讼事件程序法》第127条规定:"为确定对裁判重要的事实,法院可依职权进行必要的调查。在离婚或撤销婚姻程序中,仅当有助于维持婚姻或申请人未予反对时,才可以考虑参加人未提出的事实。"从这些规定来看,日德两国显然是在家事案件中赋予了法官明确的查明之权,这一点我国在进行相关立法工作时亦可借鉴。

2.明确当事人证明之前提

在家事纠纷中,因涉及当事人的隐私空间,故法官有时不可直接行使查明与确认之责。在这样的情况下,法官以当事人的举证证明为前提是一条必经之路。一方面,当事人对于纠纷情况最为了解,由其主张民俗习惯更为便利;另一方面,法官通过对当事人的举证证明进行判断,也更利于其了解当地的家事民俗习惯,进一步明悉争议焦点。对于当事人的举证证明,法官应视案件情形分别处理。若一方当事人主张民俗习惯,对方当事人对其存在亦无异议时,法官即可直接确认该民俗习惯事实上存在,从而使其进入实质识别阶段;若对方当事人对民俗习惯的存在有异议,尤其是提出相反的民俗习惯时,法官便应依职权对民俗习惯进行进一步调查,以确认最终要适用的民俗习惯。

3.拓宽民俗习惯查明之方法

对于民俗习惯的查明和确认方法,总体上法官可以借鉴普通法中目前广泛存在的几种做法:一是采纳专门做民俗习惯调研的助理法官的意见;二是通

---

① 黄源盛:《民初大理院关于民事习惯判例之研究》,《政大法学评论》2000年第6期。

过与地方贤达沟通交流获取相关民俗习惯信息;三是查阅经典教科书或习惯汇编查找民俗习惯;四是借鉴之前有关民俗习惯的司法裁判等。在涉及家事领域时,这些有关民俗习惯的查明方法可能获取不到有效信息,有的可能不甚恰当,有侵犯当事人隐私的风险,这是法官面临的一大难题。为了解决这一问题,日本、韩国在其家事法院中设立了"家事调查官",澳大利亚、美国、英国也在其家事法院中设立了相应的"顾问"和"福利官"。① 另外,山东省人民法院在家事领域进行的家事调查探索也为这一问题的解决提供了可行的道路。

山东省人民法院在司法实践中,从两方面进行探索。一方面,法院确立了家事审判辅助人制度,这些辅助人主要包括家事调查员、心理咨询师等,其选择方式是:经司法机关、教育部门、妇联、中共团委以及基层群众组织推荐,而后人民法院聘用。另一方面,法院明确了调查的范围和程序,家事调查员可以对当事人的家庭情况、经济状况等进行调查。② 具体到民俗习惯的查明问题中来,从家事裁判辅助人的选聘方式及人员构成角度来说,这些人可能与当事人一样,也生长于同样的乡土习俗环境中,对于当地的民俗习惯本就十分清楚,这对于查明工作是一个极大的便利。从调查范围和程序方面讲,因为局限于特定的乡土社会中,家事调查员甚至可能与当事人之间沾亲带故,这对于了解到最详细的事实情况可谓益处良多。

四、民俗习惯在家事裁判中适用的实体规范化

在上述程序规范化的流程之后,对民俗习惯在家事裁判中的适用便到了最为关键的实体规范化部分。这一规范化流程的实施主体在于法官,本书将从规范识别、效力识别、适用方式及说理论证等几个方面对法官的自由裁量作出规范。

---

① 参见陈爱武:《家事法院制度研究》,北京大学出版社 2010 年版,第 82—87 页。
② 参见张海燕:《家事审判程序规则化改革的有益探索》,《人民法院报》2018 年 11 月 1 日,第 5 版。

（一）法官对民俗习惯的规范识别

1.识别目的

一方面，家事法官的规范识别是衔接上述民俗习惯查明与后续效力识别的一个中间流程。考虑到民俗习惯事实和规范的双重属性问题，这一流程是对民俗习惯进行判断的一个分水岭，没有规范性的民俗习惯将作为案件事实或者证据处理，具有规范性的民俗习惯将进入效力识别中继续判断。从这一点来讲，规范识别的目的在于明确民俗习惯的属性，以便恰当准确地发挥其功能。

另一方面，《民法总则》第10条（现《民法典》第10条）明确民俗习惯可以作为裁判依据适用，在家事裁判的实践中也多有范例可资参考。不过，这些法官虽有适用之实，却缺乏适用之理。当法官将民俗习惯作为案件证据或者事实加以适用时，只需查明与确认其存在即可。但是，当法官将民俗习惯作为裁判依据时，其必须明确所适用民俗习惯的规范性，因为这关乎裁判的逻辑性和权威性。如果法官的断案依据都缺乏规范性，那么笔者很难想象这样的裁判会给家事纠纷当事人造成多坏的影响。从这一点来说，规范识别的目的还在于提升法官裁判的质量，增强裁判的可接受性。

2.识别要素

本书认为，对于民俗习惯规范性的具体识别，法官应以法律作为参考进行评估。法律的规范性主要体现在两点：一是权利义务配置；二是责任后果认定。类比法律，在家事裁判中法官对民俗习惯进行规范识别时，亦应从这两个方面进行判断。若一项民俗习惯同时契合这两项规则，则可认定其具有一定的规范性。

（1）民俗习惯的权利义务配置

与法律相似，民俗习惯的权利义务配置往往表现为：当事人负担一定的作为或不作为义务，从而获得相对应的权利。对于民俗习惯具体的权利义务内容,法官可以从内在利益和外在表征进行判断。

①民俗习惯权利义务配置中的内在利益

对于成文法律来讲,其权利义务配置最终会影响当事人的权益。与此相同,民俗习惯中的权利义务配置最终亦会转化为当事人之间的利益关系。在本书看来,没有利益分配的民俗习惯只是一般生活意义上的风俗,并不是规范意义上的民俗习惯。比如说:传统的家庭礼仪文化虽然在调整家族内部关系中起到很好的效果,但因其明显不具有利益分配关系,也没有从根本上规定家族成员的权利义务内容,所以说并不具有规范性。

不过,在更多的家事纠纷中,有些民俗习惯的背后却隐藏着内在利益,值得法官仔细识别。比如说:与彩礼等金钱有关的民俗习惯无疑是对婚姻缔结双方经济利益的直接分配;而在继承等有关身份关系的纠纷中,特别是涉及"祭奠权"等偏向于一般人格权的民俗习惯时,当事人的人格利益也是法官规范性识别的一个重要方面。

②民俗习惯权利义务配置中的外在表征

除了内在利益的识别,法官还应根据一定的外在表征来识别民俗习惯。对此可以从以下两方面作出判断:

第一,在呈现形式这方面,民俗习惯主要有两种:一种是习惯群体之间的口耳相传,即内部约定俗成并不断重复的隐性行为规则。其中最典型的便是农村关于彩礼数额的隐性规定:在笔者所在家乡,有些村落会有相对固定的彩礼金额(如66666元等),当男方与女方商讨婚事时,在金额这个问题上双方心知肚明,基本没有商量的余地。对于这类未借助文字的民俗习惯,法官在实践中需要通过大量走访方可获知。

另一种则有相对固定的文本:比如带有"村规""约法"等类似法律文件名称的乡规民约。这类民俗习惯是习惯群体为加强内部团结、促进生产而将一些通俗做法成文化而形成的。其主要特点是:简洁明了、通俗易懂、便于操作,具有很明显的地域性。具有代表性的是:高其才研究过的贵州省锦屏县清代文书中所记录的诸多民俗、浙东农村分家析产习惯法等。对于此类有着明确称谓的民俗习惯，法官可以通过与制定者或者知情者交流，详细了解其具体内容。

第二，在内容表述方面，本书以瑶族习惯法为例作出说明。首先，民俗习惯要有一定的结构形式，例如瑶族习惯法主要包含序言、正文、订立人、时间等内容。① 其次，民俗习惯要有明确的适用范围，譬如瑶族有关婚姻缔结的习惯法中便有规定：招赘婚作为缔结婚姻的重要方式，只适用于"卖断婚""卖一半""两边走""招郎转婚"四种情形。② 最后，借鉴分析法学派的观点，民俗习惯应像法律条文一般清晰体现"应该做什么、不得做什么"，否则便缺乏权利义务配置上的规范意义，而更偏向于一种社会事实。在瑶族习惯法中，便多以"不得""不许""不准"等禁止性规范规定瑶人的义务。③

（2）民俗习惯的责任后果认定

对于一项具有规范性的民俗习惯来说，如果其内容只包含有关内在利益的权利义务配置，而忽略责任后果认定的话，无疑对违反民俗习惯者起不到惩戒的作用。特别是在家事这样一个极端注重家庭感情和伦理的领域，若对违反者一味予以纵容，那么对于遵守民俗习惯者造成的伤害可能更甚。考虑到民俗习惯规范性的相对欠缺，在责任后果认定这一点上，应在法定民事责任的承担形式基础上予以适当放宽。

我国相关法律对民事责任的认定形式主要有停止侵害、赔偿损失、赔礼道歉、恢复名誉等几种。不过在家事领域的案件中，一方面，因为当事人双方关系过于紧密，像赔礼道歉这样的责任承担形式在执行中可能存在一定困难。另一方面这些责任承担形式有时过于局限，比如对于恢复名誉的执行方式，在实践中不外乎登报等，但对于知识水平有限的农村普通老百姓来说，他们不大

---

① 参见高其才：《瑶族习惯法特点初探》，《比较法研究》2006年第3期。
② 参见高其才：《瑶族习惯法特点初探》，《比较法研究》2006年第3期。
③ 参见高其才：《瑶族习惯法特点初探》，《比较法研究》2006年第3期。

可能将太多注意力集中于报纸杂志上,因此实际效果并不明显。相反,民俗习惯的出现在很大程度上对此进行了丰富,并且取得很好的社会反响。例如,某法官根据当地的民间习俗,判决被告以"放鞭炮、披红"的方式恢复原告所受的名誉损害,这使得原告所在村庄的村民可以第一时间知悉案件结果,对原告的权利维护亦起到立竿见影的效果。

(二)法官对民俗习惯的效力识别

在家事案件中,若某一民俗习惯被法官初步认定具有规范性,那么该民俗习惯便具有被适用的可能性。但若真正在裁判中适用,法官还要对该民俗习惯进行效力识别。对于法官来讲,民俗习惯是否真实存在、是否具有规范性确实是重要的识别流程,不过这并不是对民俗习惯识别的根本目的,法官真正在意的是其内容是否合法合理,以及在怎样的范围内、多大程度上可以予以承认和适用。因此,效力识别才是民俗习惯进入家事领域的关键所在。以下将从合法性和合理性两个方面进行阐释。

1. 合法性识别

关于合法性识别的问题,王利明认为习惯只有在历经"合法性"判断之后,始可成为裁判之依据、民法之渊源。[①] 此处的"合法性"具体何指,至少应从以下三个方面进行考量:

(1)民俗习惯应符合国家强制性法律规定

民俗习惯不能违反国家强制性法律的规定,这是毋庸置疑的。需要注意的是,本书强调的是"强制性"的法律规定。对于"任意性"的法律规定,在民俗习惯符合规范识别的要求后,应适当让步于当事人利用民俗习惯解决纠纷的约定,这是私法自治要求的体现。在家事领域中,存在不少违背国家强制性法律规定的民俗习惯。比如在笔者的家乡,特别是农村地区,"出嫁女"没有

---

① 参见王利明:《民法》(第7版),中国人民大学出版社2018年版,第17页。

资格继承父母的遗产或者其他财产。这一民俗习惯很明显是对民法典继承编中法定继承相关规定的违反。不过这样的民俗习惯，却相沿成习，被习惯群体严格遵守。随着人们法律意识的提高，多数人已经了解到相关的法律规定。但在法不责众的观念下，这种现象愈演愈烈，严重影响法律权威。因此，法官对此类明显违反国家强制性法律规定的民俗习惯进行识别时，应坚决予以否定，杜绝其进入家事纠纷的司法裁判过程中。而对于不违反法律强制规定的民俗习惯，应视情况坚决予以认可。在社会关注度极高的"顶盆过继案"①中，法官便适用了当地的民俗习惯，很好地维护了被告的权益。

该案的基本案情是这样的：2005 年 9 月，青岛市李沧区石家村因政府规划而进行了拆迁，村民由此可以拿到数额不菲的拆迁款。于是村民石某 1 拿着其已过世的四叔石某 2 的房产证，以该房屋所有者的身份去领取拆迁款。不过石某 1 的三叔石某 3 并不认同侄子石某 1 的做法，他提出已故弟弟石某 2 已将该房屋赠与自己，并且由公证机关作出过公证，因此持公证书找到村委会，要求维护自己的权益。双方因此争执不下，随后石某 3 以非法侵占为由，将侄子石某 1 一纸诉状告上法庭，请求法院确认其与死者石某 2 之间的赠与合同有效。

法院经审理后，驳回了原告石某 3 的诉讼请求。法官给出的理由主要有二：一、赠与合同的相对人为死去的石某 2，考虑到合同的相对性，原告石某 3 以确认赠与合同有效作为诉讼请求，应以死去的石某 2 为起诉对象，故不予支持，这一点与民俗习惯无关，此处不再加以赘述；二、被告石某 1 是根据该村的民俗习惯，为死者石某 2"顶盆过继"而取得死者所遗留房屋所有权的，此事距原告起诉已有八年之久，但在此期间内原告却从未根据所持公证书主张权利，说明其明知"顶盆过继"这一事实并予以了默认，且"顶盆过继"这一民俗习惯并不违反法律的强制性规定，因此对原告的诉讼请求不予支持。

---

① 参见山东省青岛市李沧区人民法院(2005)李民初字 3460 号民事判决书；山东省青岛市中级人民法院(2006)青民一终字 206 号民事判决书。

（2）民俗习惯应符合公共政策

从立法上讲,民法典删除了有关国家政策的规定。由此可以看出,公共政策在法律之后,对于民事活动的影响可谓十分深远。事实上,公共政策在整个国家的政治生活中处于关键地位,其对某些事项的规定是纲领性的,甚至最终会转化为法律条文。同样,在西方许多国家,公共政策的作用丝毫不亚于我国。在这样的立法影响下,其法官对公共政策的检验甚至可以等同于合法律性检验。换句话说,与公共政策相抵触的民俗习惯本质上便是违背法律精神的,因而也是无效的。

而在司法实践中,各级法院对于民俗习惯应符合公共政策这一态度也与立法相吻合。最高人民法院曾经对民俗习惯与公共政策的关系问题有过批复:"如当地有习惯,而不违反政策精神者,则可酌情处理。"[1]而在陈某1等与黄某婚约财产纠纷上诉案[2]中,湖北省恩施土家族苗族自治州中级人民法院的法官也提出:"在我国的诸多民事活动中,一旦发生纠纷,有法律规定的从法律规定,无法律规定的,从国家政策规定,既无法律规定又无政策规定的从民俗习惯。"从这些表达中可以看出,公共政策与法律的地位虽然不是平等的,但却是承接了法律的内涵,因此民俗习惯必须符合公共政策,否则应承担相应责任。关于公共政策在家事领域的影响,笔者举一明显事例足以进行说明:在笔者出生和成长的时期,正好赶上计划生育国策的严格施行,虽然农村有"多子多福"的风俗习惯,但超生者仍然会受到罚款等处罚。

（3）民俗习惯应符合公序良俗原则

法律存在善恶,这是一个无法回避的法哲学问题,对于民俗习惯善恶判断的效力识别也是如此。一方面,民俗习惯的善恶因个体的价值判断标准不同而不同;另一方面,国家和社会对于特定的民俗习惯,也有一套评价体系,从一

---

① 最高人民法院西南分院《关于赘婿要求继承岳父母财产问题的批复》规定。转引自彭诚信、陈吉栋:《论〈民法总则〉第 10 条中的习惯》,《华东政法大学学报》2017 年第 5 期。

② 参见湖北省恩施土家族苗族自治州中级人民法院(2017)鄂 28 民终 2279 号民事判决书。

定程度上说,上述提到的法律法规、公共政策便是其中之一。根据《民法典》第 10 条的规定,法官可以适用民俗习惯裁判民事案件,但是不得违背公序良俗原则。本书认为,此处的"公序良俗"指的是社会大众对于某一民俗习惯的道德感知,因此这一原则在民俗习惯的识别过程中无疑可以扮演"过滤器"的角色。① 其中恶俗必然会在社会发展的过程中渐渐被淘汰,而良俗则会随着时间的推移被更多人所认同,其强劲的生命力必然震撼人心。

关于公序良俗原则的识别问题,江苏省姜堰市人民法院专门出台《关于将善良风俗引入民事审判工作的指导意见(试行)》帮助法官解决难题。其中第 3 条是对"善良风俗"的禁止性规定,即"有下列情形之一的,不得确认为善良风俗:(1)违背科学规律的;(2)带有封建迷信色彩的;(3)不符合社会主义道德规范的。"这样的规定虽然还是偏原则性,但对于法官的识别工作还是大有裨益的。以下笔者便以练某某与周某一般人格权纠纷案②为例进行说明:

练某 1 与周某 1 是叔侄关系,张某某是练某 1 的母亲以及周某 1 的祖母。张某某与第一任丈夫周某 2 结婚后,育有一子周某 3 和一女周某 4。1962 年周某 2 遭雷击死亡,当时周某 3、周某 4 尚年幼。后根据民俗习惯,练某 2 到张某某家撑门主户(一种结婚形式),婚后两人生育儿子练某 1、长女练某 3、次女练某 4 以及三女练某 5。练某 2 与张某某将六个子女抚养长大,各自成家立业。周某 3 成年后与黄某某结婚,婚后生一子周某 1。2003 年,周某 3 在外打工身亡。因其死亡赔偿款的分配问题,张某某与儿媳黄某某产生矛盾,其后双方又多次发生争吵。2008 年,张某某立下公证遗嘱:"我百老以后的丧事料理,全部由我的儿子练某 1 负责操办,费用也由练某 1 全部承担,任何人(特别是黄某某)不得干涉"。2013 年,张某某第二任丈夫练某 2 因病去世。2016 年,张某某也因病去世。张某某过世后,练某 1 负责操办了丧事。依照当地风俗,在丧事操办完毕后,死者骨灰先单独安葬,待冬天再与已过世的丈夫合葬。

---

① 参见杨德群:《论公序良俗原则对习惯及习惯法的权衡》,《时代法学》2013 年第 6 期。
② 参见江苏省盐城市中级人民法院(2017)苏 09 民终 4701 号民事判决书。

此后,练某1、周某1双方为张某某与谁合葬问题产生争执,周某1强行将张某某的骨灰与其爷爷周某2合葬。后练某1向法院提起诉讼,要求判令与其父练某2合葬。根据当地的风俗,"一女二嫁"且女子与后夫结合系撑门主户的情形下,女子死后的合葬有"紧前不紧后"之说。换句话说,依照风俗,张某某应与周某2而不是练某2合葬。

法官经审理后认为,能够适用于司法审判的风俗习惯,应当与社会主义法制精神相契合并符合整个社会公认的伦理道德观念。当地"紧前不紧后"的习俗根源于男女不平等的封建思想,体现的是男尊女卑、女子在人身上依附男子的陈旧观念,同时也体现了对"招婿入赘"婚姻关系中男方人格的蔑视。现代夫妻合葬的习俗多源于对良好婚姻关系的尊重和祝愿。在死者存在多次婚姻的情况下,在先的婚姻关系因双方离婚或一方死亡时已终结,死者去世前合法的婚姻关系仅存在其与再婚配偶之间。在这种情况下,如果死者未有特别声明,那么其与再婚配偶合葬更符合社会大众的一般期待。因此,当事人所在地区"紧前不紧后"的合葬习俗,违背了社会主义的法律精神和原则,也与社会主义道德风尚相悖离,不能视为善良风俗,从而支持了练某1的诉讼请求。

2.合理性识别

法官效力识别的另一标准则是民俗习惯的合理性。在家事领域,有很多民俗习惯虽然从表面看并没有违法之处,但若真正挖掘其内核,便会发现其内容并不一定合理。也就是说,在一般理性人看来,这些民俗习惯可能违背社会公德。正因如此,法官的合理性识别是判断民俗习惯在家事裁判中是否具有实效的重要条件。

英国习惯法对于民俗习惯合理性的规定是:"绝对不能违反有关是非之基本原则,也不能侵损不具有此习惯的人的利益"[①],即民俗习惯必须符合公平正义的原则。美国纽约州上诉法院关于民俗习惯的合理性亦有论断:"合

---

① 　[美]E.博登海默:《法理学:法律哲学与法律方法》,邓正来译,中国政法大学出版社2004年版,第498页。

理性乃某一惯例的有效要件之一,所以法院不能确立一种不合理的或者荒谬的习惯去影响当事人的法律权利。"①另外,博登海默主张"法院有理由无视违反正义基本标准的习惯。再者,如果某一习惯与某一业已明确确立的公共政策或强有力的社会趋势大相径庭,又如果持续该习惯的唯一基础是习性或惰性,那么我们就没有理由不让法院去享有根据传统上的合理标准否定该习惯的权力。"②根据上述所讲,法官在进行规范识别时,必须对民俗习惯的合理性进行把握。不过,以上观点没有明确指出合理性的标准是什么。因此,结合目前家事纠纷中的具体情况,笔者提出以下标准:

(1)符合习惯群体的道德标准

如前文所讲,民俗习惯本身隐含着与一般理性人道德观念契合的内容,这正是其具有实效的内在力量源泉。正如考夫曼所讲:"什么使得一民俗或习惯能成为习惯法,非是原始上的可强制性以及非是长时间规律的行使,而是相关规定的社会伦理内容,其是针对社会共同福祉的。"③卡多佐也指出:"一般而言,法官有义务服从人们已经接受的这个社区的标准,服从这个时期的道德风气。"④从中可以看出,法官对于民俗习惯的合理性识别应以其存在地区人群的普遍道德标准为依托。那么具体的道德标准应如何判断呢?笔者认为法官在识别时应从自我和其他社会人两个角度进行,具体如下:

从自我的角度出发,因为法官本身也是社会群体中的一员,其对某一社会现象有一定的自我判断能力。因此在家事领域的纠纷中,当法官面对当事人提出的某一民俗习惯时,首先应根据自身的理解能力、道德感受作出一个初步判断。

---

① [美]E.博登海默:《法理学:法律哲学与法律方法》,邓正来译,中国政法大学出版社2004年版,第495页。

② [美]E.博登海默:《法理学:法律哲学与法律方法》,邓正来译,中国政法大学出版社2004年版,第498页。

③ [德]考夫曼:《法律哲学》,刘幸义等译,法律出版社2004年版,第314页。

④ [美]本杰明·卡多佐:《司法过程的性质》,苏力译,商务印书馆2003年版,第35页。

从其他社会人的角度出发,法官可以通过以下两种途径帮助自己的效力识别工作:第一种是通过裁判文书网等途径查询与自己裁判案件所涉民俗习惯最为相近的案例,借鉴其他法官的裁判意见,并结合自己之前的初步判断作出抉择。第二种是实地探访案件所涉地区的相关人群,最好是多层次、多方面进行了解,以明确当地人对此民俗习惯的认识,这样做可能费时费力,但却是相对准确的一种方式。

(2)符合习惯群体的情理需求

对于在儒家"情与理"思想影响下成长的国人来讲,法官在对民俗习惯合理性进行识别时不可避免会涉及习惯群体的情理需求。特别是在亲情紧密联系的家事领域,习惯群体的情理需求更为强烈。"情"指的是人情,即当事人的感情以及生活中常讲的面子等。而"理"则指的是隐藏在民俗习惯背后的道理、原理等。"情"与"理"有机结合,便是习惯群体的情理需求。

举例来讲,在很多农村地区存在与"祭奠权"等有关的民俗习惯,这些民俗习惯折射出的一般人格权内容蕴含着生者对于死去亲人无限的哀思和纪念。正因如此,法官在对民俗习惯进行合理性识别时,应充分考量其中所反映出的习惯群体情理需求。

(3)迎合社会发展的进步趋势

随着社会的发展以及人们法治意识的加深,农村许多根深蒂固的民俗习惯,也开始随着时代的变化而不断变化。正所谓,时代的脉搏与人心同调。因此,法官在家事领域中对民俗习惯进行合理性识别时,不能被传统的固有思维所禁锢,而应该站在时代进步与发展的大趋势下去考虑问题。正如江苏省高级人民法院课题组引用卡多佐观点所讲的那样:"如果他们时代的习俗已不再为我们的时代所分享,法官就不应被捆在其先辈的手上,无所作为地表示屈从。"①

---

① [美]本杰明·卡多佐:《司法过程的性质》,苏力译,商务印书馆2013年版,第92页。

由此可见,法官需要时刻把握社会发展的大方向,坚持正确的社会价值观,这样才能与时俱进,真正将时代精神融入裁判中。

以姓名权有关的民俗习惯为例,在我国许多农村地区,普遍存在"孩子必须随父姓"的民俗习惯,有些老人固执地认为"只有跟随我们的姓,才能算我们家的人"。对于这样的想法,且不论民法典第 1015 条①已经规定子女可以随母亲姓,单从对孩子的关心和保护角度出发,这样的民俗习惯也是有一定问题的。在本书看来,"姓"或者"姓名"确实有寄托希望等含义,但从实质上讲,是为每个人刻画了一个更容易辨识的印记,它不可能改变直系亲属的血缘关系。因此,对于部分农村老人因为"姓"的问题对后辈存在偏见,进而不加以关心和保护的行为,是有违未成年人保护这一时代精神的。考虑到这一点,法官在进行合理性识别时,对此类民俗习惯应予以关注,杜绝其进入家事裁判中。

(三)民俗习惯在家事裁判中的适用方式

通过以上从民俗习惯的启动到法官识别的一系列流程化的分析后,将简单对民俗习惯在家事裁判中的适用方式做一下总结,以便法官针对家事领域具体案件适用时更加规范。法官在家事裁判中适用民俗习惯时,要有意识地将其与国家法进行对比,针对不同的情况采取不同的方式。高其才则提出:"人民法院适用民事习惯法的方式包括直接采用和解释法律、司法调解等间接方式。"②借鉴该观点,法官在家事裁判中可以考虑以下两种适用方式:直接适用与变通适用。

1. 直接适用

法官直接适用民俗习惯总体上包括以下几种情况:第一,法律条文对某些民俗习惯已经有明确规定。这种情况下,民俗习惯已经上升为法律,法官毫无

---

① 自然人应当随父姓或者母姓。
② 高其才:《论人民法院对民事习惯法的适用》,《政法论丛》2018 年第 5 期。

疑问要直接适用。第二,当当事人已经将民俗习惯作为双方或多方法律行为的重要内容时,这表明当事人就该民俗习惯的适用基本达成一致。根据私法自治的精神,若当事人之间的约定不违反法律强制性规定,那么法官经识别后应直接适用并认定其法律效力,此时该民俗习惯享有的是补充甚至是优先法源地位。① 正如朱庆育所讲:"若对法律安全无碍,习惯法亦可能优先得到适用。"②以下笔者以"黄某某诉张某1特殊侵权纠纷案"③对这种适用方式进行说明:

被告张某1的母亲张某2在其丈夫死后便改嫁给原告黄某某的养父。1996年被告张某1之母张某2去世,2006年原告黄某某的养父也去世,原告便将其与张某2合葬。在此之后,被告张某1却私自将张某2的尸骨挖出并与其亲生父亲合葬。原告黄某某不久后便发现此事,并要求被告张某1返还死者张某2的尸骨,双方因此产生纠纷。原告黄某某向法院提出诉讼请求,要求返还张某2尸骨以便重新与其父合葬。

针对"返还尸骨"这一诉讼请求,法官认为被告张某1私下转移亡母尸骨的做法是不妥当的,但是考虑到其已将父、母亲合葬这一既成事实,如果再次将尸骨挖出迁移,更是对死者的不敬,也是对"入土为安"这一民俗习惯的再一次违背,所以法官并未支持原告这一诉讼请求。不过即便如此,法官也特别强调原告对过世的母亲仍然有祭祀的权利,被告应对其权利予以保障,即如实告知原告安葬地点,不能加以阻挠。

对于法官的说理论证,可以明显看出其适用了两个丧葬方面的风俗习惯:一是对于"原配夫妻合葬"的民俗习惯,论证被告确实移动了其母亲的尸骨并说明这是符合当地丧葬风俗的;二是"入土为安"的民俗习惯,论证说明被告

---

① 参见李可:《中国习惯之法源地位的发生条件、应然顺序及模式选择》,《江苏社会科学》2019年第1期。

② 朱庆育:《民法总论》,北京大学出版社2013年版,第40页。

③ 参见江苏省徐州市贾旺区人民法院2006(贾)民一初字第604号民事判决书。

的行为尽管不太妥当,但出于对死者的尊重,原告不应该再次将死者的尸骨挖出,进而指出原告要求归还尸骨的诉讼请求不合理。尽管如此,法官认为原告也有祭祀其母的权利,因而对被告赋予告知义务,即必须告知原告安葬地点。从论证过程来讲,应该说对民俗习惯进行了相对充分的说明,可以说是直接适用的成功案例。

2. 变通适用

尽管在我国目前的司法体制下,法官无权对法律作出解释,但在家事领域的司法实践中,若想取得良好的社会效果,或者使当事人更为顺从地执行判决,也只能采取这种变通适用的方式裁判案件。正如李可教授所讲:"在适用习惯比适用法律、判例等所作出的裁判在法律效果和社会效果等方面最优的情况下,习惯也应当成为首位法源。"①不过,需强调的是,这种情况下适用民俗习惯对法官的裁判要求亦是极高的,其必须经过严格的利益衡量才能作出。比如在下面这一案件②中,法官便以高超的裁判技艺变通适用民俗习惯,并取得很好的社会效果:

原告周某(男)和被告杨某(女)因感情破裂,双方同意协议离婚。在夫妻财产分割的过程中,原被告双方都想要获得结婚时女方陪嫁物中的一只马桶的所有权。根据当地的民俗习惯,这只马桶被称之为"子孙桶",是女方出嫁的时候娘家一边作为陪嫁的物品之一,其寓意在于嫁过去的新娘要给男方家带来福气,使男方家族子孙兴旺。

法官在处理该案时,陷入两难境地。一方面,根据《婚姻法》夫妻共同财产的有关法律规定,作为陪嫁物的这只马桶属于女方的婚前个人财产,毫无疑问归女方个人所有。但另一方面,若让女方取回该"子孙桶"的话,便隐含着让男方家里断子绝孙的不祥预兆,这是男方万万不能接受的,尽管这只"子孙

---

① 李可:《中国习惯之法源地位的发生条件、应然顺序及模式选择》,《江苏社会科学》2019年第1期。

② 参见江苏省姜堰市人民法院(2007)姜法张民初字第0109号民事判决书。

桶"价格低廉,但其背后隐含的意义却不言而喻。因此,法官在权衡了双方的利益关系之后,考虑到若将该"子孙桶"依《婚姻法》判给女方所有将不利于双方纠纷的解决,甚至有可能引发双方新的纠纷,最终以民俗习惯作为裁判依据,成功劝服女方,使得男方顺利取得"子孙桶"的所有权。不过,作为对女方的补偿,男方依市价支付给女方购买"子孙桶"的价钱,该起纠纷得以圆满解决。从这个案件可以看出,法官在家事纠纷中,应全方位考虑当事人的情理需求,而不是为了追求纯粹的法律效果而忽略社会影响,从而造成更深层次的矛盾。

(四)法官适用民俗习惯的说理论证

在家事纠纷中,不论关于民俗习惯的上述流程适用得多么规范,对于当事人来讲,最关键的仍然在于法官的裁判文书,这才是决定当事人权利义务归属的核心,因此法官裁判说理的规范化是体现最终结果的关键。根据笔者前文所讲,法官在适用民俗习惯说理论证时明显隐晦含糊,这对于当事人理解和执行裁判文书无疑会造成很大的困扰。所以,对于法官在家事领域适用民俗习惯裁判案件的裁判说理来讲,必须从说理论证的思路和方式上作出改变。

1. 思路拓宽:从"单一思维"到"复合思维"

以拉伦茨的观点来看,大部分的法律都有漏洞,这些漏洞并不仅仅是某些条文的漏洞,而是整个规则具有不圆满性,即应予规整的问题缺乏适用的规则。[①] 王利明也讲:"从法律漏洞补充的角度看,执法者及司法者可以,而且应当优先于法律基本原则援引习惯填补法律漏洞。"[②]民法典第 10 条可以说明确了民俗习惯作为补充法源适用,这一规定为民俗习惯弥补法律漏洞奠定了法律基础。因此,在说理论证的思路上,法官要跳出以成文法律为唯一裁判依据的单一裁判思维,转而向兼顾法律之外规范的复合思维转变。

---

① 参见[德]拉伦茨:《法学方法论》,陈爱娥译,商务印书馆 2004 年版,第 251 页。
② 王利明:《法律解释学》(第 2 版),中国人民大学出版社 2016 年版,第 398—399 页。

在注重成文法的国家,司法机械主义曾经一度十分盛行。持这一观点的学者认为立法者创设的法律,可以解决一切社会纠纷。法官作为法律的"代言人",不可以在立法者圈定的法律之外另外创设法律规范,并且在具体的案件裁判过程中,要极尽可能压缩其自由裁量的空间。而在注重判例法的国家,司法中心主义则大行其道。法官在裁判案件时,通常并不寻求立法者的本意,而是遵循之前裁判过类似案件的法官作出的解释,其自由裁量空间也相对较大。但当法治的车轮隆隆滚向今日,不论是注重成文法还是判例法的国家,法官所扮演的角色都开始发生转变。

在当今一些注重判例法的国家,法官除了通过遵循先例解决纠纷外,还要充实法律规则。即法官在没有法律明文规定的情况下,可以凭借"社会命题"①裁判案件。但对于我国,从裁判文书网上各地法院上传的裁判文书特别是在法律论证方面,还存在"本院认为"之后本应大篇幅进行抽象论证的部分,都只是寥寥数语对案件事实和所涉法律进行阐述,因此这样的论证对于不懂法律的大多数当事人来讲真是不知所云。

结合家事领域的实际情况来讲,在我国人数庞大的农村地区,大多数的纠纷并不是纯粹意义上的法律纠纷,更多的纠纷都牵扯到了民俗习惯。本书不否认法官应具有法律思维,但在成文法律和民俗习惯纠缠不清、互相争斗的广大农村地区,法官想要仅仅运用法律思维去解决纠纷是不科学,也是不现实的。对于处于家事纠纷中的当事人来说,其需要的可能并不是法官利用法条作出的冰冷判决,而是希望继续在民俗习惯的约束下维持一个家庭、一个家族的内在和谐与稳定。因此,当法律出现调整不能的漏洞时,需要民俗习惯这样的法外规范在家事裁判中起到补充作用。

另外,法官裁判论证不够充分的重要原因在于我国法律的解释权并未下放至法官,而仅由最高人民法院和最高人民检察院享有。这样的规定虽然从

---

① 指规则命题之外的全部其他命题,如道德、政策、经验等。参见[英]迈尔文·艾隆·艾森伯格:《普通法的本质》,张曙光等译,法律出版社2004年版,第1页。

根本上规避了法官任意解释法律的风险,但从家事裁判的现实情况来看,却对法官的裁判造成一定限制。由于法官面临的情况极为复杂,除了法律因素之外,还需对家庭情感、宗族观念等其他诸多因素进行综合的衡量判断,在这样的情况下,若仍固执地要求其将法律作为唯一的纠纷解决途径,而不能加以变通的话,将有悖于家事裁判的初衷。因此,本书认为,在家事这样道德性极强的领域中可以适当放宽法律的解释权,这样做在当今的司法体制下虽属"离经叛道",但对于民俗习惯的实体规范化来讲确是不可不行的一步险棋。

2.方式转变:法理和情理的有机统一

如上所说,目前家事裁判中法官对于民俗习惯的说理论证甚为匮乏,而裁判文书作为维护当事人权利的"宣言书",如果不能强化其说理论证,那么民俗习惯适用的实体规范化便是无源之水、无本之木。因此,法官进行论证说理时,要尽可能实现法理和情理的有机统一,这样才能使当事人根深蒂固的民俗习惯触及其内心,增强裁判感染力。

一方面,法官必须通过家事裁判文书充分展示其适用民俗习惯进行法理论证的过程。在检索家事裁判的相关案例时,笔者很清晰地感觉到,在触及民俗习惯这一敏感神经时,法官采取的策略往往是逃避性的,有的只是寥寥数语,有的干脆搁置不谈,让当事人不知所云。因此,法官适用民俗习惯进行说理论证时,应在严格遵循程序规范化和实体规范化流程的前提下进行。若经民俗习惯的事实识别后,法官认定某一民俗习惯归属事实层面,则其必须在裁判文书中指明该民俗习惯是通过何种手段确认其存在的,而对于依职权调查而适用的民俗习惯,更要详细阐述。否则,当事人势必会对民俗习惯是否存在产生疑惑,认为法官是在主观臆断。而在规范和效力识别后,法官若认定某一民俗习惯可以作为裁判依据的话,更要从法理方面予以充分论证,向当事人表明其行使自由裁量权时依据的是具有规范性、合法性以及合理性的民俗习惯。

另一方面,在法理之外,法官在书写裁判文书时亦应将情理融入其中。笔者反复强调,家事领域具有其他民事领域不可比拟的道德性、伦理性和人身关联性,法官在裁判文书中若不能将民俗习惯背后所蕴含的情理因素阐述完整,将会不经意间拉大当事人对司法的陌生感,也不利于法官及法院权威的维护。如今,许多法院对家事裁判的文书形式上进行了变革,要求法官在判决书后引入"法官寄语",这样的改变使裁判文书不仅符合格式要求,又将依法裁判与以德育人相结合,使判决有法有理有情,彰显出家事裁判独有的司法温度和法院司法为民的人文关怀。[1]

在荣某1等诉荣某2一般人格权纠纷案[2]中,法官便作出了很好的示范:荣某5(2016年5月7日去世)与王某某(2004年10月31日去世)婚后共育有四名子女,分别为长女荣某3、长子荣某2、次女荣某4、次子荣某1。王某某去世后,荣某2与朝阳陵园签订《北京市骨灰安放设施租赁合同》,合同约定:墓穴(双人)承租期限20年,自2004年11月3日至2024年11月2日,骨灰安放位置为怀思D区,方位8排9号,亡人姓名王某某。合同签订后,王某某的骨灰被安放在该墓穴内,碑文载明了王某某的生卒年月、子女孙辈敬立的内容,并在碑文的排列上还留出了需要补充篆刻的后下葬者的生卒年月、身份敬称及名字的位置。后荣某5也去世,并在当日于北京市东郊殡仪馆进行了火化。荣某1的妻子韩某某(乙方)与北京市东郊殡仪馆(甲方)签订了《骨灰保管服务合同》,合同约定:保管期限自2016年5月28日至2017年5月28日。在荣某5火化后,荣某1提出把其骨灰安葬在朝阳陵园,但遭到朝阳陵园方面的拒绝,其理由是必须由签订《租赁合同》的荣某2签字,但荣某2因为之前家里老房子的拆迁款问题与荣某1产生纠纷,因而拒绝签字。荣某1认为荣某2拒绝签字的行为是违反风俗习惯的,特起诉至法院,要求将其父骨灰早日安放至朝阳陵园中。本案被告荣某2则认为在其与荣某1的拆迁款问题没有解决前,不同意安放父亲荣某5的骨灰,除非荣某1从拆迁款中拿出16万元

---

[1] 参见张琳、吴扬新:《家事法官:依国法应天理顺人情》,《人民法院报》2019年5月15日,第2版。
[2] 参见北京市朝阳区人民法院(2017)京0105民初30044号民事判决书。

给荣某 2。第三人荣某 3 与荣某 2 意见一致,而荣某 4 则同意荣某 1 的诉讼请求。对于此案,法官支持了原告荣某 1 的诉讼请求,并从法理和情理两方面进行了说理论证:

在法理方面,法官的论证主要在于以下两点:(1)明确适用了《民法总则》第 10 条。法官的判决原文如是说:"《中华人民共和国民法总则》第十条明确了习惯作为整个民法的一般法律渊源的有效性。在我国现行法律没有对安葬权进行具体明确规定的情形下,本院依据习惯处理涉案纠纷。"(2)直接适用了有关"安葬权"的民俗习惯。其判决大意如下:安葬的正当性在我国有深厚的伦理及道德渊源,即人希望死后获得安息。正因遗体和骨灰中蕴含着丰富的精神利益、伦理道德,所以对其处分应不同于普通的遗物。并且对死者进行合理适当的安葬是社会普遍认可的完成死者生前所愿、寄托近亲属哀思的民俗习惯。根据这一风俗习惯,为死者料理安葬事宜一般由近亲属完成,在时间上通常以及时入土为安为宜,不宜拖延过久。近亲属之间对安葬事宜存有争议的,若死者生前有明确意愿,应依其意愿安排;若死者生前并无明确意愿的,应依死者所在地区的一般风俗习惯安排,但上述安排不得违反善良风俗。综上,安葬权是指死者的近亲属基于特定身份关系,依社会公序良俗对死者的遗体或骨灰以安葬的方式进行处置的权利。对死者的近亲属而言,此项权利是其基于特殊身份的排他性权利,也是基于伦理道德应尽的身份性义务,不能任意放弃或转让。结合该案件来说,在当事人的父亲去世后,及时依风俗习惯对其骨灰进行安葬是子女应尽的义务。本案中子女为父母购置了双穴墓地,且无证据表明死者生前对此安排有异议,因此应及时对死者进行安葬。涉案子女间因财产纠葛,致使父亲骨灰迟迟无法安葬,该行为违反了子女对父母应尽的安葬义务,也有悖于传统道德民俗。

在情理方面,法官提到:本案不仅涉及有关安葬权的司法判定,更涉及社会的伦理道德观念。生老病死是人之必然,生养死葬亦是社会明确的义务。在力所能及的范围内让父母在死后得到安详之所,是子女报答父母养育之恩的应尽义务，也是为人子女的基本要求。家庭生活中琐事繁多，难免许多磕磕碰碰。但事有缓急之分，理有轻重之别。父母尽早入土为安是有关人伦的大事，家庭经济利益纠葛与之相比，孰轻孰重不言自明。因此希望纠纷各方念及父母养育之恩，多一些孝道，少一些计较，及早将骨灰安葬，让亡父尽快得到安息。在这部分论证中，法官可以说是在完成家事裁判任务的基础上，充分发挥了社会教化的作用。法官专门用一大段有情有理的文字，劝诫双方珍视亲情，平息矛盾。而且从"十指尚有长短""念及父母养育之恩"的表达中可以看出，法官所用的并不是法言法语，而是生活化的语言。不过，对于乡土情怀浓厚的农村地区来说，这样"接地气"的表达反而更有利于当事人之间相互理解，进而从根本上维护一定习惯群体的稳定。

综上，法官只有将法理和情理有机统一，才能使其说理论证更有说服力。没有法理论证，则法律的权威得不到保障；但没有情理论证，则当事人的矛盾得不到彻底解决。

20 世纪 90 年代以来，法学界对民俗习惯的相关研究不断深入。随着 2017 年《民法总则》第 10 条的出台，学者关于民俗习惯的研究又掀起新一轮高潮。本书认为，这些研究归根到底都围绕着一条主线，这便是"成文法律与民俗习惯的关系问题"。

从现代化法治国家的建设来看，其最终目的是要实现一定程度的规则统一。不过，这并不意味民俗习惯应该销声匿迹。考虑到我国幅员辽阔的地域以及多民族的现实情况，想要成文法律解决一切社会矛盾是不现实的，法治化的过程中始终需要民俗习惯的参与。另外，我国目前仍处于乡土社会向市民社会转化的阶段。若盲目追求成文法律层面的规则之治，势必造成法治发展与社会发展的脱节，最终影响成文法律作用的发挥。过度追求规则之治、忽略个案可能造成裁判结果符合法律规定，但是却得不到当事人和社会大众认可的结果，这样的规则之治反而会滋生更多的社会矛盾。从这个角度讲，将民俗习惯带入到司法实践中是有必要性的，也充分说明成文法律与民俗习惯之间是相互联系、合作共赢的关系。本书便是在此关系的基础上,选取家事领域中民俗习惯的适用问题作出说明,以求实现法官裁判的规范化。

相对成文法律来讲,当代中国许多民俗习惯因为其背后所蕴含的道德性和伦理性,对于家事纠纷的解决是可以起到补充作用的。《民法总则》第10条(现《民法典》第10条)也为民俗习惯在司法裁判中的适用奠定了明确的法律基础,不过对于这一"体现我国文化本土性、民族性的代表成果"[①]条款的适用,在实践中产生的问题很多。因此,如何准确对民俗习惯进行定位,使其以何种形式进入到家事裁判中是法官不得不面对的问题。笔者在对民俗习惯理论分析的基础上,结合实践中出现的问题,提出规范化流程:民俗习惯的启动和举证主要由当事人完成,之后法官在查明与确认民俗习惯存在的基础上,进行严格的规范识别和效力识别。只有那些具有规范性、合法合理的民俗习惯才能被法官作为裁判依据,反之便只能作为案件事实。在对民俗习惯进行定性之后,法官要通过直接或变通方式将其适用于裁判之中,并从法理和情理两方面进行充分论证,这样才能最大程度地保证结果的合法性与合理性,维护当事人的权益,实现习惯群体内部的稳定。

在多元化纠纷解决的大趋势下,关于民俗习惯的研究将会愈加受到重视。只有不断对其内核进行挖掘,才能真正实现符合我国本土特色的法治化。

---

① 王利明:《民法总则的本土性与时代性》,《交大法学》2017年第3期。

第六章　习惯法司法适用的理论反思

在对习惯、习惯法进行分析研究的过程中,社会类型理论与"习惯法"之间无法泾渭分明的划出界限。一方面,我们不可能将习惯或习惯法从法社会学中剥离出来,另一方面,也不可能离开物质社会空谈习惯或习惯法。习惯或习惯法只是社会生活、社会存在的一部分,是参与者在特定的生活环境下按照约定俗成的方式进行活动的过程,如果人为地将习惯或习惯法从社会生活中分离出来,那么习惯或习惯法则不会在特定的社会环境中得以存续。因此,习惯或习惯法离不开赖以生存的社会环境。

第一节　社会类型理论下的组织与习惯法概念

一、作为社会类型理论的封闭小社会与开放大社会

（一）上述诸"社会"概念之提出

据哈耶克考证,"大社会"（Great Society）这一概念首先为亚当·斯密所提出,而"开放社会"（Open Society）的概念则为卡尔·波普尔所首倡,它们都被用来指哈耶克意义上的"自发秩序"[1]。很自然,与之相对的"小社会"

---

[1]　Hayek 1973,2。转引自［英］布鲁斯·考德威尔:《哈耶克评传》,冯克利译,商务印书馆 2018 年版,第 372 页。

（Small Society）和"封闭社会"（Closed Society）概念则被用于指称哈耶克意谓的"人造秩序"。

从主体关系和行动方式上看，哈耶克所鉴定的"小社会"大致相当于我们平常所讲的"熟人社会"，在这种社会中，人们"相互认识、相互满足对方的需要，并追求着相同的目标"。[①] 而其所鉴定的"大社会"则大致对应于我们日常言说的"陌生人社会"，在这样的社会中，人们"主要是以和平竞争的方式，在同成千上万他们素不相识的人的合作中，追求着自己所选择的成千上万个不同的目标"。[②] 安妮・萨瑟兰（Anne Sutherland）、罗伯特・阿克塞尔罗德（Robert Axelrod）和埃德娜・厄尔曼（Edna Ullmann）的研究则确证了哈耶克有关封闭社会与开放社会之间的上述区分。[③]

与哈耶克稍异，波普尔主要是在批判理性的意义或角度上使用"开放社会"一词的，它是指这样一种社会，即人们在一定程度上已经学会批判地对待禁忌，并经过讨论之后凭自己的智性权威来作出决定，与之相对，"封闭社会"则是一个盲目信仰禁忌和权威的社会。[④] 波普尔不讳言其"开放社会"概念与格雷厄姆・沃拉斯的"大社会"一词的相似性。也正因为如此，笔者将它们合并在一起，表示一个追求理性、自由和多元的社会。同时，之所以将它们合用，其寓意还在于，"大社会"之"大"并不在于其领土、人口和组织规模之"大"，而在于它是一个极具包容力的、追求多元价值、鼓励异见的社会。同理，"小社会"之"小"也不在于其领土、人口和组织规模之"小"（比如古代斯巴达），恰恰相反，它也可能是一个疆域辽阔、人口众多和组织规模庞大的社

①　[英]弗里德里希・冯・哈耶克：《致命的自负——社会主义的谬误》，冯克利、胡晋华译，中国社会科学出版社2000年版，第156页。

②　[英]弗里德里希・冯・哈耶克：《致命的自负——社会主义的谬误》，冯克利、胡晋华译，中国社会科学出版社2000年版，第157页。

③　参见[美]罗伯特・C.埃里克森：《无需法律的秩序：相邻者如何解决纠纷》，苏力译，中国政法大学出版社2016年版，第180页注释13。

④　参见[英]卡尔・波普尔：《开放社会及其敌人》（第一卷），陆衡、张群群等译，中国社会科学出版社1999年版，"引言"。

会;它的"小"主要在于其组织结构上的单一性,规则、价值和文化上的封闭性或狭隘性。

(二)作为理想类型的"社会"概念

与此同时,在失去有机体或具体的人之集团的意义上,波普尔又将开放社会称为"抽象社会",即那种由直接面向国家的原子化的个体组成的社会。①不过,如果开放社会被抽象成这个样子,那真是一个可怕的"百年孤独"和"单向度"的社会。当然,此种完全抽象化的社会只能在科幻电影中发现,现实的社会总是由属于这样或那样的集团、圈子的半抽象半具体的人组成的社会。

由此我们认识到,"封闭小社会"和"开放大社会"都是两种理想类型,因为即便是开放大社会中也存在若干封闭的观念,而且还包括若干以"共同体"为名的封闭社会。这两种社会都是一个大尺度的历史概念,而不能说到了某个时代(例如近代或现代),封闭小社会就消失了。适如波普尔所说的,"神秘的或部落的或集体主义的社会也可以称为封闭社会,而每个人都面临个人决定的社会则称为开放社会"②。

由以上分析可知,"社会"这一概念不是同质或均质的,而是可能包含许多性质各异的甚至是完全对立的"社会"类型。因而,如果笼统地以"社会"这一概念作为限定词去描述某种事物或现象,非但无助于把握该种事物的多重含义和特征,反而极有可能导致不必要的混淆。在此,本书试以"组织"和"习惯法"这两类常见事物为例,运用上述社会类型理论作一典型分析。

---

① 参见[英]卡尔·波普尔:《开放社会及其敌人》(第一卷),陆衡、张群群等译,中国社会科学出版社 1999 年版,第 326—327 页。

② [英]卡尔·波普尔:《开放社会及其敌人》(第一卷),陆衡、张群群等译,中国社会科学出版社 1999 年版,第 325 页。

二、社会类型理论与"组织"的多重含义

(一)作为社会类型的组织概念

即便是在经典作家的叙述中,"组织"这一概念也可能拥有极为不同的含义或特征,如果不结合社会类型理论,我们很难理解其确切含义。记得哈耶克曾经立论说:"这种人造的秩序也可以被称之为一种建构(a construction)或一种人为的秩序,而特别是在我们必须去探讨一种受指导的社会秩序的时候,它甚至还可以被称之为一个组织。"①似乎正是基于这一认识,他才提出:"我认为,个人所享有的自由,从一般的意义上讲,绝对没有必要被扩及至由个人组成的有组织的群体,而且更有甚者,政府有时候还有义务保护个人,使他们免受有组织的群体的侵害。"②但与此同时,对于有关教育、文化、医疗、卫生、宗教、货币、学术、娱乐、新闻、体育、环保、文学、艺术和福利等组织,哈耶克不仅不加以反对,而且还大力倡导。例如他认为,教会、基金会、私立协会、民间慈善组织、福利机构在发起和发展公益事业上居功至伟。那么,如何解释哈耶克对于"组织"这一事物前后截然不同的态度呢?很显然,我们必须将前一类组织理解为"封闭组织",而将后一类组织理解为"开放组织"。事实上,哈耶克对上述两类组织的辨识中也指出,后一类组织与政府组织之间的重要差异表现在以下两个方面:第一,加入前者是自愿的,而且个人对这些组织的财物捐献行为是自愿的;而后者对个人财产的征用却是强制性的。第二,前者遵循市场法则,发扬自发精神;而后者是非市场甚或反市场的,它奉行自上而下的命令规则。因而,前者着眼于公众的长远欲求,而后者则往往只关注公众的眼前

---

① [英]弗里德利希·冯·哈耶克:《法律、立法与自由》(第一卷),邓正来、张守东等译,中国大百科全书出版社 2000 年版,第 55 页。

② [英]弗里德利希·冯·哈耶克:《个人主义与经济秩序》,邓正来译,复旦大学出版社 2012 年版,第 127 页。

需要。①

由是,哈耶克反对组织划分上的二元化方法或二分法,说:"那种把整个服务领域界分为公共部门和私营部门的业已为人们接受的二分法,是颇具误导性的。"②他认为在上述部门之间还存在一个作为"独立部门"的"第三域"(Third Sector),③它可以取代政府为我们提供更多更好的服务,并且在提供服务方面与政府展开竞争,以抑制政府垄断、腐败和低效,为个人自由开放出一片更为广阔的天空。至此,哈耶克结论道:"公益精神未必总是意味着要求政府采取行动或支持政府采取行动。"④无疑,哈耶克这样做的目的是要将"开放组织"从"组织"这一大概念中析解出来,从而成为一个独立的分析工具,而其借助的方法就是社会类型理论。

由哈耶克的以上论述我们可以发现,存身于"第三域"中的组织在性质上不同于作为封闭小社会中的组织:第一,前者完全是对外开放的、流动的;而后者则是相对封闭的、静止的。第二,前者是以自愿原则、市场精神为基础的;而后者则受自然情感和特殊规则之支配。第三,前者奉行市场正义和民主精神;后者则盛行狭隘的"团体正义"。"第三域"中的组织将其团体成员视为一个个"世界公民",而封闭小社会中的组织则将其成员看作"自己人",从而也就在本团体与其他团体及外部世界之间树起了一道无形的墙,树起了一种"敌我关系"。

---

① 参见[英]弗里德利希·冯·哈耶克:《法律、立法与自由》(第二、三卷),邓正来、张守东等译,中国大百科全书出版社 2000 年版,第 343 页。

② [英]弗里德利希·冯·哈耶克:《法律、立法与自由》(第二、三卷),邓正来、张守东等译,中国大百科全书出版社 2000 年版,第 344 页。

③ "第三域"是指政府组织和营利组织之外的其他组织活动的领域,即非营利的民间组织存身之所。第三域作为政府与市场之外的第三股力量,对于平衡公私之间的关系、协调国家与市民之间的利益和进行制度创新等,具有重要意义。国外最早提出该理论的似乎是克雷尔和阿拉斯代尔,参见 Clayre, Alasdair, The Political Economy of Co-operation and Participation: A Third Sector(Oxford:Oxford University Press, 1980)。国内最早引入该理论的是于海,参见[美]赛拉蒙:《第三域的兴起》,于海译,《社会》1998 年第 2 期。

④ [英]弗里德利希·冯·哈耶克:《法律、立法与自由》(第二、三卷),邓正来、张守东等译,中国大百科全书出版社 2000 年版,第 345 页。

据此,哈耶克把组织、团体等也分为自发(民间)的和建构(政治)的。前者是个体在追求各自目的时,由不可知的力量互动生成的,后者是由一种外力迫使个体采取一致行动而形成的产物;前者是个体遵循某些共同行为规则并回应所面临的即时环境的结果,后者则是通过一种自上而下的贯彻命令服从关系、规划个体行动的产物。① 前者是一种目的独立型组织,即个体所实现的乃是不尽相同的目的,后者是一种目的依附型组织,即外力为该组织设定了一个具体目的。②

但是哈耶克发现,不仅一个复杂的大社会中必然并立存在上述两种组织,而且后者还必然包含于前者之中、并依靠前者的自发性力量达至协调状态。"家庭、农场、工厂、商行、公司和各种结社团体,以及包括政府在内的一切公共机构,都是组织,但是反过来它们又会被整合进一种更为宽泛的自生自发秩序之中。"③直言之,在一个规模庞大的目的独立型组织中,可能包含着数个目的依附型组织,后者还可能在其中占据着重要的地位。如果将前者称之为大社会或大秩序的话,那么后者相应地可以称为小社会(或部分性社会)或小秩序(或次级秩序)。"每个个人除了作为大社会的一个成员以外,还可能是众多其他自生自发的次级秩序(spontaneous suborders)或这种部分性社会中的成员,也同样可能是存在于极为宽泛的大社会之中的各种组织的成员。"④

---

① 参见[英]弗里德利希·冯·哈耶克:《法律、立法与自由》(第一卷),邓正来、张守东等译,中国大百科全书出版社 2000 年版,第 63 页;[英]弗里德利希·冯·哈耶克:《自由秩序原理》(上),邓正来译,生活·读书·新知三联书店 1997 年版,第 2、4 章。

② 与哈耶克一样,昂格尔也强调了"社会组织"与"政治组织"之间在性质上的根本区别,并认为政治组织对人类生活的全面支配必然破坏社会组织。参见[美]昂格尔:《现代社会中的法律》,吴玉章、周汉华译,译林出版社 2001 年版,第 129、130 页。

③ [英]弗里德利希·冯·哈耶克:《法律、立法与自由》(第一卷),邓正来、张守东等译,中国大百科全书出版社 2000 年版,第 68 页。

④ [英]弗里德利希·冯·哈耶克:《法律、立法与自由》(第一卷),邓正来、张守东等译,中国大百科全书出版社 2000 年版,第 69 页。

(二)作为社会协调方式的组织概念

很显然,哈耶克并不一概反对组织及其组织行为,相反,他还认为:首先,组织是实现目标明确型任务的最佳手段。"对于诸多内容明确的任务来说,组织乃是促使我们进行有效合作的最有力量的手段,因为它能够使那种作为结果的秩序更符合我们的愿望。"①其次,"组织"是竞争之一部分,是一种竞争的方式。换言之,群体之间的竞争大多是以某种组织方式之存在为前提的。最后,多数情况下,组织即便对于实现自生自发秩序之型构也是不可或缺的。哈耶克将组织的这一功能比喻成"机器维修"功能。"因为它的目的并不在于提供任何特定的服务项目或公民消费的产品,而毋宁在于确使那个调整产品生产和服务提供的机制得以正常运转。"②因而,"主张自由的论辩,并不是一种反对组织的论辩(因为组织乃是人之理性所能运用的最强有力的手段之一),但却是一种反对所有排他性组织、特权组织和垄断性组织的观点,亦是一种反对所有运用强制力量阻止他人尝试进步的论辩"③。在此,当然也就有两种组织形式:一种是以特定知识为基础、旨在实现特定目标并采取特定方法的组织(即目的依附型组织),另一种是旨在增进知识的、自愿自由的组织(即目的独立型组织)。前者只能偶一成功,而注定要归于失败或低效,因为它无法"调整自身以适应其观念中并未虑及的情势"④。

同时,哈耶克指出,在情势极其复杂而不得不依赖自发秩序力量的情形

① 〔英〕弗里德利希·冯·哈耶克:《法律、立法与自由》(第一卷),邓正来、张守东等译,中国大百科全书出版社 2000 年版,第 67—68 页。

② 〔英〕弗里德利希·冯·哈耶克:《法律、立法与自由》(第一卷),邓正来、张守东等译,中国大百科全书出版社 2000 年版,第 69 页。

③ 〔英〕弗里德利希·冯·哈耶克:《自由秩序原理》(上),邓正来译,生活·读书·新知三联书店 1997 年版,第 38—39 页。

④ 〔英〕弗里德利希·冯·哈耶克:《自由秩序原理》(上),邓正来译,生活·读书·新知三联书店 1997 年版,第 39 页。

中,目的依附型组织的方式似乎就不大适用,相反,却需要目的独立型组织对其中分立的组织和个体的活动予以协调。当然,"在某些情形下,同一个这样的群体,有时候(比如在从事大多数日常事务的时候)会作为一种自生自发的秩序发挥作用,而这种秩序是在遵循约定性规则而无须服从命令的情形下得到维护的,但是在另一些时候(比如在狩猎、迁移或打仗的时候),它则会作为一个组织而按照头领的指导意志行事"①。

三、社会类型理论与"习惯法"的语义混乱

从国家与社会的二元模式看,广义的"习惯法"不是乡土社会或市民社会的专利,在政治国家的运行中,亦有习惯法在焉。② 但是,仅仅满足于从国家与社会的二元模式出发研究"习惯法",仍然无法穷尽这一概念丰富的理论意蕴和实践指向。事实上,在不同的社会类型中,习惯法拥有截然不同的精神与实质。因而,必须从社会类型理论出发,我们才可能推进对于习惯法现象的理论研究。

(一)作为社会类型的习惯法概念

与前述"组织"一词眼花缭乱的意谓相似,"习惯法"一词亦是如此,因而也必须借助社会类型理论才能对之作出一个比较恰当的理解。根据前面对"组织"一词的理解,我们也可以将习惯法相应地分为源自封闭小社会的"封闭习惯法"与生成于开放大社会的"开放习惯法"。例如哈耶克所称的,在近代欧洲历史上束缚个人自由的日常习惯和成规,就是一种封闭习惯法。③

① [英]弗里德利希·冯·哈耶克:《法律、立法与自由》(第一卷),邓正来、张守东等译,中国大百科全书出版社 2000 年版,第 68 页。

② 参见纪建文:《微服私访:作为一种社会控制的官方民间法》,《山东大学学报(哲学社会科学版)》2005 年第 2 期。

③ 参见[英]弗里德里希·奥斯特·冯·哈耶克:《通往奴役之路》(修订版),王明毅、冯兴元等译,中国社会科学出版社 1997 年版,第 42 页。

但是在多数理论研究中，我们发现，人们往往不加区分地将两种习惯法都称为"社会的习惯法"，或者给予褒扬，或者给予贬斥。例如昂格尔"发现"，在氏族、部落社会中，习惯法被尊奉为具有神圣性质，而在自由主义社会中则遭到了持续批评。① 通过揭示惯例得以产生的政治或个人的统治，昂格尔认为，"我们的惯例不过是它们用来证明的某种等级制度的产物"②。很显然，昂格尔此处所谓的"习惯法"或"惯例"的意谓是极不分明的。"在这种混乱认识中被忽视的关键差别是，小群体的行为可以受一致同意的目标或其成员意志的引导，而同样作为一个'社会'的扩展秩序，它形成了一种协调的结构，却是因为其成员在追求不同的个人目标时，遵守着相同的行为规则。这些在相同规则下的形形色色的努力所造成的结果，当然会表现出少许特征，它们与拥有同一个头脑或想法的单个组织的特征或这个组织特意安排的特征相似。"③简单地讲，封闭习惯法可以是目的依附型的，而开放习惯法则通常是目的独立型的。

同时，我们要判断某一特定组织的习惯法是封闭习惯法还是开放习惯法，必须依活动的具体情形而定。

在当下中国，"习惯法"这一术语并不意指一个十分明确的概念，相反，其内容相当庞杂和模糊。例如，梁治平区分了"中世纪分散、保守的地方习惯法"和"罗马化了的中世纪习惯法"、"广义之习惯法"与"狭义之习惯法"，④虽然他认识到十八九世纪的中国乡村是一些相对封闭的小型社会，⑤但是他仍

---

① 参见［美］昂格尔：《现代社会中的法律》，吴玉章、周汉华译，译林出版社 2001 年版，第163 页。

② ［美］昂格尔：《现代社会中的法律》，吴玉章、周汉华译，译林出版社 2001 年版，第168 页。

③ ［英］弗里德里希·冯·哈耶克：《致命的自负——社会主义的谬误》，冯克利、胡晋华译，中国社会科学出版社 2000 年版，第 130 页。

④ 参见梁治平：《英国普通法中的罗马法因素》《清代的习惯法与国家法》，载《梁治平自选集》，广西师范大学出版社 1997 年版，第 3、157 页。

⑤ 参见梁治平：《论清代的习惯与习惯法》，载《梁治平自选集》，广西师范大学出版社 1997年版，第 186 页。

然没有基于明确的社会类型理论来谈论"习惯法",而是笼统地将存在于(清代)民间的习惯法指认为相对于国家法而言具有正面价值和更强生命力的行为规则,①指认为一套在乡民生活实践中形成的、用来分配彼此之间的权利义务和调整解决彼此之间的利益冲突的地方性规范。② 高其才认为,"习惯法为独立于国家制定法之外,依据某种社会权威和社会组织,具有一定强制性的行为规范的总和"③。厉尽国认为习惯法是指在特定区域或人群中确定的、为他们反复实践并公认拥有类法律约束力的习俗、惯例或常规。④ 杜宇认为习惯法是指"在一定时空范围内,民间就同一事项反复实践而形成,带有权利义务分配之性质,且人们对其抱有法观念与确信的规范形态"⑤。当然,笔者在数年前出版的著作中也没有自觉地运用社会类型理论来研究习惯法,而只是笼统地提出习惯法是在主体间自发生成的、为其提供了一种权利义务感和社会秩序观的行动规则。⑥

很显然,中国学者著述中的"习惯法"这一术语实际上是许多不尽相同,甚或彼此冲突之意谓的表达,它们当中的一些意谓(例如开放习惯法)使法治、权利和自由变得更加生动、形象,而另一些意谓(例如封闭习惯法)不仅不与法治、权利和自由相合,而且还对法治、权利和自由构成了潜在的威胁。在下文的论述中我们将看到,开放习惯法的一些特征、目标和功能不仅无损于且大都有益于法治、权利和自由,尽管其所采取的方法与国家法不尽相同;封闭

---

① 参见梁治平:《清代的习惯法与国家法》,载《梁治平自选集》,广西师范大学出版社 1997 年版,第 156—169 页。

② 参见梁治平:《论清代的习惯与习惯法》,载《梁治平自选集》,广西师范大学出版社 1997 年版,第 191 页。

③ 高其才:《中国习惯法论》(第 3 版),社会科学文献出版社 2018 年版,"第三版代序"。

④ 参见厉尽国:《法治视野中的习惯法:理论与实践》,中国政法大学出版社 2010 年版,第 22 页。

⑤ 杜宇:《重拾一种被放逐的知识传统:刑法视域中"习惯法"的初步考察》,北京大学出版社 2005 年版,第 11 页。

⑥ 参见李可:《习惯法——一个正在发生的制度性事实》,中南大学出版社 2005 年版,第 54—55 页。

习惯法的一些特征、目标和功能大都是以牺牲法治、权利和自由为代价才能得以彰显的，因而在以维护法治、权利和自由为终极目标的当下中国社会是不可欲的。

（二）作为社会进化工具的习惯法概念

如果说从封闭小社会发展至开放大社会是一个思想、精神、价值和文化等诸方面的进化历程，那么习惯法无疑是促成这一进化的重要力量。当然，我们必须将此处的习惯法限定为"开放习惯法"。与之相对，诸如18世纪以前法国、20世纪中国各地的那些"封闭习惯法"则是阻碍此种进化潮流的地方观念之表征。近代欧洲和中国在制定民法典时之所以要动用社会力量乃至政治资源对这些封闭习惯法进行调查和整理，主要目的在于全面察知隐藏在此种地方行为规则背后人们的观念，同时当然也有去芜存精、从封闭习惯法中找寻出有利于法典运行的因素的动机。在现代法治社会中，能够包容传统法制和习俗的不是散布在穷乡僻壤和各种封闭团体中的习惯法，而只能是那些生成于近代商业和贸易实践中的开放习惯法。

第二节 法社会学视域下"习惯"的司法适用

一、法社会学的概念及其发展

（一）法社会学的概念与特征

1.法社会学的概念

法社会学产生于19世纪末的欧洲，且于20世纪在法国、美国、英国等西方各国盛行。欧根·埃利希是最为典型的代表人物，其于1913年发表的《法律社会学的基本原理》为法社会学奠定了发展的理论基础，并且极大地提升了法社会学发展的科学性。在法社会学派形成之前，法学的世界观和方法论是以"个人主义"和"自由主义"为主的,法社会学提出的"法的社会理论"改变了这一趋势。法社会学认为社会是由单独的个体构成的,并且个体的进步也离不开社会的发展。社会与个体的关系不仅是相互竞争的,也是相互合作的。"社会性"本身也包含着"人性"。因此,人的社会性可以被认为是人的本性使然。法律是人生活中的一部分,法律的社会化是人的社会化的一部分,因此法律需要在社会中存活下去,就必须与社会相关联。

法社会学是一门在社会背景之下研究法律与其他社会现象之间相互关系的学科。而法社会学分析则是指在法社会学学科的基础上存在的一种分析方法。社会学出现的原因是通过相似的动机进而形成相似的结果,导致了行为结果的共性。诚然,法社会学分析方法与其他法律分析方法有较多不同之处。笔者认为此种分析方法在一定程度上存在着相互影响、相互成就的关系。法社会学分析方法作为一种分析方法在社会背景下分析、研究法律,而从另一角度来说法律分析的结论也在丰富和发展着法社会学分析方法。正如埃利希在《法社会学原理》一书中讲到的:"法的发展的重心既不在于立法,也不在于法学或司法判决,而在于社会本身。"[1]从法律功能主义角度看,法社会学的作用在于能够满足对社会长期的或短期的、整体的或系统的调控。从整体上说,法律体系及其规范回应着社会需要和利益,因此社会生活决定着法律,法律也影响着社会的发展。[2] 换句话说,法社会学的作用就是为了解决社会问题、满足社会利益,故法律和社会的相互作用就是:社会生活决定着法律的产生,法律影响着社会生活。法社会学的重点在于"研究法律是怎样受到社会关系制约的"以及"研究国家制定的法律在什么程度上能够改变社会。"[3]本书认为,

---

① ［奥］欧根·埃利希:《法社会学原理》,舒国滢译,中国大百科全书出版社2009年版,"作者序"。

② 参见梁治平编:《法律的文化解释》(增订本),生活·读书·新知三联书店1994年版,第199页。

③ 朱景文:《比较法社会学的框架和方法——法制化、本土化和全球化》,中国人民大学出版社2001年版,第330页。

法社会学是来自于社会、服务于社会的,用社会检验法律的实际操作性和可执行性,用法律改善和保障社会秩序的稳定。

2. 法社会学的特征

第一,研究视角的广泛性。法社会学将法律置身于社会之中,不仅仅只是从法律的角度出发,结合了法律需要调整的社会生活的主体进行的生活行为,在一定的程度上来说也在为立法做准备,不只是单纯地规制人们的生活这么简单。从多角度出发,有利于更大限度地考虑到法律在人们生活中的作用,从而能让法律所涉及的范围更广泛,更有利于保障各种主体的合法权益。

第二,学术角度的社会性。在学术的角度上,法社会学的研究是将法律问题与社会问题相结合,指出了法对社会结构、社会关系所固有的相互性和公开性的依赖。法律从制定到落实需要一定的过程与时间,而法社会学贯穿于这个过程中。法社会学利用社会的穿透力,更有利于在社会中体现社会问题,促进法律的发展,更有利于将懂法、守法、用法落实到实践中去。

第三,联系社会的实操性。"法社会学本质上是一门实践法学,以探索实践、参与实践、服务实践为特征。"①

第四,研究法律的经验性。法社会学研究的是法律运作的实然状态,而非法律的应然状态,关注的是实实在在的法律落实和执行的过程,是一种经验现象,没有模拟和彩排。事实上理论和现实的差距还是蛮大的,从法社会学的视角去研究法律运作的实然状态,就是通过人为的力量将法律理论与法律现实的差距逐渐缩小,减少法律空白,促进法律的进步。

3. 埃利希的法社会学思想

据目前搜集的材料显示,法社会学的集大成者主要包括埃利希、庞德、孟德斯鸠、布莱克、涂尔干、伏尔泰等,都形成了自己的学说内容。笔者在此不再一一赘述。笔者在此以埃利希的法社会学思想为主,原因在于:

---

① 马新福:《法社会学原理》,吉林大学出版社 1999 年版,"前言"。

第一,埃利希的"活法"理论影响深远。"活法"理论作为埃利希所倡导的自由法学的理论基础,是由埃利希首次提出。其在《法社会学原理》中提出,"活法"是"支配生活本身的法"①。另一方面来说,在任何时候,法律发展的重心在于社会本身,而非立法,或者法学,或者司法判决。此外,法律并不是一成不变的,而是随着社会的发展而变化的,故称之为"活法"。

第二,埃利希以"二阶秩序"的分类标准将法律分为两种,分别是国家制定的法律和"活法"。笔者重点描述"活法","活法"的另一层含义是指日常生活中被大众所认可、遵循并在实际上支配社会一般成员之间行动的规则。②法的制定的目的就是为了执行,不能执行的法律是"纸上谈兵"。对于"活法"理论的深入研究,能够更好地促进法律条文的"社会性",使法律更有生命力。

(二)法社会学的中国化

20 世纪初,法社会学传播到中国,并对中国法学的发展产生了影响。尤其在民国时期,著名高校设立相关的专业,学者们也有相关的学术研究以及代表作品。

民国时期的法社会学的发展为我国的现代法社会学发展奠定了基础。20 世纪以来,我国法社会学的研究几乎是同整个中国法学的兴起和发展同步进行的,法学家的主要活动就是著书立说,提出或论证法学原理。比如,由著名法学家张知本撰写的、被认为是以法社会学命名的第一部著作的《社会法律学》,也将法社会学的研究推向了一个新的发展阶段。丘汉平作为一个法社会学思想的传播者,他通过对庞德、孔德、霍姆斯的思想的学习、分析与探索,结合我国当时的国情现状,他认为法律与社会的关系可以概括为如下内容:"无论在那一个社会,总有一种规定社会现象的规范。这个规范的详细内容,

---

① [奥]欧根·埃利希:《法社会学原理》,舒国滢译,中国大百科全书出版社 2009 年版,第545 页。

② 参见李萌:《埃利希的法社会学思想》,《法制与经济》2011 年第 7 期。

虽不尽同,但其重要纲领却不外是维持社会与保护关系。这就是我们所习闻的法律了。"①这一论述也从侧面反映了当时中国法社会学的发展深受西方法律思想的影响。影响最大的是1930年由上海世界书局出版的吴泽霖的著作——《社会约制》。吴泽霖是当时研究社会问题的专家,吴泽霖运用社会学研究方法研究中国社会的法律现象,该书也被著名作家孙本文称为"专论社会约制的第一书"②。

中华人民共和国成立以后,法社会学研究经历了从遭受批判发展到引领潮流的过程。从20世纪50年代至80年代,"马克思主义学说占据主导地位,而马克思主义学说中包含了许多法社会学的'因子',这些因素作为一种哲学与政治学原理渗透于法制实践之中,间接地影响了这个时期的法学研究"。③20世纪80年代以后,随着中国法治的健全与法学的繁荣,西方法社会学的思想在中国的传播达到第二次高峰期,不少的中国法学者开始以法社会学的角度考虑法律问题,为法律的发展创造了崭新的局面。20世纪90年代中后期以来,通过坎坷的发展,较多独具特色的研究团体才出现,法社会学研究也变得空前繁荣。事实上,法社会学的复兴可以说是为了解决实践中出现的问题而进行的一种法律工具主义的选择。自20世纪90年代中后期至目前,由于跟随着中国改革开放的步伐,中国法哲学发展进入了一个新的时期。法社会学在中国逐步发展,一些知名学者逐渐涌现出来,形成了固定的研究中心,也承担了研究课题,促进了中国法律的发展。研究中心比如北京大学法学系的"比较法与法律社会学"研究中心、吉林大学法学院研究中心、中国社会科学院法学所研究中心等。法社会学的研究者们除了设立研究中心,还举办专题会议,营造研究氛围。比如,1987年9月举行的第一次法社会学理论研讨会,

---

① 丘汉平:《法律之语源》,《法学杂志》1931年第2期,转引自何勤华、李秀清主编:《民国法学论文精粹》(第一卷),法律出版社2003年版,第2页。
② 孙本文:《当代中国社会学》,商务印书馆2017年版,第204页。
③ 汤唯:《法社会学在中国——一个学说史的反思》,华东政法学院博士学位论文,2005年。

拉开了中国法社会学专题研讨的全国性序幕。

通过梳理法社会学在中国的发展脉络,从起初的"拿来主义"到后期的可选择的"工具主义",从被动权到主动权,学者们也应时而行、应运而生,在自己动荡的学术生涯中将关注社会学、法社会学作为自己的一项使命。法社会学在中国短期的发展,也仅仅只是作为一种研究法律的工具或者说是方法论而存在,既然是研究社会性质的内容,那就避免不了社会性对其产生的利弊影响。

(三)法社会学的优势与不足

1.法社会学的优势

法社会学作为一门学科其地位就已经证明了其本身存在的优越性,笔者将法社会学的优越性总结为以下几个方面:第一,法社会学的社会性体现了法社会学的优越性。因为法律是用来调整人们的社会行为的,最终也是要放在社会中验证的。其社会性是为了更大限度地包容对法的社会评价。第二,法社会学认为社会上的"活法"不仅仅只有成文的法律,还应该包括一些在社会中自发形成的、被人们作普遍遵守的、能够产生调整人们社会生活的习惯、道德和风俗。第三,法社会学的功能就是将法律文本中的"条""款""项"转变为生活中的"一件件""一桩桩"活生生的案例,将法律与社会相结合,进一步地促进了法律在社会中的发展,提升了法社会学在社会中的威信。

2.法社会学的缺陷

任何一门学科的发展都会有其不足之处,我们只有不断认识到发展的短板并且努力去克服,才能保证其存在的合理性以及科学性。现将法社会学的缺陷归纳如下:第一,缺乏系统性。法社会学的发展缺乏相应的系统性。在社会中体现为"公说公有理,婆说婆有理",标准答案是开放的,故言之有理即可。学说处于比较分散的情况,尚未形成合力,缺乏一定的公信力,对法社会学的发展不是很友好。第二,界定不明晰。在社会中存在的国家政策、地方习惯、民族风俗等顺位于国家法律的社会控制力量。不同的学者对于不同的社会控制力量有不同的学说和观点,模糊的界限使得研究的力量不能够精准的投放。第三,权威性不强。法社会学在社会中的影响力是广泛的,但是缺乏一定的权威性,不足以达到震慑的效果。社会学将法律和法学交给"社会"由"社会主宰法制"难以形成一种绝对统治的学术力量。

任何一门学科、事物都会有两面性,正因为有两面性才使得一门学科在逐步克服自己的短板,顺势发展强大起来,更好地为人民利益服务,为社会秩序服务,为国家政权服务。

二、习惯法的基础理论与司法实践

(一)习惯法的相关概念

1. 习惯与习惯法的概念

所谓的"习惯"的"惯"亦作"贯"。习惯是指"由于重复或多次练习而巩固下来并变成需要的行为方式。"①《司马法·天子之义》中"习贯成则民体俗矣。"意指经过不断实践,已能适应新情况。以上两种含义的共性都是需要经过时间的洗礼和实践的检验,优胜劣汰而慢慢得到的升华。《世界伦理道德辞典》给出的定义是:"指由于反复实践而逐步养成的,已根植于人们的心里之中的并成为一种自身需要的举动和行为方式。"博登海默认为习惯是不同阶级或群体所普遍遵守的行为模式,而习惯法则是已经具有法律性质的规则或者安排的习惯。② 在一定的生活、学习的环境下不同的人对于相同的、不同的事物都会形成自己的见解。习惯在人们的社会生活实践中会有很重要的作用,会在人们为一定行为时不经意地、下意识地作出一些习以为常的动作。比

---

① 《辞海》,上海辞书出版社 2011 年版,第 4827 页。
② 参见[美]E.博登海默:《法理学:法律哲学与法律方法》,邓正来译,中国政法大学出版社 2017 年版,第 400—401 页。

如思维习惯、生活习惯、学习习惯以及道德习惯等。习惯往往是在一次次实践的过程中,通过习惯的主人经过屡试不爽后总结的,用在往后的生活环境相同的状况下来节约思考成本的一种生活明示或者暗示的生活规则。据权威解释,《中华人民共和国民法总则》第 10 条(现《民法典》第 10 条)中的习惯"是指在一定地域、行业范围内长期为一般人确信并普遍遵守的民间习惯或商业惯例"①。有学者认为:"首先,它是一种在特定情况下自动做某事的倾向;其次,在内容上包括个人习惯和社会习惯,在功能上节约了思考的成本;最后,它可以通过环境熏陶和个人训练养成。"②"从法社会学、法文化学视角观之,所谓习惯,是指对一定范围内之社会主体所表现出来的一种行为模式或心理模式的客观描述。"③人的精神、需求、恐惧、期待、动机、意向,是一定社会环境、情景、制度和传统的产物,社会环境的结构是"人为的",而不是"自然的",更不是"本能的","而是人的行动和决策的结果,是能够由人的行动和决策改变的"。④ 习惯就是习而贯之,将属于自己或者社会一定的行为方式一以贯之。

习惯法包含多个意义,分别是国家认可并赋予法律效力的习惯、英美法系国家的普通法。在这里介绍的是前者作为不成文法的一种,也即国家认可并赋予法律效力的习惯。按是否记载于文字,分成文习惯与不成文习惯。成文习惯虽记载于文字,但因未经国家立法程序制定,故仍属于不成文法。而《民法典》第 10 条中规定的"习惯"是经过法律确认后的法律渊源。我国的《宪法》《刑法》《民族区域自治法》《森林法》《妇女权益保障法》《民事诉讼法》等

---

① 中国审判理论研究会民商事专业委员会编著:《〈民法总则〉条文理解与司法适用》,法律出版社 2017 年版,第 33 页;李适时主编:《中华人民共和国民法总则释义》,法律出版社 2017 年版,第 35 页。

② 李可:《习惯法:理论与方法论》,法律出版社 2017 年版,第 3 页。

③ 周赟:《论习惯与习惯法》,载谢晖、陈金钊主编:《民间法》(第 3 卷),山东人民出版社 2004 年版,第 84 页。

④ [英]卡尔·波普尔:《开放社会及其敌人》(第二卷),郑一鸣、李惠斌等译,中国社会科学出版社 1999 年版,第 158 页。

现行法律都明文规定了习惯法的法律地位，人民法院适用民事习惯法有着明确的法律依据。

2.习惯与习惯法的关系

关于习惯与习惯法的关系，不同国家的不同学者有不同的见解，习惯是习惯法存在的前提，也是习惯法产生的根源，但并不是所有的习惯都会形成习惯法。根据以上习惯法的概念而知，一定的事实意义上的习惯经过法律的确认才形成习惯法。笔者认为当一种事实性的习惯对社会产生的影响范围逐渐扩大的时候，逐渐被社会上大多数人们所认同的时候，以至于法官在审判的时候都无法忽视不得不考虑的时候，这时候习惯已经朝着习惯法的趋势在前进。习惯法的雏形就出现了。很显然，习惯法也不一定都是全国统一标准，习惯法也会因为地域环境、民族的影响而有不同形式的内容展现。习惯作为一种日积月累形成的生活方式，需要人们在实践中反复的进行循环利用的一种生活惯式。就好比固定的公式，在遇到相似的状况下就可以直接套公式。笔者所指的习惯偏向于习惯是一种对社会大众具有普遍约束性和规范性的行为准则。"最重要的规范只是通过联想起作用的。它们以命令或者禁令的形式达至人们，对人们提出这些重要规范，并不需要人们对这些重要规范所赖以建立的理由加以陈述，而人们遵守它们也不需要深思熟虑。"①埃利希认为，习惯在法律生活中具有非常重要的作用，也是带有一丝丝心理学的成分的存在。这就与"人性"有着密切的联系。胡长清认为习惯与习惯法有很大的区别："（1）一为事实，一为法律；（2）一为社会所通行，一为国家所承认；（3）一则须当事人自己援用，一则审判官有适用之义务"②。此处的"习惯"还未上升到《民法典》第10条中涉及的、能够使人们在一定的时期内普遍遵守的"习惯"，所以这里的习惯是与习惯法有些区别的。李可认为："习惯主要还是一种'事

---

① Engen Ehrlich, Fundamental principles of the sociology of law, transl. w.1, Moll (Cambridge, Mass. 1936), p. 78.

② 胡长清:《中国民法总论》,中国政法大学出版社 1997 年版,第 29 页。

实性'的惯行,是一种实然意义上的行为模式……习惯法则是一种'规范性'的社会习惯。"①通过对习惯与习惯法进行一系列对比分析后指出,习惯与习惯法的关键区别在于是否拥有一套规范保障实施机制。所谓的"事实上习惯",是指尚欠缺法的确信的惯行。"一般人尚未具有此种惯行必须遵从,倘不遵从其共同的生活势将不能维持的确信。此种事实上的习惯不具法源性,无补充法律的效力。"②在此笔者只讨论民事习惯法,并以《民法典》第10条为依据进行社会学角度的分析。

(二)习惯法的法社会学性质

1. 习惯法的内发性社会性质

谈到习惯法的产生,与自上而下的制定法相比较,习惯法的产生是由自下而上发展的。通常情况下习惯法是在一定相似的社会背景下的社会群众长期共同生活,通过口头、行为、协议、约定、继承、流传等方式自发形成。在人们正常的社会交往中,通过时代的更迭,横向、纵向的发展,世世代代的生生不息中传播着生活中的未被国家强制性认可的规则——习惯。

2. 习惯法的地域性社会性质

"十里不同风,百里不同俗",是对习惯的地方性的真实写照。故在一定相似的社会背景下会有产生习惯法的可能性是因为习惯法具有地方性的社会性质。"人们并不只是在事后才去适用习惯法,而是从一开始就加入到根据习惯法来安排生活的过程之中。"③换句话说,习惯法并不是在人们行为活动之后才产生的规制作用,而是在人们行为活动之前就已经对即将进行的行为活动产生了引导性的作用。不同的地方有不同的习惯和风俗,但也不排除这些风俗受传播的影响而不断的融合、变得趋同化。

---

① 李可:《习惯法——一个正在发生的制度性事实》,中南大学出版社2005年版,第82页。
② 王泽鉴:《民法总则》,北京大学出版社2014年版,第63页。
③ 梁治平:《清代习惯法》,广西师范大学出版社2015年版,第164页。

3.习惯法的人文性社会性质

社会上的每个个体成员组成了社会,而习惯又是人们生产、生活行为产生的一系列生活规则。习惯法产生于民,用之于民。在法律意识较为薄弱的早些年,发生纠纷的时候都会在当地寻找比较有威望的长老来裁决,而不是立马报官寻求法律救济。这意味着当时的法律从纠纷解决效率、社会效果以及执行方面的综合效果来看还不是能够最快速、最直接解决民间纠纷的性价比最高的规则,人们会选择离自己最近的、最方便的、最了解的、最有效的纠纷解决方式——民俗习惯、村民规约等,来维护自己的合法权益。

习惯法的社会性质决定了习惯法的社会作用,也在不同程度上体现着适用习惯法对社会产生的有利或者不利的影响。

(三)习惯法在我国的司法适用的法律依据及其现状

1.习惯法的法律依据

《中华人民共和国民法典》(以下简称《民法典》)在第 10 条中关于"法律适用"的规定如下:"处理民事纠纷,应当依照法律;法律没有规定的,可以适用习惯,但是不得违背公序良俗。"此处的法律是指由全国人大及其常委会制定的法律和国务院制定的行政法规,也不排除其他主体制定的地方性法规、自治条例和单行条例等。

在民事诉讼中,习惯法的适用应具备一定的前提条件和适用要求。笔者认为:当在处理民事纠纷的时候,由于法律的滞后性以及不能把生活中的各类各项事物都穷尽地归纳完毕,因此会在所难免地出现法律空白的情况,法律对该纠纷相关的规定出现空白之时可以适用习惯;但适用习惯的要求是不得违背公序良俗。这也就是说有些习惯是与公序良俗相违背的,并不是所有的习惯都能够当作处理民事纠纷的依据,只有不违背公序良俗和法律基本原则的习惯才可以作为法律的下一顺位来处理民事纠纷。法律的存在目的是为了保障人民利益与维护社会秩序的,该条法律规定的内容也在很大程度上平衡了人民利益与社会秩序的关系。

关于法律适用的规定。《民法通则》第 6 条到《民法总则》第 10 条到《民法典》第 10 条,在规定的内容上看其实就是在法律尚未规定时可以适用习惯,此处的"尚未规定"指的是相关的法律、行政法规、地方性法规对特定的民事纠纷均未作出规定。在法律尚未规定的情形下从"国家政策"到"习惯"的变化,此处的国家政策指的是尚未被归纳进法律之中的政府政策和国家惯例,也即第二顺位的规章制度,其表现为低于法律安全与正义的价值。作为一种社会控制力量,不论是国家政策还是习惯,其适用都有一定的前提,即国家政策的适用不得违反当时的经济政策、习惯的适用不得违反善良风俗,它们的地位是仅次于法律的,是能够体现出社会正义与秩序价值。

2. 习惯法司法适用的现状

习惯作为法律的源泉,其司法适用是对习惯法广义的运用。人民法院适用民事习惯法解决纠纷有助于克服民事制定法的局限,也是尊重民族法传统、固有良善法文化的体现,有助于法律与社会生活的一致和协调,充分发挥法律的社会功能、实现司法的功能。

从司法实务上看,目前习惯法的适用呈现出零散性、个别性、经验性的特点。由于法官更多地倾向于将习惯作为一种事实而非法律,适用习惯法进行调解的较多,而直接进行判决的较少,而且不同法官对习惯法的适用也存在较大差异。① 由此,对习惯法的适用需要认真总结。习惯法在司法中的适用应该严格地遵循其实用程序,遵循习惯法适用的前提——现有法律尚未规定,习惯法司法适用的要求——不得违背善良风俗。

习惯法司法适用的社会影响应该从法官的角度、当事人的角度来分

---

① 参见高其才:《民法典编纂与民事习惯——立法、司法视角的讨论》,《交大法学》2017 年第 3 期;高其才:《论人民法院对民事习惯法的适用》,《政法论丛》2018 年第 5 期;高其才:《民法典编纂与民事习惯研究》,中国政法大学出版社 2017 年版,第 8 页。

析。第一，法官的角度。法官接受或者不接受以习惯法为依据来判决民事案件，尚未存在明确的适用标准，法官也需要通过社会经验以及充分听取双方当事人的角度来作出判决。在习惯法司法适用的前提和要求均满足的情况下，法官需要通过上述方法、运用自己的适度的自由裁量权对案件的法律适用进行分析，可以选择拒绝或者接受，但均需遵守《法官法》对法官在司法裁判中的遵纪守法的约束。第二，当事人的角度。当事人都会以对自己有利的方向去举证，无疑是一方接受一方不接受，但须通过充分举证质证。

三、习惯法司法适用困境的法社会学分析及其改善措施

（一）习惯法司法适用困境的法社会学分析

"事物都会有两面性"，任何一种法学分析方法都不能够作为唯一的解决当前社会问题的方式，都需要结合两种甚至多种多样的纠纷解决机制才能够达到理想中的社会效果。在具体的司法实践中，法官适用习惯法作为裁判依据时，会出现以下几方面的问题。

1. 裁判标准不一致

因为习惯法的地域性导致法官在审理涉及跨地域的案件时，若双方当事人因为地域差异的原因秉持着不同的习惯法依据，那么此时应该如何作选择？在适用习惯法作为裁判依据时，出现习惯法冲突时如何解决？这是一个所有的民事法官都需要思考的问题。根据埃利希的法社会学理论，将习惯法放在社会中进行评判，看会产生何种社会效果。支持一方当事人，势必另一方当事人会反对，所以法官应该积极地思考该如何裁判才能得到社会效果与法律效果的有机统一。

2. 习惯法的适用程序不规范

在案件审理的过程中程序公正才会有公正的审判结果。如若适用习惯法

的程序不公正,则会在很大程度上损害当事人的合法权益、破坏正常的社会秩序以及损害法律的威严。这个问题可以分成两个角度来讨论。第一,法官的角度。法官在裁判案件的时候更多地采用调解的方式结案(这里暂且不考虑调解结案的优越性),法官只是在当事人之间作利益的权衡。真正的启动习惯法司法适用的程序少之又少,当然也缺乏真正意义上的司法技术或者法律制度层面作为后盾保障支持。第二,当事人的角度。当事人一般在提起诉讼的时候就不会关心法律程序的启动或者说是启动什么样的法律程序,他们在意的往往是审判结果,只要审判结果是自己满意的,就不会再回头看,但若是不满意就会挑各种法官裁判的问题、法律适用的问题、程序启动等一系列问题。

3. 法官在适用习惯法的时候怠于寻找最佳的途径

因为法官的终身负责制给法官造成了不敢去寻求或者创造最佳的途径。但是法律是静态的,社会的发展是动态的,不存在一成不变的事物。万事万物都在更新,就算是习惯和信仰也在不断地发展着,不断地被赋予新的时代含义,所以法官不能够在拘泥于现存的法律条文来解决问题。当存在适用习惯法的情况时,法官应该走近群众,了解当地的风土人情、风俗习惯,为人民群众谋求更大的利益。

4. 法官的自由裁量权过于宽泛

在习惯法司法适用的过程中,因为本就没有强制性规定要法官采取哪方面的习惯法,当两种习惯法发生冲突时作为"吹哨人"的法官应该作如何的决定? 这些都是现实中存在的问题。依据《民法典》第 10 条的规定,习惯仅在无法律规定且不与公序良俗相违背的情况下,可适用。言外之意就是说,法官在法律尚未规定的情况下,也可以不适用习惯,由于法律对这种情况未作强制性规定,即并没有要求法官必须或者应当在这种情况下适用习惯,这也就意味着法官能够自己决定是否要在这个案件中适用习惯去作为此次裁判的依据,法官是否适用习惯作为裁判依据也就决定了这一案件的裁判结果。《民法典》第 10 条有兜底条款的属性,缺乏一审案件是因为关于这个条款法官的自由裁量权比较自由,法官就算是依据法律、习惯作出的裁判,因为该条款的适用比较灵活,习惯可以适用,也可以不适用,就会使得一方当事人觉得心中不满从而进行上诉,所以才导致适用习惯的案件大多都是审判监督或者二审案件。

(二)完善习惯法在我国司法适用的有效途径

1. 确立大方向统一的标准

关于习惯法的司法适用发生冲突,法律思考要趋向于共性与个性相结合的模式。正如张文显认为:"法学对法律现象的研究是全方位的,……不仅研究法的内在方面,而且要研究法的外在方面;……这就需要法学与哲学、史学、经济学、政治学、社会学、伦理学、逻辑学、行为科学等学科进行沟通、对话和合作。"形成"一些双边论题或多边论题"。① 多角度地思考法律问题可以在很大程度上促进法律的全方位发展,避免片面的法律问题出现,导致法律的发展出现不均衡化。

2. 规范习惯法司法适用的法律程序

由于习惯法的司法适用没有相应的专门的适用程序,相关的《民事诉讼法》可以对习惯法的司法适用设立独立的程序,走自己独立的司法路径更能体现出司法对习惯法司法适用的重视,也会提升习惯法在法官和当事人心中的司法地位,从而达到维护社会秩序的稳定。

3. 规制法官的自由裁量权

由于习惯本身具有一定的模糊性,为避免裁判不一的问题,有必要对法官适用习惯的自由裁量权进行规范,对当事人实现公平保护。对此,最高人民法院可以通过发布指导性案例的方式予以规范。当然,在立法层面,各地方也可

---

① 张文显:《法哲学范畴研究》,中国政法大学出版社 2001 年版,第 1 页。

将地域习惯的相关情况上报省级人大及其常委会,由其出台具有各地域性的相关习惯法的地方法规,对法官自由裁量权予以规范。值得注意的是,在规制法官自由裁量权的同时,也要对法官自由裁量权适用的合理性、合法性进行鼓励。各个法官对习惯的认识都会结合自己的经历、裁判经验等因素,从而导致的差异性也是合理的。在具体的"习惯"司法适用的过程中,法官可能会更多地用"活法"理论进行判断。我们应该尊重法官的自由裁量权,避免打击法官适用习惯法的积极性。故鼓励法官适用习惯法的积极性与规制法官适用习惯的自由裁量权之间的关系是非常微妙的。

主要参考文献

一、古典书籍

1.《道德经》第六十章。

2.《韩非子·有度》。

二、著作

（一）中文著作

1.《马克思恩格斯选集(第1卷)》,人民出版社1995年版。

2. 陈金钊等:《法律方法论研究》,山东人民出版社2010年版。

3. 邓正来:《中国法学向何处去?》,商务印书馆2006年版。

4. 高其才主编:《法理学》(第2版),清华大学出版社2011年版。

5. 高其才:《民法典编纂与民事习惯研究》,中国政法大学出版社2017年版。

6. 高其才主编:《当代中国民事习惯法》,法律出版社2011年版。

7. 葛洪义主编:《法理学》(第4版),中国人民大学出版社2015年版。

8. 国家教委高教司编:《法理学教学大纲》,高等教育出版社1994年版。

9. 胡长清:《中国民法总论》,中国政法大学出版社1997年版。

10. 黄茂荣:《法学方法与现代民法》(第5版),法律出版社2007年版。

11. 黄茂荣:《法学方法与现代民法》(第1版),中国政法大学出版社2001年版。

12. 黄源盛:《中国法史导论》,广西师范大学出版社2014年版。

13. 黄宗智:《法典、习俗与司法实践:清代与民国的比较》,上海书店出版社2003

年版。

14. 姜世波、王彬:《习惯规则的形成机制及其查明研究》,中国政法大学出版社 2012 年版。

15. 李达:《法理学大纲》,法律出版社 1983 年版。

16. 李可:《习惯法:理论与方法论》,法律出版社 2017 年版。

17. 李可:《习惯法——一个正在发生的制度性事实》,中南大学出版社 2005 年版。

18. 李适时主编:《中华人民共和国民法总则释义》,法律出版社 2017 年版。

19. 梁治平:《清代习惯法:社会与国家》,中国政法大学出版社 1996 年版。

20. 梁治平编:《法律的文化解释》,生活·读书·新知三联书店 1994 年版。

21. 前南京国民政府司法行政部编:《民事习惯调查报告录》(下),胡旭晟点校,中国政法大学出版社 2000 年版。

22. 沈宗灵主编:《法理学》(第 4 版),北京大学出版社 2014 年版。

23. 沈宗灵主编:《法理学》,高等教育出版社 1994 年版。

24. 史尚宽:《民法总论》,中国政法大学出版社 2000 年版。

25. 苏力:《法治及其本土资源》,中国政法大学出版社 1996 年版。

26. 孙国华主编:《法学基础理论》,法律出版社 1982 年版。

27. 王伯琦:《近代法律思潮和中国固有文化》,清华大学出版社 2005 年版。

28. 王利明:《法律解释学》(第 1 版),中国人民大学出版社 2011 年版。

29. 王泽鉴:《民法总则》(最新版),北京大学出版社 2009 年版。

30. 吴庚:《政法理论与法学方法》,中国人民大学出版社 2007 年版。

31. 杨仁寿:《法学方法论》(第 2 版),中国政法大学出版社 2013 年版。

32. 张维迎:《博弈与社会》,北京大学出版社 2013 年版。

33. 朱景文主编:《法理学》(第 3 版),中国人民大学出版社 2015 年版。

(二) 中文译著

1. [奥]汉斯·凯尔森:《法与国家的一般理论》,沈宗灵译,中国大百科全书出版社 1996 年版。

2. [奥]欧根·埃利希:《法社会学原理》,舒国滢译,中国大百科全书出版社 2009 年版。

3. [德]伯恩·魏德士:《法理学》,丁小春等译,法律出版社 2003 年版。

4. [德]卡尔·拉伦茨:《法学方法论》,陈爱娥译,商务印书馆 2003 年版、2004 年版。

5.[美]E.博登海默:《法理学、法律哲学与法律方法》,邓正来译,中国政法大学出版社 2017 年版。

6.[美]H.W.埃尔曼:《比较法律文化》,贺卫方、高鸿钧译,生活·读书·新知三联书店 1990 年版。

7.[美]埃德加·博登海默:《法理学——法哲学及其方法》,邓正来、姬敬武译,华夏出版社 1987 年版。

8.[美]R.M.昂格尔:《现代社会中的法律》,吴玉章、周汉华译,中国政法大学出版社 1994 年版。

9.[苏联]苏联科学院法学研究所:《马克思列宁主义关于国家与法权理论教程》(第 3 版),中国人民大学马克思列宁主义教研室译,中国人民大学出版社 1954 年版。

10.[英]弗里德里希·冯·哈耶克:《致命的自负——社会主义的谬误》,冯克利、胡晋华译,中国社会科学出版社 2000 年版。

11.[英]弗里德利希·冯·哈耶克:《法律、立法与自由》(第二、三卷),邓正来、张守东等译,中国大百科全书出版社 2000 年版。

12.[英]弗里德利希·冯·哈耶克:《法律、立法与自由》(第一卷),邓正来、张守东等译,中国大百科全书出版社 2000 年版。

13.[英]弗里德利希·冯·哈耶克:《自由秩序原理》(上),邓正来译,生活·读书·新知三联书店 1997 年版。

14.[英]哈特:《法律的概念》,张文显等译,中国大百科全书出版社 1996 年版。

15.[英]卡尔·波普尔:《开放社会及其敌人》(第一卷),陆衡、张群群等译,中国社会科学出版社 1999 年版。

16.《德国民事诉讼法》,丁启明译,厦门大学出版社 2016 年版。

17.《意大利民法典》,陈国柱译,中国人民大学出版社 2010 年版。

三、论文

1.艾围利:《论民事习惯的法律地位及其立法思考》,《南京师大学报(社会科学版)》2008 年第 3 期。

2.艾围利:《商事习惯研究》,武汉大学博士学位论文,2012 年。

3.陈本寒、艾围利:《习惯在我国民法体系中的应有地位》,《南京社会科学》2011 年第 6 期。

4.戴双喜、巴音诺尔:《论牧区以"羊"为"等价物"的交易习惯——兼论民事习惯与交易习惯之结构层次关系》,《法学杂志》2010 年第 11 期。

5. 高其才、陈寒非:《调查总结民事习惯与民法典编纂》,《中国法律评论》2017 年第 1 期。

6. 高其才:《当代中国法律对习惯的认可》,《政法论丛》2014 年第 1 期。

7. 高其才:《论人民法院对民事习惯法的适用》,《政法论丛》2018 年第 5 期。

8. 高其才:《瑶族习惯法特点初探》,《比较法研究》2006 年第 3 期。

9. 高其才:《尊重生活、承续传统:民法典编纂与民事习惯》,《法学杂志》2016 年第 4 期。

10. 韩德培:《序言》,李达:《法理学大纲》,法律出版社 1983 年版。

11. 黄学武、葛文:《民俗习惯在民事诉讼中类型化研究》,《山东大学学报(哲学社会科学版)》2008 年第 5 期。

12. 贾翱:《〈民法总则〉中二元法源结构分析及改进对策》,《辽宁师范大学学报(社会科学版)》2018 年第 2 期。

13. 姜大伟:《论民事习惯在民事立法中的合理定位》,《学术交流》2013 年第 1 期。

14. 李可:《现行民商法中"习惯"分布规律与功能特征》,《暨南学报(哲学社会科学版)》2020 年第 3 期。

15. 李可:《中国习惯之法源地位的发生条件、应然顺序及模式选择》,《江苏社会科学》2019 年第 1 期。

16. 李永军、刘家安、于飞等:《中华人民共和国民法总则(专家建议稿)》,《比较法研究》2016 年第 3 期。

17. 厉尽国:《论民俗习惯之民商法法源地位》,《山东大学学报(哲学社会科学版)》2011 年第 6 期。

18. 梁治平:《论清代的习惯与习惯法》,载《梁治平自选集》,广西师范大学出版社 1997 年版。

19. 梁治平:《清代的习惯法与国家法》,载《梁治平自选集》,广西师范大学出版社 1997 年版。

20. 刘作翔:《特殊条件下的法律渊源——关于习惯、政策、司法解释、国际条约(惯例)在法律中的地位以及对"非正式法律渊源"命题的反思》,《金陵法律评论》2009 年春季卷。

21. 伦海波:《我国民事立法中的习惯法研究》,载高其才主编:《当代中国民事习惯法》,法律出版社 2011 年版。

22. 罗筱琦、陈界融:《交易习惯研究》,《法学家》2003 年第 5 期。

23. 孟强:《民法总则中习惯法源的概念厘清与适用原则》,《广东社会科学》2018

年第 1 期。

　　24.彭中礼:《法治之法是什么——法源理论视野的重新探索》,《北京航空航天大学学报(社会科学版)》2013 年第 1 期。

　　25.石佳友:《民法典的法律渊源体系——以〈民法总则〉第 10 条为例》,《中国人民大学学报》2017 年第 4 期。

　　26.王伯文:《民商事习惯的适用规则——重庆五中院判决重庆市信心农牧科技有限公司诉重庆两江包装有限公司买卖合同纠纷抗诉案》,《人民法院报》2009 年 2 月 6 日,第 5 版。

　　27. 王洪平、房绍坤:《民事习惯的动态法典化——民事习惯之司法导入机制研究》,《法制与社会发展》2007 年第 1 期。

　　28.王利明:《论习惯作为民法渊源》,《法学杂志》2016 年第 11 期。

　　29. 王庆丰:《民俗习惯的司法适用研究——以民事诉讼为视角》,西南政法大学博士学位论文,2011 年。

　　30.吴敏:《商事审判中对商事习惯的确认》,《重庆师范大学学报(哲学社会科学版)》2012 年第 6 期。

　　31.谢晖:《"可以适用习惯"的法教义学解释》,《现代法学》2018 年第 2 期。

　　32.谢晖:《初论民间规范对法律方法的可能贡献》,《现代法学》2006 年第 5 期。

　　33.徐清宇、周永军:《民俗习惯在司法中的运行条件及障碍消除》,《中国法学》2008 年第 2 期。

　　34.杨立新:《塑造一个科学、开放的民法法源体系》,《中国人大》2016 年第 14 期。

　　35.于飞:《民法总则法源条款的缺失与补充》,《法学研究》2018 年第 1 期。

　　36.郑显文:《公序良俗原则在中国近代民法转型中的价值》,《法学》2017 年第 11 期。

跋

　　我从东南大学调至本单位任教已有两年多，当初以《引进博士岗位任务书》形式签订的三年服务合同即将到期，我也因为个人和家庭原因不得不返回内地，单位相关负责人提醒我还有"以第一作者出版学术著作一部"这一项任务没有完成。我近五年来已完成的专著有《法院内部管理改革》《法官员额制改革》这两部，在习惯法领域发表了系列论文。《法院内部管理改革》因被图书出版界莫名其妙地视为敏感话题，连续被几家出版社拒稿、退稿，《法官员额制改革》还有一些地方没有完善，也不便马上出版。而习惯法的系列论文则相对比较成熟，多数文章已在核心期刊上发表。而且我从事这个领域的研究已经二十多年，发表了数十篇专业论文，独自出版了两部得到业界普遍认可的专著。

　　同时，我在校内外指导的博士生和硕士生撰写了一系列的习惯法论文。由于绝大多数论文是由我确定题目、目录、论点、论据和论证方式，并且由我逐字逐句修改审核，所以这些论文在思想脉络、核心观点、行文风格上与我之前的研究构成了一个有机联系的整体。我把它们收录进来，一方面以使本书更加完整、立体和丰满，另一方面也使我团队中的青年学者得到了学术锻炼，培养了中国习惯法研究的后备力量。

　　正是在上述背景下，就有了呈现在诸君面前的这本小著。该书是我在21世纪初构想的习惯法研究"三部曲"的最后一部，也是我对习惯法在当前中国法典化背景下之命运长期思考的一项重要成果。[①] 这些论文是由我和我的团队近年来完成,前后经历了不过五年时间。五年时间对于人类社会科学的发展史和习惯法的观念史来说,只是一瞬间,但是对于我和我的团队来说,却是一段相当漫长的研究苦旅。我经历了从东部繁华大城市到西北荒凉之地的回字形迁徙,如今华发满头,人届中年,已进入佛家的无我境界;我的研究生已星布全国,他们也在品尝着与我类似的心路历程。但是对于习惯法这个领域的热爱,却是我们始终守望的初心。本书由我统稿,各章节撰写的分工情况如下:

第一章第一节、第三节:李可

第一章第二节:李可、张兰君

第二章第一节、第二节:李可

第二章第三节:李可、邓昆鹏

第三章第一节、第二节、第三节:江钦辉 朱延君 白丽 刘鑫渝

第四章第一节:李可

第四章第二节:李可、司艺

第五章第一节:李可、韩秋杰

第五章第二节:申槟仝

第六章第一节:李可

第六章第二节:李可、李娟

具体校对分工(以校对完成时间为序)如下:

第一章:马英杰、江钦辉

第二章:张喆、韩秋杰

第三章:唐乾、俄争

第四章:金芳、王超

第五章:王泽华、韩国柱

---

① 参见李可:《习惯法——一个正发生的制度性事实》,中南大学出版社 2005 年版;《习惯法:理论与方法论》,法律出版社 2017 年版。

第六章:亚库甫江·吾斯曼、张文晋

代序、跋、主要参考文献:克兰江·阿布都热合曼

总体校对:李永红

在本书中,我采取了"从立法到法源,再到司法"或者"由静态规则到动态规则"和"由经验事实上升到理论模式"的方法论原则梳理、编排了我和我的团队在习惯法领域的研究成果,按序者高其才教授的说法,我们重点关注的是"国家法范畴的习惯法"。与我之前的两部习惯法专著不同,本书是我与校内外指导的博士生、硕士生的合著。因此,本书在思想、理论上难免深浅不一,在写作技巧上难免老练、生疏不一,在体系、观点、命题、概念、范畴上难以有细微的矛盾冲突。对于这些问题,高其才教授已经在代序中指出,也希望读者能进一步指出,以便小著今后的修改再版。

本书的出版得到新疆大学"双一流"项目"新时代依法治疆重大理论与实践问题研究"(项目编号:21VMZ010)、新疆大学科研启动项目"民法典习惯司法适用机制研究"(项目编号:BS202205)、石佑启主持的2016年度国家社科基金重大项目"民间规范与地方立法研究"(项目编号:16ZDA069)的资助,感谢这三个项目对本书出版的慷慨支持。感谢新疆大学法学院邓社民副院长对本书出版的关心、支持和帮助,感谢广东外语外贸大学法学院杨治坤教授对我一直以来的关心、支持和帮助,感谢一直支持我从事习惯法研究的高其才教授在百忙中拨冗给本书作序。不仅如此,高教授还多次来电、来信,对本书的修改提出了许多非常中肯的意见。感谢人民出版社张立编辑对本书付出的艰辛劳动,感谢我的研究生团队在校对本书的过程中付出的艰辛劳动。

在本书的出版过程中,我陆续收到社科文献出版社、中国政法大学出版社、人民法院出版社、光明日报出版社、研究出版社等出版社反馈给我的评价和建议。在此,非常感谢姚敏、彭家江、李安妮、樊仙桃、白中林等编辑对本书出版的关心、支持和帮助。本书各节的发表得到钱继秋、刘伦文、张莲英等编辑的大力支持,他们提出的修改意见对于提高本书的质量功不可没,在此谨致谢忱。

感谢本单位领导、同事、学生，感谢喀什大学法政学院李宏斌副书记、新疆理工学院人文社会科学学院王腾飞主任、新疆阿克苏地区柯坪县阿恰勒镇施余书记等朋友对我进行习惯法田野调研的支持和帮助，希望在今后的生活、学习和工作中能够继续得到他们的帮助，也希望能够有一个机会、采取灵活柔性的方式继续支持边疆的法学教育和法治建设。

李　可

2021 年 10 月 31 日

于新疆大学法学院

责任编辑：张　立
封面设计：吴燕妮
责任校对：陈艳华

图书在版编目（CIP）数据

习惯法：从文本到实践/李可 等 著. —北京：人民出版社,2022.8
ISBN 978－7－01－024799－1

Ⅰ.①习…　Ⅱ.①李…　Ⅲ.①习惯法-研究-中国　Ⅳ.①D920.4

中国版本图书馆 CIP 数据核字（2022）第 092602 号

习惯法：从文本到实践

XIGUANFA CONG WENBEN DAO SHIJIAN

李可 等 著

人民出版社 出版发行

（100706　北京市东城区隆福寺街 99 号）

北京中科印刷有限公司印刷　新华书店经销

2022 年 8 月第 1 版　2022 年 8 月北京第 1 次印刷
开本：710 毫米×1000 毫米 1/16　印张：19.75
字数：285 千字

ISBN 978－7－01－024799－1　定价：108.00 元

邮购地址　100706　北京市东城区隆福寺街 99 号
人民东方图书销售中心　电话（010）65250042　65289539